LA POLITIQUE UNIVERSELLE.

Imprimerie de Vanbuggenhout.

LA
POLITIQUE UNIVERSELLE

DÉCRETS DE L'AVENIR,

PAR

EMILE DE GIRARDIN.

Où l'on ne met point du vin nouveau dans de vieux tonneaux.
SAINT LUC.

Pour bâtir sur des ruines il faut d'abord les démolir. Après avoir démoli, il faut bâtir.
VITRUVE, Traité d'architecture.

Tout annonce je ne sais quelle grande unité, vers laquelle nous marchons à grands pas.
J. DE MAISTRE, Soirées de St-Pétersbourg.

La découverte de l'imprimerie a changé les conditions sociales; la presse, machine qu'on ne peut plus briser, continuera à détruire l'ancien monde, jusqu'à ce qu'elle en ait formé un nouveau : c'est une voix calomnie pour le forum général des peuples.
CHATEAUBRIAND, Mémoires d'outre-tombe.

Une grande révolution démocratique s'accomplit parmi nous. Tous la voient, mais tous ne la jugent pas de la même manière.
A. DE TOCQUEVILLE, De la démocratie en Amérique.

Quande il sera. DIXIT.

Où est la vérité, là est la liberté. SAINT PAUL.

BRUXELLES, GAND ET LEIPZIG.
C. MUQUARDT.
LONDRES, CHEZ DULAU ET Cⁱᵉ.
1852

PRÉFACE.

—

L'homme doit tout demander à la science parce
que la science est la voix de Dieu.   Paracelse.

La science n'a pas de patrie.

Toute science qui cesse d'être hypothétique tend à devenir universelle.

L'universalité est le caractère distinctif de toute science au même degré que la nationalité est le caractère distinctif de toute littérature.

Dès que la politique aura acquis l'exactitude d'une science, la politique revêtira ce caractère d'universalité et pourra prendre et garder le titre que je lui donne de : Politique universelle.

L'unique question est donc de savoir si la Politique est susceptible de devenir une science, non une science morale ainsi qu'on l'appelle, ce qui ne veut rien dire, mais une science exacte ayant des principes certains, absolus, incontestables, incontestés, invariables, qui tendent à devenir les mêmes en tous pays et en tout temps.

Je le crois.

Ce n'est qu'une question d'avenir.

Comme l'Homme et comme le Monde, la Politique a trois âges :

L'âge où les peuples se battent : — l'âge de la Force;

L'âge où les hommes se comptent : — l'âge de la Liberté;

L'âge où peuples et hommes, réduits à l'impuissance de contester la vérité démontrée, cessent de se battre et de se compter : — l'âge de la Science.

C'est cette conviction qui a donné naissance à ce livre d'un simple laboureur de la pensée, qui ne sait rien, si ce n'est que le grain semé dans le sillon se convertit en épi et que le gland foulé aux pieds des passants contient le chêne qui abritera des générations contre l'orage.

Laboureur de la pensée! Voilà tout ce que j'ai la prétention d'être; je n'ai nullement celle de me croire le propriétaire des idées que j'émets ou que je recueille, que je sème ou que je vanne.

De toutes les paternités, celle des idées est la plus douteuse, conséquemment celle qu'il est le moins permis de revendiquer. Qui a engendré une idée? On ne le sait jamais bien. Aussi ne tiens-je compte que de la priorité d'application : je préfère l'idée mère à l'idée vierge, le fruit greffé au fruit sauvage. Rowland-Hill est le véritable inventeur de la réforme postale, non point par droit de conception, car ce n'est pas à lui qu'est venue la première idée de la taxe uniforme, mais par droit d'application. Qui le premier a découvert la vapeur? Est-ce Hiéron d'Alexandrie, 120 ans avant notre ère? Est-ce Blasco de Garay, en 1543? Est-ce Salomon de Caus, en 1615? Est-ce Branca, en 1629?

Est-ce Worcester, en 1655? Est-ce Papin, en 1690? Est-ce Watt, né en 1736 et mort en 1819? Qu'importe!

Dès qu'une idée me paraît bonne, me paraît mûre, je ne me fais aucun scrupule de me l'assimiler, pas plus que je ne me fais de scrupule d'ouvrir les yeux à la clarté du jour, ou les poumons à l'air qu'ils ont besoin de respirer.

Le nouveau n'est pas ce que je cherche : ce que je cherche, c'est l'idée juste. L'homme n'invente pas, il observe. J'observe, et où j'aperçois un principe fécond, je me demande aussitôt comment il serait possible d'en tirer toutes les conséquences utiles, d'en étendre toutes les applications fructueuses?

Ce livre est une ESQUISSE de l'Avenir tel que je l'entrevois. J'y *expose* les idées que je crois justes ; je ne les *impose* pas. Pour moi, la liberté n'est pas un vain mot ; c'est un principe, auquel je ramène tout, auquel je subordonne tout. Il se peut que les idées que j'émets ne soient ni les plus justes, ni les plus simples. Dans ce cas, je déclare à l'avance de la manière la plus formelle, qu'il ne m'en coûterait absolument aucun sacrifice d'amour-propre de les abandonner pour adopter celles qui se recommanderaient par une simplicité et par une justesse plus grandes.

Tout vérifier sans prévention, ne rien condamner sans examen : telle est la méthode à laquelle la science et l'industrie ont dû toutes leurs conquêtes, tous leurs progrès. Pas de *progrès* sans *essais*. Puisque cette méthode, qui est celle de la Liberté, a si parfaitement réussi à l'industrie et à la science, pourquoi ne pas l'étendre à l'économie sociale et à l'administration publique? Le péril des révolutions périodiques serait-il donc moindre que le danger des essais successifs? Sur une échelle réduite, tout peut se vérifier sans perturbation. Cette échelle s'offre d'elle-même, c'est la Commune.

Ce qu'un État ne saurait entreprendre sans tout bouleverser, une Commune peut l'essayer sans rien troubler. C'est ainsi qu'un procédé nouveau ou qu'un mécanisme perfectionné passe de la manufacture qui l'a adopté la première à la seconde qui l'imite, de la seconde à la troisième et ainsi successivement.

Tout essayer, tout simplifier : c'est la doctrine de l'Expérience substituée à la doctrine de l'Infaillibilité; c'est la mienne. L'homme n'est pas infaillible, il ne sait que ce que lui enseigne l'expérience et n'est certain que de ce qu'elle a démontré. Liberté entière de condamner mes idées; mais liberté entière pour toutes les idées de se produire. Je n'ai ici d'autre prétention que celle de donner un exemple utile. Que chacun fasse comme moi; que chacun creuse son sillon dans le vaste champ de la Liberté; que chacun cherche quelles sont les véritables lois de l'Humanité, œuvre du Créateur infaillible, afin de les appliquer à la Société, œuvre de la Créature imparfaite. Qui aura découvert ces lois aura trouvé l'Unité universelle.

LIVRE PREMIER.

L'ASSURANCE UNIVERSELLE.

> Que les hommes soient égaux ou non, ils doivent se traiter comme s'ils l'étaient; car s'ils sont inégaux, ils entreront en lutte, et comme elle ne peut pas toujours durer, dans le traité de paix qui suivra, ils seront bien obligés de se regarder comme égaux. HOBBES.
>
> Les assurances enlèvent au malheur sa funeste puissance en divisant ses effets.
>
> Par les assurances, les entreprises les plus hardies n'offrent que très-peu de dangers, les plus terribles fléaux perdent de leur horreur. BOAST.

La politique universelle, telle que je la conçois, c'est l'assurance universelle.

A chacun sa tâche :

Aux prêtres catholiques d'enseigner et de démontrer l'existence de la Trinité, du péché originel, de l'éternité des peines, du purgatoire, de la transsubstantiation, de la consubstantialité du verbe, de l'infaillibilité des conciles œcuméniques, des sept sacrements ; savoir : le baptême, la confession, la pénitence, la communion, la confirmation, le mariage, l'extrême-onction ;

Aux ministres protestants d'enseigner et de démontrer que la lutte extérieure, le sacrifice de la messe, les indulgences, le purgatoire, les images, la hiérarchie de l'église sont des erreurs et qu'il n'existe et ne doit exister que deux sacrements : le baptême et la cène ;

Aux ministres luthériens d'enseigner et de démontrer que dans l'Eucharistie, il n'y a point, après la consécration, de changement d'une substance en une autre; que J.-C. y est réellement présent, mais qu'alors il n'y a plus ni pain ni vin;

Aux ministres calvinistes d'enseigner et de démontrer la non-existence de la présence réelle, attendu que J.-C. n'est réellement et substantiellement que dans le Ciel;

Aux théologiens de se mettre d'accord sur les questions de savoir si la mère est immaculée, si le verbe est engendré, semblable ou consubstantiel à son créateur, si la grâce est efficace, versatile, nécessitante, coopérante, concomitante et congrue;

Aux ministres du culte israélite, aux rabbins d'enseigner et de démontrer qu'il y a un Dieu créateur de tous les êtres, qui peut subsister sans aucune partie de l'univers, mais sans lequel rien ne peut subsister; que Dieu est un, indivisible, mais d'une unité différente de toutes les unités; que Dieu est incorporel; qu'il n'a aucune qualité corporelle possible et qui se puisse imaginer; qu'on doit adorer et servir Dieu seul, sans médiation ni intermédiaire; que la loi laissée par Moïse est toute de Dieu et ne renferme pas une syllabe qui soit purement de Moïse; que cette loi est immuable et qu'on ne peut rien y ajouter, rien en retrancher; qu'il viendra un Messie et que, bien qu'il tarde à venir, il ne faut pas douter de sa venue, à laquelle on ne doit assigner aucune époque, aucune limite dans le temps; que tous les morts ressusciteront à la fin des siècles et que Dieu portera un jugement universel sur tous les humains en corps et en âme;

Aux ministres de l'islamisme, muftis et imans, d'enseigner et de démontrer l'unité de Dieu, son éternité, son indivisibilité; la mission de Mahomet à qui l'ange Gabriel a révélé les préceptes de la loi renfermés dans le Coran; l'existence des anges, des prophètes, la prédestination absolue pour le bien et pour le mal, la résurrection au jour du jugement, l'existence du paradis où l'âme jouira de toutes les félicités spirituelles et le corps de toutes les voluptés sensuelles;

Aux philosophes de toutes les écoles d'enseigner et de démontrer le contraire de ce qu'enseignent et démontrent les ministres de tous les cultes ;

Plus étroite est la tâche que je me suis assignée.

Je suppose, je veux supposer :

Que Dieu n'existe pas, ou que, s'il existe, il est impossible à l'homme d'en démontrer l'existence.

Que le monde existe par lui-même et par lui seul ;

Que l'homme n'a aucune faute originelle à racheter ;

Qu'il porte avec lui la mémoire et la raison comme la flamme porte avec elle la chaleur et la clarté ;

Qu'il ne revit que dans l'enfant qu'il procrée ;

Qu'il est un animal doué de facultés qui lui sont propres ou qu'il possède en germe et en développement à un plus haut degré que les autres êtres du même règne ;

Qu'il ne doit donc pas s'attendre à recevoir, dans une vie future, la récompense ou le châtiment de sa conduite dans la vie présente ;

Que le bien et le mal n'existent pas absolument par eux-mêmes, qu'ils n'existent que nominalement, relativement et arbitrairement ;

Qu'il n'existe absolument que des risques, contre lesquels l'homme, obéissant à la loi de conservation qui est en lui, et commandant à la matière, cherche à s'assurer par tous les moyens dont il dispose.

Les moyens qu'il emploie ont changé et changeront encore ; mais le but est resté constamment le même.

Qu'appelle-t-on le bien ?

Qu'appelle-t-on le mal ?

Si le meurtre s'appelle le mal, quel nom doit-on donner à la guerre ?

Si le vol s'appelle le mal, quel nom doit-on donner à la conquête ?

Si la privation de la liberté s'appelle le mal, quel nom doit-on donner à l'esclavage ?

Si la duplicité s'appelle le mal, quel nom doit-on donner à la diplomatie ?

Du risque de l'attaque est née la nécessité de la défense.

De la nécessité de la défense est née la pensée de s'associer.

De la pensée de s'associer sont nées, sous divers noms, la commune et la nation dont l'une est à l'autre ce que la javelle est à la gerbe.

Les nations, afin de diminuer les risques d'atteinte portée à ce qu'elles appelaient et à ce qu'elles appellent encore leur indépendance, se sont longtemps appliquées à grossir le chiffre de leur population et à reculer la limite de leurs territoires jusqu'à ce qu'elles eussent pour frontières, autant que possible inviolables, les fleuves les plus larges et les montagnes les plus hautes.

Du risque d'être tué ou volé sont nées l'institution de la justice et l'organisation d'une puissance publique dont l'exercice soit à l'abus de la force individuelle, ce que le contre-poids est au poids.

Ainsi chaque risque a donné lieu à un moyen correspondant de l'affaiblir ou de l'écarter.

La religion, elle-même, fut un moyen primitivement et universellement imaginé par le faible pour contenir le fort, par l'opprimé pour intimider l'oppresseur, par le pauvre pour s'abriter contre le riche.

Isolément et absolument l'homme par lui-même vaut peu.

Collectivement et relativement il ne vaut beaucoup que par les choses qu'il a réussi à placer sous sa dépendance. C'est ainsi qu'indirectement et en apparence il se perfectionne, mais directement et en réalité il ne se perfectionne pas.

S'il franchit maintenant l'espace plus rapidement qu'il ne le franchissait autrefois, ce n'est pas qu'il marche plus vite ou plus longtemps qu'il ne marchait à une autre époque; c'est que la chose qui s'appelle moyen de transport ou moyen de communication est relativement à elle-même moins imparfaite.

De ce qui précède, je tire cette conclusion que c'est à perfectionner les choses sans relâche et sans fin que doit s'appliquer l'homme, puisqu'elles lui rendent multipliées presque à l'infini la valeur et la puissance qu'il leurs a données.

S'il est vrai de dire que les peuples ont le gouvernement qu'ils méritent, il n'est pas moins vrai d'ajouter que l'homme a socialement le sort qui est le résultat des efforts communs de sa génération et des générations antérieures.

Donc, la mère et le père qui se survivent dans la fille et le fils, s'ils chérissent leurs enfants, ne doivent rien épargner pour que leur postérité coure le moins de risques possible, conséquemment pour que l'ordre social soit aussi parfait que le comporte l'amélioration des choses.

Les risques sont de deux natures : premièrement il y a ceux qui existent par eux-mêmes ; de ce nombre sont le naufrage, la foudre, l'incendie, la grêle, la gelée, l'inondation, etc. ; deuxièmement il y a ceux qui n'existent que par le fait de la société telle que l'homme l'a instituée ; de ce nombre sont la guerre, la piraterie, le meurtre, le vol, le viol, les fraudes, les voies de fait, etc.

Tous ces risques tendent manifestement à devenir les uns plus rares, les autres plus faibles.

Déjà, les premiers de ces risques, ceux qui existent par eux-mêmes, ont été considérablement diminués par les efforts opiniâtres de la science, victoires de l'homme remportées sur la matière.

Les perfectionnements introduits dans la construction des navires, la découverte de la boussole, la précision des instruments, l'exactitude des cartes marines et enfin l'application de la vapeur à la navigation ont rendu les risques de naufrage de moins en moins probables. Le voyageur qui se rend du Havre à New-York en dix jours est infiniment moins exposé au risque de naufrage que dans le passé où la même traversée exigeait, pour s'opérer, six fois, dix fois, cent fois plus de temps.

L'invention du paratonnerre a écarté, dans beaucoup de cas, le risque ayant pour cause la chute de la foudre.

La maison construite en pierre et couverte en tuile est moins exposée au risque d'incendie que la maison construite en bois et couverte en chaume. Partout les maisons construites en bois et couvertes en chaume tendent à disparaître ; partout les maisons construites en pierre et couvertes en tuile, ardoise ou zinc tendent à se multiplier.

L'importation de la pomme de terre et certaines combinaisons d'assolements ont écarté le risque de famine, et rendu plus rare le risque de disette par suite de grêle et de gelée. L'agronome en divisant les risques les a affaiblis; l'assurance fera le reste.

Quant aux seconds de ces risques dont il a été parlé, ceux-ci n'existant que par le fait de la société telle que l'homme l'a instituée, il suffirait pour qu'ils se dissipassent de l'observation universelle de cet incontestable précepte qui devrait être écrit sur tous les murs des cités, sur toutes les portes des tribunaux, au revers de toutes les monnaies, en tête de tous les contrats et dans la mémoire de tous les enfants, afin de devenir la règle, sans exception, de tous les hommes : NE PAS FAIRE A AUTRUI CE QUE L'ON NE VOUDRAIT PAS QU'IL VOUS FIT.

Graver dans la mémoire et la raison de l'enfant que le meurtrier, s'il pouvait tuer impunément, serait exposé à être impunément tué; que le voleur, s'il pouvait voler impunément, serait exposé à être impunément volé; que s'il y a une probabilité sur mille pour que le voleur et le meurtrier ne soient pas découverts, il y a neuf cent quatre-vingt-dix-neuf probabilités contre une pour qu'ils soient reconnus : serait-ce donc plus difficile que de lui apprendre, sans que jamais il songe à le contester, que deux multipliés par deux égalent quatre, et que la ligne la plus droite est toujours la plus courte?

Il est possible de démontrer mathématiquement que, par l'effet de la loi de réciprocité, celui qui tue, frappe, vole, trompe ou diffame agit contre lui-même, comme s'il se tuait, se frappait, se volait, se trompait ou se diffamait.

L'enfant auquel il aura été incontestablement démontré sous toutes les formes, qu'enfreindre le précepte qui enseigne qu'on ne doit pas faire à qui que ce soit ce qu'on ne voudrait pas que qui que ce soit vous fit, c'est se nuire à soi-même autant qu'à autrui, agira comme l'enfant qui sait qu'il se brûlerait la main en la plongeant dans l'eau bouillante ou en touchant à un tison enflammé ; il ne s'y expose pas ou ne s'y expose plus.

Relativement aux risques sociaux, toute la question se réduit donc à donner au précepte évangélique la rigueur incontestée d'un axiome géométrique.

Ayant pris pour point de départ de mes travaux les suppositions que je viens d'énoncer sommairement, je me suis demandé s'il était possible de concevoir et de fonder une société qui, réduisant tout mathématiquement à des risques judicieusement prévus et à des probabilités exactement calculées, aurait pour unique pivot l'assurance universelle ?

Je me suis demandé si une société fondée sur cette supposition, fausse ou vraie, et tournant sur ce pivot comme la terre tourne sur son axe, vaudrait moins que la société qui repose sur une distinction arbitraire entre le bien et le mal, distinction arbitraire puisqu'elle a varié et qu'elle varie encore selon la diversité des temps et des pays, des religions et des lois ?

On remarquera que, respectant toutes les croyances (1), quoiqu'elles se contredisent, je n'attaque aucune des religions qui se pratiquent.

Chacune d'elles affirmant que les autres sont des impostures ou pour le moins des erreurs, dans l'impuissance de les mettre d'accord, j'ai entrepris de me passer d'elles. J'ai éludé ainsi la difficulté que je ne savais comment vaincre.

Je ne dis pas que ce soient elles qui aient tort.

Je ne prétends pas que ce soit moi qui ai raison.

S'il y a un créateur ;

Si ce divin créateur est le souverain juge ;

Si l'immatérialité de l'âme peut se démontrer ;

Si le bien et le mal ne sont pas relatifs d'individu à individu, de nation à nation, de siècle à siècle ;

---

(1) À Calicut, c'est une maxime d'État que toutes les religions sont bonnes.

MONTESQUIEU, *Esprit des lois*, l. XXV, ch. XV.

Si le bien et le mal sont absolus, c'est-à-dire indépendants de l'éducation, du temps et de l'espace ;

S'ils ont une sanction éternelle ;

Si cette sanction est le lien d'une vie se rattachant à une autre vie, comme les anneaux d'une chaîne sans fin ;

Mon souhait le plus ardent et ma prière de chaque jour sont que la religion qui est la vérité anéantisse, par l'éclat de l'évidence, toutes les religions qui sont l'erreur ; que cette religion soit la loi éternelle et universelle, rendant inutile toute autre loi ; que la science succède à l'ignorance en la dissipant comme la clarté du jour dissipe l'obscurité de la nuit ; qu'enfin le règne de la justice sur la terre arrive et soit le règne de la paix entre tous les hommes et entre tous les peuples, aucun n'essayant de faire à l'autre ce qu'il ne voudrait pas qu'un autre lui fît.

LIVRE DEUXIÈME.

LA PACIFICATION UNIVERSELLE.

On fait la guerre avec son capital.

MONTESQUIEU.

Laissons le commerce aller et venir à l'aise :
d'homme à homme, il a fondé les familles ; de famille à famille, il a fondé les peuples ; de peuple à
peuple, il fondera l'unité du monde.

MIRABEAU.

Qu'est-ce que la guerre ? Un métier de barbare,
où tout l'art consiste à être le plus fort sur un
point donné.   NAPOLÉON, 6 septembre 1812.

Tant qu'on se battra en Europe, ce sera une
guerre civile.   NAPOLÉON, *Mémorial de Ste.-Hélène.*

L'ère des peuples est venue ; reste à savoir
comment elle sera remplie. Il faudra d'abord que
l'Europe se nivelle dans une même existence.

CHATEAUBRIAND.

La guerre est un risque.

Ce risque n'existe pas par lui-même comme le risque de naufrage
ou d'incendie ; il n'existe que parce que l'homme l'a créé.

Il équivaut en moyenne à trois dixièmes de la dépense ordinaire
des États (1).

Qu'y a-t-il à faire pour l'écarter et l'anéantir ?

Ce qu'il y a de plus simple : s'assurer contre lui.

Comment?

En proposant à toutes les nations qui fléchissent sous le poids de la paix armée, de contracter entre elles une assurance spéciale contre le risque de guerre territoriale et maritime.

La France prend cette initiative et donne l'exemple.

Elle appelle à s'unir successivement à elle contre le risque de guerre tous les États qui aspirent à pouvoir réduire et à finir par éteindre l'exorbitante dépense de leurs armées permanentes.

Plus le nombre des États qui seront parties contractantes tendra à grossir, plus le risque tendra à s'affaiblir : par suite, plus la prime à payer sera faible.

De faible qu'elle serait relativement, elle deviendrait absolument nulle si l'assurance contractée parvenait à comprendre et à unir ainsi tous les États qui composent l'ancien continent.

Rien de plus facile à démontrer.

De toutes les puissances de l'ancien continent, une seule, depuis la chute de l'empereur Napoléon, une seule empêche la paix de s'affermir et de se transformer en régime définitif, au lieu de n'être qu'une trêve dispendieuse; une seule inquiète tous les autres peuples dans la conservation de leur indépendance et de leur nationalité : c'est la Russie.

Tous ont devant les yeux les membres palpitants de la Pologne.

Ce risque qui impose à l'ancien monde une dépense annuelle égale au tiers de la totalité de ses autres dépenses peut être exactement calculé et traduit en chiffres : — La Russie entretenant une armée de 000,000 hommes et une flotte à voiles ou à vapeur de 00,000 canons, entretenir proportionnellement à frais communs une armée et une flotte, au moins égales en forces;

Si la France est seule sur l'ancien continent pour tenir la Russie en équilibre et en respect, la France sera seule pour subvenir à la dépense et pour en porter l'énorme poids; mais si l'Angleterre s'unit à la France dans la même pensée de pacification, déjà cette

dépense étant partagée entre les deux nations pèsera moitié moins ;
elle pèsera moins encore et toujours de moins en moins si la Belgique, la Hollande, la Suisse, l'Espagne, le Portugal, l'Italie,
l'Autriche, la Prusse, la Saxe, le Danemark, le Wurtemberg, la
Bavière, la Turquie, etc., signent successivement au contrat d'assurance contre le risque de guerre, contrat dont l'initiative aura été
prise par la France.

Enfin cette dépense disparaîtra entièrement si la Russie, elle-
même, quoique attardée au cadran de la civilisation, reconnaît que
le temps est passé de la guerre et de la conquête ; que le temps est
venu de la paix et de l'échange ; qu'il ne s'agit plus de conquérir
et de conserver, mais de produire et de consommer ; que l'argent
employé à solder des armées permanentes ne sert qu'à recruter
l'armée de la misère ; qu'à rendre plus lourd encore le lourd far-
deau que portent les travailleurs ; qu'à augmenter le prix de revient
de tous les objets de consommation et qu'à diminuer ainsi le nombre
des consommateurs, lorsque l'augmenter devrait être le but constant de tous les efforts judicieusement dirigés.

La guerre est donc un risque qui, après être devenu déjà de plus
en plus rare, tend à devenir encore de moins en moins probable et
enfin à rentrer dans le néant d'où la guerre n'aurait jamais dû sortir.

La paix permanente succède à la guerre intermittente ; l'unité
de l'ancien continent, détruite par la guerre, se rétablit par la paix.

Le monde ancien fait place au monde nouveau.

Tous les rapports se simplifient en même temps qu'ils se multiplient.

Ce qui était problème devient solution, ce qui était obstacle
devient moyen, ce qui était force de résistance devient force de
propulsion.

Les hommes sont l'œuvre de la création, mais les peuples sont
l'œuvre de la conquête.

Si la Guerre n'avait jamais existé, il n'existerait pas de Nations.
Les nations sont filles de la Guerre.

En effet, une nation n'est qu'un faisceau d'habitants unis par la nécessité de se défendre contre le danger d'être conquis et enlevés à ce qu'ils considèrent, à tort ou à raison, comme leur indépendance.

De là cette tendance des peuples à reculer les limites de leur territoire jusqu'à la possession incontestée de frontières naturelles qui les abritent.

Cette tendance fut et sera juste aussi longtemps que le territoire le plus vaste et le moins accessible fut et sera la plus solide garantie de ses habitants.

Mais cette tendance ne sera plus qu'un anachronisme le jour où l'assurance, sous toutes ses formes, sera le lien de tous les hommes entre eux.

C'est là le point sur lequel il importe de se mettre d'accord, si l'on veut tirer le Monde de l'ornière de sang dans laquelle il a trop longtemps et trop souvent versé.

Quelque nom qu'elle prenne, qu'elle s'appelle sainte alliance des rois ou sainte alliance des peuples, restauration ou révolution, aristocratie ou démocratie, monarchie ou république, il faut en finir avec cette vieille politique qui consiste à mener battre des hommes les uns contre les autres et à les faire s'entre-tuer sous prétexte de donner à ceux-ci plus de gloire, à ceux-là plus de liberté.

L'histoire de tant de siècles et de tant de peuples est là pour attester que la guerre est un détestable moyen de fonder la paix; que jamais le triomphe accidentel de la force n'a produit le triomphe durable du droit; qu'il n'est pas plus possible de ressusciter les nationalités qui ont cessé d'exister que les mortels qui ont cessé de vivre; que toute liberté conquise et non acquise est une liberté précaire.

L'arbre de la liberté ne pousse de racines et ne porte de fruits qu'où il a été semé et non où il a été transplanté.

Qu'une expérience si chèrement achetée profite donc enfin à ceux qui l'ont payée!

Qu'ils essayent, pour délivrer les peuples opprimés, d'un autre mode de libération que celui de la guerre, lequel n'a jamais abouti qu'à rendre ceux-ci moins libres et plus pauvres, et qu'à arroser de sang les champs de bataille!

Qu'au lieu de recourir à la guerre, ils recourent à l'assurance!

L'assurance est un moyen certain d'arriver au désarmement d'abord relatif et finalement absolu.

Cinq, dix, quinze, vingt États qui auraient formé une assurance commune et mutuelle contre le risque de guerre territoriale et maritime, pouvant entretenir, à peu de frais pour chacun d'eux, une armée de terre et une armée de mer défensives, incontestablement supérieures à l'armée de mer et à l'armée de terre offensives dont ils auraient considéré l'agression comme un risque possible et probable, il découle de soi-même que la puissance isolée ou collective, qui s'imposerait une si lourde dépense pour n'aboutir qu'à la constitution d'une force manifestement inégale, ne tarderait pas à proposer de désarmer et à faire elle-même partie de l'assurance contractée contre le risque de guerre territoriale et maritime.

Alors disparaîtrait entièrement le risque et par suite la dépense.

La pacification de l'ancien monde serait accomplie.

Accomplie sans guerre, sans bataille, sans victoire qui enivre, sans défaite qui humilie.

Le nœud des nationalités se dénouerait de lui-même.

Qu'importerait à la Pologne, par exemple, de revivre ou de ne pas revivre sous son nom, si tous ceux qui naîtraient sur son territoire y naissaient avec les mêmes droits, les mêmes avantages, les mêmes libertés, les mêmes garanties que s'ils étaient nés sur la partie de l'ancien continent appelée Angleterre ou France, s'il n'y avait plus, sous ce rapport, de différence et d'inégalité entre le Polonais et le Russe, l'Italien et l'Autrichien, l'Anglais et le Français, s'il n'y avait plus partout que des hommes libres ou affranchis par la paix?

La paix est ce qu'il y a de plus révolutionnaire; la guerre, conséquemment, est ce qu'il y a de plus contre-révolutionnaire, alors même que sur ses drapeaux sont inscrits ces mots menteurs: révolution, liberté, égalité, fraternité!

Qu'on le reconnaisse donc et qu'on ne s'y méprenne plus !

Qu'au lieu de poursuivre des chimères telles que l'unité de l'Allemagne, l'unité de l'Italie, la résurrection de la Pologne, la délivrance de l'Irlande, la disparition de la Turquie, la pacification de l'Europe par le remaniement de sa carte, telle que l'ont dressée des siècles de guerre, on s'attache à réaliser l'unité continentale !

Il est rare que prendre les questions par leur côté le plus étroit soit le moyen le plus facile de les résoudre ; cependant c'est ce qu'on fait communément.

En se proposant pour but l'unité continentale et pour moyen de l'atteindre l'assurance mutuelle, toutes les nations gagnent à l'adoption de ce but et de ce moyen, aucune n'y perd.

La question de savoir qui possédera, conservera ou s'emparera des détroits voit décroître immédiatement toute son importance.

Les isthmes se percent.

La navigation devient plus rapide et plus sûre.

Les chemins de fer refont ce que les frontières avaient défait.

Le télégraphe électrique étend sa toile en tous sens.

Les échanges se multiplient à l'infini.

Tous les rapports se simplifient.

Toutes les erreurs se rectifient.

Toutes les forces s'utilisent ; il n'en est plus perdu aucune.

La vitesse du progrès s'accroît par l'imitation élevée à sa plus haute puissance, dans une proportion dont le passé ne saurait donner l'idée.

L'homme cesse de lutter follement contre des difficultés créées à lui-même par lui-même ; n'étant plus détourné de sa tâche et n'ayant plus d'autre soin que de vaincre les résistances de la nature, que de la contraindre à lui livrer successivement tous ses secrets, ce qu'il sait, lui sert à découvrir ce qu'il ignore ; et par ce qu'il a fait dans le passé, quand il était dénué de ressources, de connaissances et d'instruments, on peut mesurer ce qu'il fera dans l'avenir, maintenant qu'il dispose d'instruments puissants, de connaissances précieuses, de ressources inépuisables.

La liberté s'affermit par la paix, la paix s'affermit par la liberté.

L'unité continentale, ainsi comprise, est à l'unité communale, ce que le collier est à la perle, ce que la chaîne est à l'anneau, ce que la branche est au fruit, ce que la moisson est à la gerbe.

Telle est la politique nouvelle que le jour est venu d'arborer et dont il appartient aux nations les plus avancées en civilisation de prendre l'initiative.

C'est la politique de la Paix, de la Liberté, de la Science, du Travail et du Droit opposée à la politique de la Guerre, de la Servitude, de l'Ignorance, de la Conquête et de la Force.

Un seul mot la résume :

Assurance.

Assurance appliquée à tous les risques, y compris le risque de guerre.

Le risque de guerre disparu, les gouvernements perdent presque entièrement leur raison d'être; ils ne sont plus rien, et les peuples sont tout.

La pacification universelle est au suffrage universel, ce que la base d'un édifice est à son faîte.

DÉCRETS DE L'AVENIR [*]

ARTICLE 1er.

Une assurance spéciale contre le risque de guerre territoriale et maritime est instituée entre les divers États qui auront adhéré à la présente convention.

A cet effet une armée de 000,000 hommes et une flotte de 00,000 canons seront entretenues aux frais communs desdits États ; l'enrôlement militaire et maritime sera volontaire.

La dépense sera proportionnellement supportée par chacune des nations contractantes, à raison de 1 soldat par 000 habitants et de 1 canon par 000 tonneaux.

Les proportions ci-dessus fixées, à raison de 1 soldat par 000 habitants et de 1 canon par 000 tonneaux, seront réglées le 1er janvier de chaque année ; elles décroîtront à mesure que s'accroîtra le nombre des nations assurées entre elles.

ARTICLE 2.

Les nominations et promotions dans l'armée et dans la flotte auront lieu d'elles-mêmes par la voie hiérarchique.

Les commandements en chef de l'armée seront conférés par l'élection à la majorité des voix de l'universalité des généraux de division et de brigade.

Le même mode de désignation aura pareillement lieu pour les commandants en chef de la flotte.

---

[*] *Décrets de l'avenir.* C'est le nom et la forme qui ont été adoptés afin de rendre plus précises et en quelque sorte palpables les idées exposées dans ce livre.

NOTE.

(1) « L'effectif militaire actuel de l'Europe (et sous cette dénomination nous comprenons tout ce qui est payé sur les fonds consacrés à l'entretien des forces de terre et de mer) se compose de 4 millions d'individus environ, soit à peu près 1/2 p. c. de sa population totale, qui doit s'élever aujourd'hui à 267 millions d'âmes. Déduction faite pour les incapacités de service, on peut évaluer à 7,118,000 le chiffre des individus de 20 à 55 ans, capables de porter les armes, et plus de la moitié est sous les drapeaux en ce moment.

« La valeur du travail annuel d'un adulte mâle ne saurait être de moins de 222 fr. En Angleterre, elle est en moyenne de 556 fr., et en France, de 296 fr. Il en résulte qu'en enlevant aux arts utiles de la paix 4 millions de jeunes gens, on sacrifie une valeur annuelle d'au moins 890 millions de francs. C'est à peu près la moitié de la somme que l'Europe consacre au service des intérêts de sa dette. Les dépenses ordinaires du personnel et du matériel des forces de terre et de mer figurent actuellement au budget des États européens pour un surplus de 2 milliards de francs ; cette dépense, jointe à la perte résultant de l'envoi annuel sous les drapeaux de 4 millions de jeunes gens, forme une somme de près de TROIS milliards de francs, égale à la valeur du produit annuel des mines et de l'industrie en Europe, ou 35 fois plus élevée que le produit moyen annuel des mines et des métaux précieux de cette partie du monde, l'Oural compris.

« Les frais d'entretien des forces militaires des divers États de l'Europe forment 30 p. c. de la totalité des dépenses ordinaires. Ils s'élèvent à un peu plus de 7 fr. 52 c. par tête d'habitant, et à 504 fr. par tête de combattant.

« La dépense totale pour cet objet, pendant les trente dernières années, a été de SOIXANTE milliards 1/4. Nous laissons à chaque lecteur le soin d'apprécier de combien de chemins de fer, de canaux, de voies ordinaires de communications, l'emploi du tiers seulement de cette somme aurait pu doter l'Europe. »

DE REDERN.

LIVRE TROISIÈME.

L'INSCRIPTION UNIVERSELLE.

Il n'est rien de caché qui ne doive être mis à
découvert, rien de secret qui ne doive être connu.
                                        SAINT LUC.
Vous connaîtrez la vérité et la vérité vous
affranchira.   SAINT JEAN.

L'inscription universelle assigne à chaque homme sa place, à
chaque chose sa valeur, à chaque chiffre son rang ; c'est la science des
mathématiques appliquée à l'étude de la politique avec la même certitude qu'elle est appliquée à l'étude de l'astronomie.

L'inscription universelle c'est la statistique vérifiée ; la statistique
vérifiée c'est l'ordre social errant, ayant enfin trouvé son axe et son orbite ; c'est le règne des conjectures qui finit ; c'est l'empire des probabilités qui commence ; c'est le caprice de la passion qui obéit et ne
commande plus ; c'est la loi du calcul qui commande et n'obéit plus ;
c'est l'arbitraire détruit par l'absolu ; c'est le pouvoir changé en
savoir ; c'est l'ère ancienne qui se ferme, l'ère des rivalités et des
guerres, des partis et des révolutions ; c'est l'ère nouvelle qui s'ouvre , l'ère de l'unité et de la paix , de l'émulation entre tous les
peuples et de la civilisation sous toutes les zones.

L'inscription universelle , c'est le compte ouvert à tout enfant
qui naît dans la commune, c'est le grand-livre de chaque État,

grand-livre où tout homme a sa page qui s'appelle *Inscription de vie*.

L'inscription universelle, c'est le vieux régime pénal, condamné par sa propre impuissance, radicalement réformé, heureusement détruit.

C'est le crime châtié par lui-même ;

C'est le vice extirpé par la publicité ;

C'est la conscience transparente ;

C'est la misère interrogée et tarie par l'impôt ;

C'est l'impôt transformé en assurance ;

C'est la prévoyance constituée par l'épargne ;

C'est l'épargne individuelle élevée à sa plus haute puissance par l'épargne collective.

C'est l'État prêtant et n'empruntant plus, fécondant tout, mûrissant tout, éclairant tout, et ne s'immisçant plus dans rien.

C'est la clarté du jour succédant à l'ombre de la nuit, ombre qui fait pulluler le vice et le crime, le mensonge et la fraude, la dilapidation et la misère, la dépravation et l'hypocrisie, tous les excès et toutes les hontes.

L'inscription universelle, c'est l'inscription individuelle multipliée autant de fois que la Commune compte d'habitants immatriculés, que l'État compte de Communes organisées, que le Globe compte d'États civilisés.

L'inscription universelle en immatriculant l'homme et en lui ouvrant, dans la Commune où il est né, un compte constamment tenu à jour, rend les recherches aussi faciles et aussi certaines, qu'elles le sont devenues lorsqu'on s'est avisé de mettre au coin de chaque rue le nom de la rue, au-dessus de chaque porte le numéro de la porte, ou sur l'enveloppe de chaque lettre le nom du destinataire, le nom de l'État, le nom de la ville, le nom de la rue et le numéro de la maison.

Avant de tomber en rebut, quel trajet et quels détours ne fait pas, quels retards n'éprouve pas, quels risques ne court pas une lettre qui porte une indication insuffisante ou inexacte, lettre qui fût arrivée tout droit sans retards et sans risques avec une indication qui eût été exacte et suffisante!

Ce qui a lieu pour un grand nombre de lettres, a lieu pour un nombre d'individus infiniment plus grand, individus qui, par l'immensité même de leur nombre et l'épaisseur de leur obscurité, échappent dans la plupart des circonstances et des actes de leur vie à tout contrôle nécessaire.

Je connais l'objection : elle consiste à dire qu'un contrôle qui riverait en quelque sorte l'individu à la commune comme la chaîne à l'anneau, qui le suivrait partout comme la chaîne qui s'allonge sans se rompre, serait la destruction de toute liberté.

Je réponds : Non, ce ne serait pas la destruction de toute liberté, ce serait la destruction de toute obscurité. L'homme de bien qui n'aurait aucune tare à cacher conserverait sa liberté; non-seulement il la conserverait entière, mais encore il ne tarderait pas à la posséder plus grande; le malfaiteur, seul, y perdrait une forte partie de la sienne. Mais depuis quand donc la fausse monnaie est-elle fondée à se plaindre de ce que, la vraie étant trop parfaite, il soit trop difficile et conséquemment trop périlleux de la contrefaire? Est-ce que la pièce de monnaie qui porte avec elle-même la preuve de sa valeur circule moins librement que si cette valeur n'était pas constatée et qu'il fallût vérifier le poids et le titre de chaque pièce chaque fois qu'elle passe d'une main dans une autre main? Non, au contraire, elle circule d'autant plus librement, d'autant plus sûrement, d'autant plus rapidement qu'elle est mieux frappée et plus inimitable?

L'ordre, ce n'est pas la compression, c'est l'ordre; mais pour que l'ordre existe dans une société il faut commencer par l'y établir.

Or, l'ordre social, qui comprend l'ordre matériel et l'ordre moral inséparables l'un de l'autre, ne sera solidement assis que lorsqu'il reposera sur l'inscription universelle.

Alors les bons ne payeront plus pour les mauvais, alors l'homme de paix, de liberté et de progrès ne sera plus légalement responsable de l'homme de trouble, de dictature et de révolution; alors, celui-là ne risquera plus d'être privé de la liberté qui lui suffisait, parce que cette liberté ne suffisait pas à celui-ci; alors, parce qu'une Commune isolée se sera mise en état d'insurrection, toutes les Communes d'un pays ne risqueront plus d'être mises en état de siége; alors, il sera facile de reconnaître et de trier l'ivraie du bon grain; alors il sera facile de faire la part et le compte de chacun; alors chacun étant responsable individuellement de ses actes, aucun ne sera plus injustement solidaire d'actes auxquels il aura refusé de s'associer; alors cessera, heureux jour! le communisme de la loi, cette grande iniquité sociale.

Où la Commune n'existe pas librement, le Communisme existe forcément, sous quelque nom et sous quelque forme qu'il se déguise. Qu'est-ce que le Communisme? C'est la Commune absorbée et suppléée par l'État; c'est l'État faisant et faisant mal ce que devrait faire et ce que ferait bien la Commune.

Aussi la République communale est-elle à la République communiste, ce qu'un pôle est à l'autre pôle, ce que la liberté est à l'autorité, ce que la responsabilité qu'on a le droit de décliner est à la solidarité à laquelle on ne peut se soustraire.

L'inscription universelle, ce n'est donc pas seulement l'ordre, c'est aussi la liberté : la liberté mutuelle scellée par l'ordre public.

Chaque Commune est aux individus immatriculés ce que le titre, dans un Code, est aux articles; chaque individu est aux valeurs possédées ce que l'article est aux paragraphes. Ainsi, par la Commune s'établit le contrôle et s'acquiert la connaissance des personnes, et par les personnes le contrôle et la connaissance des choses. Choses et personnes ont leurs comptes ouverts, aussi exactement tenus et balancés que les comptes courants de la Banque de France.

Chaque extrait de ce compte, délivré chaque année par le percepteur de la Commune, et visé par l'officier de paix, est ce qui constitue l'*Inscription de vie* ou *Police générale d'assurance*, inscription de vie qui remplace :

L'acte de naissance;

Le passe-port;

La carte électorale;

Le livret;

L'inscription de vie est composée de quatre pages de la grandeur d'un passe-port.

La première page porte le nom de l'assuré avec son numéro d'immatriculation et tous les détails relatifs aux conditions de l'assurance générale et spéciale.

La deuxième page, *bilan individuel*, renferme sa déclaration d'actif et de passif certifiée exacte et précise.

La troisième page, *bilan national*, présente le budget annuel des dépenses et des recettes de l'État.

La quatrième page résume chaque année tous les documents statistiques de nature à éclairer tous les intérêts, toutes les professions, toutes les industries.

Par l'inscription de vie, inscription individuelle et universelle :

1° Tous les passe-ports deviennent superflus; ils sont remplacés avec avantage.

2° Ni cartes, ni listes électorales ne sont plus nécessaires. Une élection a lieu, il suffit de se présenter avec son Inscription de vie *visée pour élection* par l'officier de paix. Communes et départements peuvent donc s'épargner désormais la peine et la dépense de faire dresser, imprimer, rectifier, placarder, distribuer listes et cartes électorales. Fausses inscriptions et votes doubles ne peuvent avoir lieu.

3° Les livrets imposés, en France, aux ouvriers par la loi du 22 germinal 1803 (1), formalité blessante qui constitue une inégalité civile, sont remplacés par une seule ligne. Cette ligne suffit. Ainsi se trouve tranchée le plus simplement du monde l'une des plus graves et des plus délicates questions de notre temps. Ainsi se trouve effacée une dernière inégalité sociale créée et maintenue par l'arbitraire administratif.

Donc :

Plus de passe-ports !

Plus de listes, ni de cartes électorales !

Plus de livrets d'ouvriers !

4° La statistique acquiert un tel degré de précision, qu'il n'est pas de renseignements qu'elle ne puisse immédiatement et sûrement donner, absolument ou relativement :

Par Individus.

Par Communes.

Par Départements.

Par États.

Les sciences médicales demandent-elles à la statistique combien d'individus sont sourds, aveugles, muets, bègues, boiteux ou bossus, etc., etc.? Elle peut le leur dire, soit absolument soit relativement.

Le crédit public lui demande-t-il combien d'individus sont riches de la fortune qu'ils ont reçue en héritage ou en dot? Combien sont riches de la fortune qu'ils ont acquise par le travail? Combien ont une épargne au-dessus ou au-dessous de telle somme fixée? Elle peut également le lui dire, soit absolument soit relativement.

L'industrie lui demande-t-elle combien chaque profession désignée occupe de têtes ou de bras? Elle peut non moins facilement le lui dire, soit absolument soit relativement.

Le commerce a-t-il besoin, pour établir ses prix régulateurs, étendre ou restreindre ses approvisionnements, ses achats, ses ventes, ses débouchés, de savoir à quelles quantités s'élèvent tels produits, de quelles qualités diverses ils sont, à quels prix moyens ou relatifs ils peuvent être livrés? Elle peut très-promptement le lui dire, soit absolument soit relativement.

Etc., etc.

Sans l'*Inscription de vie*, toujours délivrée au lieu de la naissance, et sur laquelle sont consignés chaque année, avec exactitude, avec certitude, tous les renseignements relatifs à l'individu, l'État n'aura jamais que des statistiques mensongères, sans contrôle et sans preuves.

Telle ville a intérêt à exagérer le chiffre de sa population, telle autre ville, au contraire, a intérêt à le dissimuler. Que font-elles? En France, elles remplissent, à leur gré, les colonnes des tableaux envoyés par le ministre aux préfets, par les sous-préfets aux maires; ces tableaux sont retournés ensuite par les maires aux sous-préfets, par les sous-préfets aux préfets, par les préfets au ministre; c'est ce mouvement de va-et-vient qui s'appelle solennellement centralisation administrative et gouvernement.

Aucune preuve.

Aucun contrôle.

L'inscription universelle, au contraire, a toute la rigueur d'une comptabilité en partie double.

Tout s'y résume et s'y vérifie par la caisse.

Tout contribuable a son compte ouvert au Grand-Livre de la Population qui a pour teneurs de livres tous les percepteurs nommés et payés par l'État.

A ce compte ouvert est porté tout renseignement dont l'État a reconnu et déclaré l'utilité.

Ainsi, l'État désire savoir combien il existe :

De non-valides;

D'aliénés;

De familles composées de tant de membres;

De ménages ayant un revenu au-dessous de ;

D'enfants de tel âge, ayant tel degré d'instruction;

D'hommes de vingt ans, ayant telle taille;

De veufs;

De célibataires ;

D'octogénaires ;

De septuagénaires ;

Etc., etc., etc.;

De prés, valant   fr. l'hectare.

De champs,   —

De vignes, valant   fr. l'hectare.

Etc., etc., etc.

Sous le régime de l'inscription universelle, rien de plus simple, l'État le saura avec autant de certitude que s'il demandait au directeur du Grand-Livre de la Dette publique combien il existe de rentiers nominatifs ayant plus de 500 francs, ou moins de 100 fr. de rente.

Le parti qu'une vigilante administration publique pourrait tirer d'une telle statistique tenue constamment au courant, est facile à apprécier, à quelque point de vue que l'on se place, soit qu'il s'agisse d'organiser la force armée, soit qu'il s'agisse de réformer le code pénal, soit qu'il s'agisse d'accroître la richesse nationale, soit, enfin, qu'il s'agisse de simplifier les rapports entre l'offre et la demande, le capital et le travail, la production et la consommation.

La statistique opérant ainsi avec cette certitude et cette promptitude est à la politique ce que l'astronomie est à l'astrologie, ce que l'art médical est à l'empirisme; ce que la connaissance des causes est à l'impuissance d'expliquer les effets, conséquemment de les prévenir; ce que l'ordre est au désordre, ce que la clarté du jour est à l'obscurité de la nuit.

La statistique, qui était un mensonge et une illusion, devient une vérité. Tout chiffre porte avec lui sa preuve. La preuve est ce qui en fait la valeur.

Alors la police se fait d'elle-même et sans agents; elle est destituée par la statistique; l'espionnage qui démoralise sans éclairer (2) est remplacé par l'enquête qui éclaire sans démoraliser.

La politique cesse d'errer au gré des événements comme un vaisseau au gré des vagues, sans gouvernail et sans ancre; elle n'ignore plus de quel côté est l'écueil et de quel côté est le port; ce qu'il faut garder ou jeter de lest en certains endroits dangereux; tout ce qu'il importe de savoir, elle le sait par l'inscription universelle qui est à l'inscription maritime, cette grande pensée de Colbert, ce que serait à un gland semé en 1665, le chêne que deux siècles auraient vu croître.

DÉCRET DE L'AVENIR.

(Voir l'*Inscription de vie*, telle quelle se trouve imprimée à la fin du volume intitulé l'Impôt, par ÉMILE DE GIRARDIN. — Voir dans le même volume, pages 312 à 319, le projet de décret qui transforme l'impôt *forcé* en prime *volontaire* d'assurance et substitue *l'impôt unique* à *l'impôt inique*, l'impôt sur la richesse à l'impôt sur le travail. Ce décret ne pouvait être séparé des développements qui lui servent d'exposé des motifs, et cet exposé de motifs était trop long pour trouver place dans ce volume.)

NOTES.

(1) Avant la révolution de 1848, et aux termes de l'ordonnance du 2 janvier 1749, un ouvrier français, une fois entré dans une fabrique, ne pouvait plus la quitter sans avoir obtenu du maître un *congé par écrit*. Les lois des 17 mars et 17 juin 1771, qui décrétèrent la liberté absolue de l'industrie, affranchirent l'ouvrier de cette sujétion. Ce n'est qu'en 1803 que la loi du 22 germinal astreignit les travailleurs au livret. La rareté des ouvriers, à cette époque, faisait que les maîtres se les enlevaient les uns aux autres. La loi du 22 germinal inventa le livret pour y consigner les engagements des travailleurs. C'était la violation des lois de 1791 et le retour à l'ancien régime.

En 1845, le gouvernement songea à régulariser cet état de choses, et proposa à la chambre des pairs, dans sa séance du 31 janvier, un projet de loi sur les livrets d'ouvriers. La chambre des pairs fit de ce projet l'objet d'une discussion sérieuse, et le modifia considérablement. Il fut enfin soumis à la chambre des députés, le 17 février 1847. Le rapport sur ce projet ne se fit que le 6 juillet, aux derniers jours de la session. Cette circonstance et la Révolution de Février qui survint ensuite empêchèrent la loi d'être votée. Les ouvriers français sont donc, à l'heure actuelle, sous le coup d'une législation déclarée mauvaise par l'ancien gouvernement et les chambres.

(2) Faut-il des espions dans la monarchie? Ce n'est pas la pratique ordinaire des bons princes. L'espionnage serait peut-être tolérable s'il pouvait être exercé par d'honnêtes gens; mais *l'infamie nécessaire de la personne peut faire juger de l'infamie de la chose.*

Montesquieu, liv. XII., ch. xxiii.

N'ajoutez aucune foi aux espions. Il y a plus d'inconvénients que d'avantages à en avoir.

Napoléon. Instructions laissées par l'Empereur des Français et roi d'Italie au prince Eugène, vice-roi. Juin 1805.

La police va découvrir une grande conspiration qui aura, dit-on, de grandes ramifications dans la province et dans l'armée. On nomme déjà les gens qui en seront certainement, mais le travail n'est pas fait.

Paul-Louis Courier.

LIVRE QUATRIÈME.

LE SUFFRAGE UNIVERSEL.

La volonté du souverain est le souverain lui-même.
Les lois qui établissent le droit de suffrage sont
donc fondamentales.   MONTESQUIEU.

Si nous connaissions les meilleurs d'entre nous,
l'ère des révolutions serait à jamais fermée ; malheureusement, nous n'avons aucune méthode certaine
pour les découvrir.   THOMAS CARLYLE.

Unité sans multitude est tyrannie ;
Multitude sans unité est confusion.   PASCAL.

Aux meilleurs l'empire du monde !   VICO.

CHAPITRE Ier.

EXERCICE DE LA SOUVERAINETÉ

INDIVIDUELLE, COMMUNALE, NATIONALE.

La meilleure des démocraties est celle qui ressemble le plus à la monarchie. PLATON, *Banquet des sept sages.*

Il ne suffit pas d'organiser un gouvernement parfait, il faut surtout un gouvernement praticable, d'une application facile et commune à tous les états ; loin de là, on nous présente aujourd'hui des Constitutions inexécutables et compliquées.   ARISTOTE.

Trouver une forme d'association qui défende et protège de toute la force commune la personne et les biens de chaque associé, et par laquelle chacun s'unissant à tous n'obéisse pourtant qu'à lui-même, et soit aussi libre qu'auparavant

J.-J. ROUSSEAU, *Contrat social.*

Les idées de contre-poids, d'équilibre, ont sur certaines gens une influence d'autant plus grande qu'ils les entendent moins. Les hommes, en général, aiment mieux les choses fines que les choses vraies, admirent moins ce qui est simple que ce qui est compliqué, croient plus volontiers ce qu'un petit nombre se vante d'entendre que ce qui est entendu de tout le monde.   FRANKLIN, 1788.

Il est dans le cours ordinaire des choses que les machines plus compliquées précèdent les véritables progrès de l'art social comme de tous les autres arts ; son triomphe sera pareillement de produire les plus grands effets par des moyens simples.   SIEYÈS, 1789.

> Il est douloureux de penser en quelle formidable proportion tous les efforts et tous les talents du monde sont employés, même dans l'état social le plus avancé, à se neutraliser les uns les autres. Le véritable objet de tout gouvernement est de réduire le plus possible cette déplorable déperdition, en prenant telles mesures qui fussent servir à augmenter le bien-être moral et matériel de l'espèce humaine, l'énorme quantité de forces que les hommes emploient aujourd'hui à se nuire les uns aux autres ou à se protéger les uns contre les autres. — STUART MILL.

> L'art social n'est autre chose que l'art d'organiser le gouvernement de manière à ce qu'il puisse toujours veiller efficacement à la défense des institutions protectrices de la liberté, sans jamais pouvoir tourner contre ces institutions la force qui lui a été confiée pour les maintenir. — COUSIN, *De la Justice.*

> La révolution a détruit le gouvernement de l'ancien régime, mais elle n'a pas construit son propre gouvernement. — GUIZOT.

Le droit de suffrage étant au droit d'aînesse, ce que l'Élection est à l'Hérédité, ce que la République est à la Monarchie, ce que l'Avenir est au Passé, ce que le Jour est à la Nuit, ce que le Pôle arctique est au Pôle antarctique, chercher et trouver :

Le mode de suffrage universel qui soit la méthode la plus certaine pour découvrir les meilleurs et les plus capables ;

La forme d'administration des États qui, conciliant les traditions du passé avec les nécessités de l'avenir, la puissance d'initiative avec l'efficacité du contrôle, l'unité avec la responsabilité, la grandeur nationale avec l'économie publique, la souveraineté individuelle avec la souveraineté collective, soit l'Ordre par la Liberté.

Tel est le problème dont l'importante et urgente solution aurait dû être mise au concours dès le lendemain de la Révolution du 24 février 1848, par tous les gouvernements prévoyants, si gouverner c'était prévoir.

— Mais qui y a songé?

— Personne.

— C'est précisément parce que j'ai vu que personne n'y songeait qu'il m'a paru nécessaire d'en faire l'objet de mes recherches les plus opiniâtres et de mes méditations les plus constantes, ne fût-ce que pour donner un utile exemple, une salutaire impulsion.

L'usage du chronomètre, du baromètre, du thermomètre, s'est répandu dans tout le monde civilisé; il en sera ainsi du suffrage universel, appelé à devenir, relativement à l'opinion publique, ce que le chronomètre est au temps, dont il donne la mesure avec une précision rigoureuse, ce que le baromètre est à la température dont il indique toutes les variations.

Le suffrage universel doit être à la souveraineté nationale, communale, individuelle ce que la parole est à la pensée, le moyen de s'exprimer, mais il n'en sera ainsi qu'après qu'il aura cessé d'être un instrument de guerre, pour devenir un instrument de liberté et qu'il aura substitué la *liberté des opinions* à la *guerre des partis*.

Les minorités ont le même droit que les majorités à être représentées.

C'est le progrès vers lequel doivent tendre tous les esprits qui cherchent avec persévérance le juste et le vrai.

Les 86 départements dont se compose la France sont partagés en deux camps; l'un est le camp de la Majorité; l'autre est le camp de la Minorité. Dans l'un comme dans l'autre camp, c'est un pêle-mêle d'idées confuses qui s'excluent, d'intérêts rivaux qui s'allient, de cocardes honteuses qui se cachent, de drapeaux ennemis qui se mentent, de chefs ombrageux qui se détestent, de soldats déserteurs qui se méprisent. Bien difficile serait souvent d'expliquer autrement que par un hasard, un caprice, une fausse évolution, pourquoi tels qu'on pourrait nommer sont dans les rangs de la Minorité, au lieu d'être dans les rangs de la Majorité, et tels autres dans les rangs de la Majorité, au lieu d'être dans les rangs de la Minorité. Si, à peu d'exceptions près, personne, au jour de la lutte électorale, ne se retrouve immuablement à la place que lui assignaient ses principes et ses intérêts, ce n'est pas l'inconséquence de l'esprit humain qu'il faut en accuser, c'est l'imperfection des modes électoraux qui ont été successivement en usage.

En fait de régime électoral, on en est encore au régime féodal, à ce temps où la Justice n'avait pas désarmé la Force; où, au lieu de s'adresser à un juge, on s'adressait à son épée; où, au lieu d'échanger des assignations, on échangeait des cartels; où l'innocence, au lieu de se défendre par un avocat armé d'un dossier, se défendait par un chevalier armé de pied en cap; on en est encore aux combats.

Est-il donc nécessaire que le suffrage universel soit un combat électoral ?

N'est-ce pas la barbarie ?

Ne saurait-il donc exister un autre moyen pour la souveraineté individuelle, communale, nationale de se faire jour, de s'exercer ?

Que veut-on ? Que doit-on vouloir ?

On veut que toutes les idées se débattent, que tous les principes se discutent, que tous les drapeaux se déploient, que tous les intérêts se défendent, que toutes les plaintes s'énoncent, que toutes les erreurs se redressent, que tous les abus se découvrent, que toutes les aptitudes se produisent et que toutes les supériorités se démontrent.

Le moyen qu'on emploie est-il bon, est-il le meilleur ?

Est-il donc absolument nécessaire que 86 départements, comme en France, se divisent en autant de camps ennemis, ayant tous et chacun leurs vainqueurs et leurs vaincus, une majorité et une minorité ?

Est-ce la liberté ? N'est-ce pas la guerre ?

C'est la guerre civile socialement transformée; c'est la guerre ci-

vile, moins l'effusion du sang ; c'est la guerre civile, avec cette différence qu'au lieu d'employer des cartouches, ce sont des bulletins
qu'on emploie ; ce n'est pas la liberté électorale.

La liberté électorale, c'est que chacun vote, en paix, comme il
l'entend et pour qui il lui plaît, sans agression, sans antagonisme,
sans que *choisir* un nom ait forcément pour conséquence d'en
exclure un autre, sans que voter *pour* ait indirectement pour effet
de voter *contre*, sans qu'il soit nécessaire d'arborer une cocarde et
de se ranger sous l'un des deux drapeaux en présence.

Dans le système du morcellement électoral, les majorités seules
sont représentées ; les minorités sont exclues.

C'est l'oppression organisée des minorités.

C'est le despotisme localisé des majorités.

De 1848 à 1850, un grand citoyen qui avait blessé toutes les cote-
ries en se plaçant au-dessus d'elles, pouvait réunir sur son nom
deux millions de voix, en France, et n'être pas élu représentant,
tandis qu'avec moins de 9,000 voix obtenues dans un collège, tel
candidat siégeait sur les bancs de l'Assemblée nationale.

A des élections générales, un candidat pouvait n'être pas élu
avec 100,000 voix, et l'être, un mois après, avec moins de
10,000 voix, dans des élections partielles.

Combien de candidats, ayant eu de 50,000 à 100,000 voix, sont,
en 1848 et 1849, restés au seuil de l'Assemblée constituante et de
l'Assemblée législative ! Combien d'autres l'ont franchi, qui n'a-
vaient eu que de 10,000 à 20,000 suffrages !

Dans tel département, pour réussir, il fallait plus de 100,000 voix ;
le tiers suffisait dans le département voisin.

Dans tel département, l'électeur avait le droit de nommer 28 représentants ; dans le département contigu, l'électeur n'avait le droit
d'inscrire que 7 noms sur son bulletin.

Le motif tiré de l'inégalité de la population comparée, était-il un
motif qui justifiât suffisamment cette inégalité du vote individuel ?

Toute cette paperasserie qui s'intitule pompeusement : *Listes électorales, inscriptions, radiations, rectifications, révision, impression, publication*, etc., est-elle bien nécessaire ? Ne pourrait-elle pas être supprimée sans que la sincérité des élections y perdît aucune garantie ?

A quoi bon ces décisions de maires et de juges de paix, en instance, appel et pourvoi ?

Pourquoi cette condition d'abord exigée et plus tard abandonnée de *six mois d'habitation*, puis de *trois années de domicile* ? Est-ce que l'exercice du droit de souveraineté peut être rationnellement subordonné à un changement de résidence ?

Pourquoi ne pas laisser à l'électeur la liberté de voter partout où il se trouve au jour de l'élection ?

Pourquoi, en tout et toujours, s'appliquer à susciter des difficultés, au lieu de s'appliquer à les aplanir ?

Simplifier, on le sait, est ma constante devise.

Donc, je me suis posé les questions suivantes :

Est-il possible de faire que le suffrage universel cesse d'être la guerre civile et devienne la liberté électorale ?

Est-il possible de supprimer toutes les luttes locales par un mode de la simplicité duquel il résulte que majorités et minorités soient toujours exactement additionnées et fidèlement représentées ?

Est-il possible de faire que le suffrage universel marche de lui-même, sans bourrelets, sans lisières, sans organisation préalable, qui le désorganise ; sans élections préparatoires, qui imposent à la majorité insouciante les choix de la minorité active ; sans comités directeurs, qui le faussent ; sans conclaves souverains, qui le confisquent ?

Est-il possible de maintenir au suffrage universel l'inviolabilité de sa condition essentielle de suffrage *direct* ?

Est-il possible de décompliquer tout ce qui complique l'exercice du droit électoral, et de le rendre si simple et si sûr qu'il n'y ait plus de difficultés à le rendre *annuel*, et même à y recourir en toutes circonstances graves où la souveraineté nationale doit prononcer ?

Est-il possible de laisser sans inconvénient à tout électeur le droit de voter partout où il se trouve au jour de l'élection ?

Est-il possible d'éviter et de supprimer les réélections partielles, qui ont le grave inconvénient de venir souvent infirmer le sens politique de l'élection générale précédente ?

Telles sont les questions que je me suis posées, comme on pose des jalons sur une route nouvelle qu'on veut ouvrir ; ces jalons m'ont conduit, après plus d'un tâtonnement, plus d'un redressement, à la découverte d'un mode extrêmement simple d'exercice de la souveraineté individuelle, communale, nationale, et je le crois aussi puissant qu'il est simple et nouveau.

Ce mode d'exercice de la souveraineté individuelle, communale, nationale, donne à la Majorité l'Administration publique et à la Minorité le contrôle national ; en même temps qu'il fait sortir de l'urne électorale un Élu, il en fait sortir onze contrôleurs ; comme chaque électeur ne peut écrire valablement qu'un seul nom sur son bulletin, il en résulte cette combinaison toute neuve : — que le premier nom qui sort de l'urne électorale indique la couleur de la Majorité compacte, et que les onze autres noms qui suivent représentent toutes les nuances de la Minorité divisée.

Le candidat dont le nom est sorti le premier de l'urne électorale est proclamé MAIRE D'ÉTAT.

Les onze autres candidats qui viennent ensuite par rang d'inscription sur le tableau de recensement général des votes sont proclamés membres de la COMMISSION NATIONALE DE SURVEILLANCE ET DE PUBLICITÉ.

Total : XII noms ;

Savoir :

UN nom qui représente la Majorité compacte ;

ONZE noms qui représentent la Minorité divisée.

Ce nombre XII suffit pour permettre à toutes les opinions dissidentes, à tous les intérêts inquiets, à toutes les idées mûres, de se produire et de se compter, mais s'il ne suffisait pas, rien ne serait plus facile que de l'augmenter. Ce que je cherchais donc, je l'ai trouvé : — un véritable chronomètre politique, qui, au lieu de marquer la marche du temps par le chiffre des heures, la marque par le nom des hommes.

Majorité et Minorité sont et doivent être les deux temps du pendule politique.

Pourquoi le pendule politique ne faisait-il jamais un mouvement, soit à droite, soit à gauche, que pour s'arrêter aussitôt ? — C'est que le deuxième temps n'avait pas lieu, c'est que la Minorité était condamnée à l'immobilité et que, seule, la Majorité fonctionnait.

Dans ce système, il n'y a qu'un seul collége pour l'État tout entier. Tout lieu où l'on vote est considéré comme *section* de ce collége unique. Toutes les voix données à chaque candidat dans toute l'étendue du territoire sont d'abord recueillies par *section* ; toutes les *sections* comprises dans la même Commune sont additionnées à la Commune, et totalisées au chef-lieu de l'État dans les bureaux de la Questure chargés de dresser le tableau général de recensement des votes.

Plus d'élections partielles.

Plus de listes électorales ; pour les rendre inutiles, il suffit que la cote délivrée par le percepteur revête la forme dont j'ai établi le modèle, et à laquelle j'ai donné le nom d'*Inscription de vie* ou *Police d'assurance générale.*

On peut voter indistinctement partout où l'on est, mais on ne peut valablement inscrire plus d'un nom sur son bulletin. Le vote se constate par l'apposition d'un timbre sur la *Police d'assurance générale*, au moment même où l'électeur dépose son bulletin dans l'urne. Nul ne peut donc voter deux fois dans la même élection.

Fraudes électorales et influences locales disparaissent par l'impossibilité de s'organiser simultanément dans d'aussi nombreuses sections, rayonnant de tous les points de la circonférence au centre.

L'élu est véritablement l'élu de l'État, et non pas l'élu d'un département, d'un comté ou d'une province.

L'élu est affranchi, vis-à-vis de l'électeur, de toute dépendance, de tout lien.

L'électeur, à son tour, n'a plus à subir les obsessions des candidats; il n'a plus à craindre les menaces ou à résister aux séductions qui forment, dans les systèmes actuels, un cercle étroit autour de lui.

Électeurs et élus sont réellement et réciproquement libres.

Par cette élection à double ressort, qui fait ainsi une juste part à la MAJORITÉ et à la MINORITÉ, je donne satisfaction à deux sentiments contraires :

Le SENTIMENT DE CONFIANCE, sentiment simple, exclusif de sa nature, et représentant l'unité, s'exprimant exactement par le chiffre I;

Le SENTIMENT DE DÉFIANCE, sentiment composé, formé de mobiles divers, s'exprimant dans toutes ses nuances par le chiffre XI.

Nul mécanisme n'est moins compliqué : — deux roues qui s'engrènent et qui tournent en sens opposé.

Ai-je réalisé ces paroles de Platon ? — « LA MEILLEURE DES DÉMOCRATIES EST CELLE QUI RESSEMBLE LE PLUS A LA MONARCHIE. »

C'est ce que je vais essayer de vérifier par une hypothèse :

Je suppose que le premier dimanche de mai dix millions d'électeurs aient voté, et que les voix se soient réparties ainsi qu'il suit :

A.	4,000,000 de voix.
B.	3,000,000
C.	1,500,000
D.	500,000
E.	200,000
F.	180,000
G.	170,000
H.	150,000
I	140,080
J.	130,000
K.	120,000
L.	80,000
Voix perdues.	30,000
Total.	10 millions.

4

A. personnifiant la MAJORITÉ COMPACTE, incarnant la confiance du pays, serait proclamé MAIRE D'ÉTAT.

B. C. D. E. F. G. H. I. J. K. L. personnifiant la MINORITÉ DIVISÉE, incarnant les défiances des partis, les dissidences d'opinions, les rivalités d'intérêts, seraient proclamés MEMBRES DE LA COMMISSION NATIONALE DE SURVEILLANCE ET DE PUBLICITÉ. Ainsi la Minorité deviendrait à son tour Majorité ; seulement, chacune de ces deux majorités, l'une résumant la Confiance et l'Administration, l'autre la Défiance et le Contrôle, aurait une signification différente et une attribution distincte.

En cas de désaccord sur l'interprétation de la volonté nationale et de l'intérêt collectif, entre ces deux majorités, entre l'Administration et le Contrôle, c'est-à-dire entre le MAIRE D'ÉTAT et la COMMISSION NATIONALE DE SURVEILLANCE ET DE PUBLICITÉ, la partie la plus diligente des deux, MAIRE D'ÉTAT OU COMMISSION NATIONALE DE SURVEILLANCE, convoquerait l'arbitre suprême, c'est-à-dire le Peuple, qui prononcerait souverainement.

Les onze membres de la COMMISSION NATIONALE DE SURVEILLANCE ET DE PUBLICITÉ ne jugeraient jamais, ils avertiraient toujours ; il exerceraient le contrôle, jamais la souveraineté.

Dans ce système, toute grande question, toute opinion populaire pourrait se faire jour et se débattre librement sans que jamais les nombreuses populations qui travaillent soient placées sous le coup de cette funeste alternative : ou d'être obligées d'interrompre leurs pressants travaux ou d'être exposées à subir des lois nuisibles votées à faux par suite de leur abstention.

Dans ce système, pour que le Peuple fût convoqué avant l'expiration du terme annuel et normal fixé au premier dimanche de mai de chaque année, il faudrait une circonstance extraordinaire, un cas très-grave tels que : une insulte à venger, une agression à repousser, un allié à secourir.

En temps ordinaire, il suffirait au Peuple de donner un jour par an à la politique ; mais ce jour-là, être collectif, il *exercerait* pleinement sa souveraineté.

Il n'aurait à craindre d'être trompé par aucune délégation, car s'il avait été abusé par de vaines promesses ou de faux semblants, dès le lendemain, averti et convoqué par la minorité vigilante, ombrageuse, composant la COMMISSION NATIONALE DE SURVEILLANCE, il pourrait revenir sur son choix et révoquer l'élu infidèle ou incapable qui l'aurait trompé.

Usurpations, conflits, insurrections, révolutions seraient matériellement impossibles dans ce système; je puis donc dire qu'il les abolit.

A la guerre *des partis*, il substitue la *liberté des opinions*.

Il n'y a plus ni vainqueurs, ni vaincus. Il y a partage entre eux d'attributions. Les uns ont l'Administration, les autres ont le Contrôle.

La force des minorités, qui fut longtemps une force perdue et dangereuse, devient une force précieuse et utilisée.

Faute de raison d'être, d'abord, et ensuite par lassitude de constater, chaque année, leur impuissance, de la faire éclater au grand jour de l'élection et de la publicité, les partis s'éteindraient et l'unité nationale, c'est-à-dire la communauté d'efforts et d'intérêts se reformerait sans violence, sans compression, sans proscription.

Dans ce système, la Majorité, la grande Majorité, la vraie Majorité serait toujours certaine d'être représentée par elle-même; elle n'aurait jamais à craindre l'infidélité d'aucun mandataire, car l'expiation ne se ferait pas attendre.

Le MAIRE D'ÉTAT et les onze membres de la COMMISSION NATIONALE DE SURVEILLANCE ET DE PUBLICITÉ poursuivant le même but par deux voies opposées : être réélu, aucune rencontre fâcheuse, aucun accord coupable ne seraient à craindre.

Ce système réunit les deux avantages de la monarchie et de la démocratie, car il concilie la stabilité avec la mobilité.

Preuves :

Si le Peuple, si le souverain est content de son maire, il le réélit chaque année, et le garde jusqu'à ce qu'il meure : — Stabilité. Si, au contraire, le souverain trouve que son maire se relâche, il le change, et, pour lui donner un successeur, il n'a qu'à choisir, soit parmi les onze membres de la Commission de surveillance celui qui s'est montré le plus vigilant, le plus ferme, le plus capable, soit ailleurs : — Mobilité.

Jamais il n'est lié ; toujours il est libre.

Qu'y a-t-il de plus simple ? C'est l'unité d'accord avec la responsabilité.

C'est ce que prescrivait le cardinal de Richelieu dans son testament :

« Diverses expériences m'ont rendu si savant en cette matière, que je penserais être responsable devant Dieu, si ce présent testament ne portait pas, en termes exprès, qu'*il n'y a rien de plus dangereux pour un État que diverses autorités égales en l'administration des affaires.*

« Ce que l'une entreprend est traversé par l'autre, et si le plus homme de bien n'est pas le plus habile, quand même ses propositions seraient les meilleures, elles seraient toujours éludées par le plus puissant en esprit.

« Chacun aura ses sectateurs, qui formeront divers partis dans l'État et en diviseront les forces au lieu de les réunir ensemble.

« Ainsi que divers pilotes ne mettent jamais tous ensemble la main au timon, aussi n'en faut-il qu'un qui tienne celui de l'État.

« Il peut bien recevoir les avis des autres, il doit même quelquefois les rechercher ; mais c'est à lui d'en examiner la bonté, et de tourner la main d'un côté ou d'autre, selon qu'il estime plus à propos, pour éviter la tempête et faire sa route. »

C'est ce qu'enseignait Frédéric II roi de Prusse :

« La force des États consiste dans les grands hommes que la nature y fait naître à propos.

« Gouverner n'est pas difficile ; on prend de bons ministres et on les laisse faire. »

C'est ce que demandait Danton en ces termes :

« Il faudra que le pouvoir exécutif soit élu par le peuple ; il faudra l'investir d'une grande puissance et la balancer par une autre. »

C'est ce que voulait Robespierre quand il disait :

« Fuyez la manie ancienne des gouvernements de vouloir trop gouverner ; laissez aux individus, laissez aux familles le droit de faire ce qui ne nuit point à autrui ; laissez aux communes le pouvoir de régler elles-mêmes leurs propres affaires en tout ce qui ne tient pas essentiellement à l'administration générale de la république; rendez à la liberté individuelle tout ce qui n'appartient pas naturellement à l'autorité publique et vous aurez laissé d'autant moins de prise à l'ambition et à l'arbitraire. »

C'est la mise en pratique de ces préceptes de Montesquieu :

« *Le peuple qui a la souveraine puissance doit faire par lui-même tout ce qu'il peut bien faire; et ce qu'il ne peut pas bien faire, il faut qu'il le fasse faire par ses ministres.*

« *Ses ministres ne sont point à lui, s'il ne les nomme : c'est donc une maxime fondamentale de ce gouvernement, que le peuple nomme ses ministres.*

« *Le peuple est admirable pour choisir ceux à qui il doit confier quelque partie de son autorité.*

« Il n'a à se déterminer que par des choses qu'il ne peut ignorer, et des faits qui tombent sous les sens; il sait très-bien qu'un homme a été souvent à la guerre, qu'il y a eu tels ou tels succès. Il est donc très-capable d'élire un général. Il sait qu'un juge est assidu, que beaucoup de gens se retirent de son tribunal contents de lui; qu'on ne l'a pas convaincu de corruption : en voilà assez pour qu'il élise un préteur. Il a été frappé de la magnificence ou des richesses d'un citoyen : cela suffit pour qu'il puisse choisir un édile.

« Toutes ces choses sont des faits dont il s'instruit mieux dans la place publique qu'un monarque dans son palais. *Mais saura-t-il conduire une affaire, connaître les lieux, les occasions, les moments, en profiter? Non, il ne le saura pas.* »

C'est le retour à cette vérité proclamée par M. P.-J. Proudhon :

« La division des pouvoirs est un reste de ce que nous appelons la *politique*, et qui n'est que la déception éternelle de la liberté; c'est la *scission de ce qu'il y a de plus radicalement indivisible, de ce dont la division implique la contradiction, la* VOLONTÉ *du souverain.* Dans la société comme dans l'homme, les fonctions sont diverses, mais la volonté est essentiellement une. »

C'est la prise en considération de ces observations, aussi justes que profondes, présentées, au nom de l'École positiviste, par M. Littré, membre de l'Institut de France :

« *C'est par une vicieuse imitation du régime anglais que la chambre des députés intervient dans la création des lois.* LA LOI EST ESSENTIELLEMENT UN ACTE DU POUVOIR EXÉCUTIF. *Mais, dans le régime anglais, où il y a* tant de restes de l'aristocatie féodale, le pouvoir central n'a pas acquis la prépondérance effective qu'il a obtenue dans notre pays, formé sous l'action énergiquement centralisante de la monarchie et de la révolution. Aussi ce pouvoir a-t-il été forcément démembré, et une partie de ses attributions est restée entre les mains du pouvoir provincial. Quand le régime anglais a été importé parmi nous, on a tout reçu en bloc, et les députés français, comme les membres du parlement anglais, se sont trouvés investis du droit de faire la loi.

« Une loi décrétée par le pouvoir exécutif et sanctionnée par l'opinion publique est suffisamment valable. Il n'y a dans un pareil acte que ces deux parties désintéressées. Laissons les fictions et les rouages inutiles.

« *Au reste, c'est réunir dans la donnée et sous les conditions d'une société démocratique, à ce qui se pratiquait dans l'ancienne monarchie, et* REPRENDRE NOTRE TRADITION, *un moment interrompue par le régime constitutionnel.*

« *... En temps révolutionnaire, la durée du pouvoir ne se limite que par l'usage qu'on en fait. La perpétuité des uns, l'intervalle périodique des autres, sont des institutions sans consistance, à une époque où les circonstances changent rapidement et appellent de nouveaux organes pour une situation nouvelle, à une époque où il n'importe pas moins, si on a trouvé des hommes vraiment politiques, de les garder le plus longtemps possible.* Mais il faut prévoir le mauvais usage et la nécessité du changement. Ceci est une grave difficulté : on s'en rendra facilement compte si l'on réfléchit que le changement des pouvoirs précédents n'a été jusqu'à présent obtenu que par de sanglantes insurrections et au prix de coûteuses catastrophes. »

Ces diverses opinions, ces diverses citations ne sauraient être trop sérieusement méditées par tous les hommes sérieux qui ont le sentiment du rôle immense et décisif que la France, livrée à l'essor de son génie, pourrait jouer dans le Monde.

A ce système si simple, qui a pour lui les preuves de l'histoire, les traditions de la France, les autorités politiques les plus imposantes et les cautions démocratiques les moins contestables, quelles objections oppose-t-on et peut-on opposer ?

Aucune qui soit sérieuse.

Il n'y a pas un régime, quel qu'il soit, sous lequel une usurpation ne soit toujours plus ou moins possible. Je ne citerai ni l'Angleterre, où Guillaume d'Orange détrôna Jacques II; ni les États-Unis, où la royauté fut itérativement offerte à Washington; je ne citerai que la France : Chilpéric III est déposé par Pépin, qui s'empare du trône. Hugues Capet fait enfermer le successeur légitime de Louis V. Malgré les Constitutions de 1795 et de 1799, le général Bonaparte se fait du Consulat le marchepied qui l'élève jusqu'à l'Empire; et la Constitution du 4 novembre 1848 n'aboutit qu'à être supprimée le 2 décembre 1851. Aussi suis-je profondément convaincu que ce n'est pas dans les constitutions écrites que la souveraineté individuelle, la souveraineté communale, la souveraineté nationale doivent chercher et trouveront des garanties efficaces contre l'arbitraire, l'usurpation et le despotisme; non, ces garanties efficaces, elles ne les trouveront qu'en se développant par la loi même de leur existence, comme l'enfant grandit, comme l'homme pense, comme le cheval tire, comme l'arbre pousse, comme le blé mûrit.

Ce qu'il faut donc chercher et trouver, c'est comment ces trois souverainetés, par le mutuel appui qu'elles se prêteront, assureront leur inviolabilité commune et créeront une force sociale, de même que l'ajusteur qui assemble toutes les pièces d'une machine à feu doit vérifier les qualités et les proportions de chacune d'elles, s'il veut prévenir le danger d'une explosion qu'il faut toujours prévoir. Cette explosion qu'on prévoit, c'est en effet par une irréprochable construction qu'on la prévient.

C'est ce que j'ai cherché. J'ai cherché un mécanisme qui pût s'appliquer non-seulement à la France, mais successivement aux nations, solidaires entre elles, qui développât les aptitudes de toutes et ne contrariât l'esprit d'aucune. L'ai-je trouvé?

Peu importe que je l'aie ou non trouvé, si après moi tout le monde le cherche; car si tout le monde le cherche, quelqu'un le trouvera.

Donnez-moi un point d'appui et je soulèverai le monde, disait Archimède. En s'exprimant ainsi, ce n'était pas l'orgueil, c'était la vérité qui parlait par sa bouche.

A mon tour, je dis : Pour soulever le monde nouveau, il suffit d'avoir pour levier l'unité d'impôt transformé en prime d'assurance, et pour point d'appui le vote universel, annuel, direct, secret, tel qu'il est appelé à se simplifier et à se perfectionner.

Je suis persuadé qu'aussitôt que chacun saurait qu'il n'y a plus qu'à chercher et à trouver le procédé de vote universel le plus simple, le plus rapide, le plus infaillible, toutes les imaginations se tendraient comme des arcs, toutes les combinaisons s'étudieraient ; ce serait à qui découvrirait le premier le mécanisme électoral le plus parfait et le mode d'administration publique le plus conforme au triple principe de la souveraineté individuelle, communale, nationale. Pendant que les esprits travailleraient ainsi à édifier, ils ne s'ingénieraient pas à détruire. Ce serait déjà un incontestable avantage. Le bon sens public n'aurait qu'à choisir entre tous les systèmes qui s'offriraient ; s'il ne prenait pas le meilleur, s'il se trompait, l'expérience serait là pour le redresser.

Trouver à tout prix, — dût-on décerner une récompense nationale d'une valeur égale à celle offerte par l'empereur Napoléon pour encourager la fabrication du sucre de betteraves et la filature du lin, — trouver à tout prix le meilleur mode de vote universel, comme on a trouvé le meilleur système métrique : telle est la première chose, la plus utile et la plus urgente, par laquelle, à mon avis, on aurait dû, par laquelle on devrait encore commencer ; car ce qui importe avant tout aux passagers d'un steamer, ou aux voyageurs en railway, ce n'est pas que la machine à feu, dont on leur a fait admirer la puissance merveilleuse, soit construite d'après tel ou tel système, mais c'est qu'elle n'éclate pas et ne les fasse point sauter en l'air.

Que m'importe, à moi, toutes ces constitutions qui devaient être éternelles, toutes ces déclarations des Droits de l'Homme qui devaient être irrévocables, quand l'histoire m'apprend, et quand je vois qu'aucune d'elles n'a résisté au plus faible choc, ni survécu à la rapide épreuve qui en a été faite !

Assez souvent les titres imprescriptibles de la Liberté ont été proclamés, reconnus ; toujours en vain ! Qu'on en finisse avec cette dérision! Au lieu de perdre son temps à les proclamer toujours et à ne les garantir jamais, qu'on l'emploie donc une bonne fois à les garantir solidement.

— Comment ?

Je l'ai dit : — Par le vote universel, annuel, secret et direct, rendu aussi simple, aussi précis, aussi certain que le thermomètre qui sert à marquer l'élévation de la température, que le chronomètre qui sert à marquer la marche du temps, que le mètre qui sert à mesurer la longueur de l'espace.

Dès qu'il existera un instrument d'une justesse incontestable pour mesurer ou peser l'opinion, tous les partis politiques et tous les débats stériles s'éteindront ; car, dans toutes les questions d'administration intérieure et de relations internationales où la vérité absolue n'aura pas encore apparu, ce sera la volonté nationale qui y suppléera.

Si j'insiste aussi fortement sur ce point, c'est que dans mon opinion il est fondamental.

Dès que le vote universel, annuel, direct, secret, sera ce qu'il est appelé à devenir, dès que le ressort des majorités, qui a été faussé, aura été redressé, tout se réglera et tout ira de soi-même, comme le fleuve suit son cours, comme l'oiseau prend son vol, sans qu'il soit besoin de constitutions écrites, de chartes promulguées. Par lui, se résoudront pacifiquement toutes les questions, se rectifieront successivement toutes les erreurs, s'accompliront sans révolutions tous les progrès. Le vote universel est l'axe sur lequel doit tourner le monde politique. Lorsqu'on voit tous les gouvernements à l'envi ne rien épargner pour perfectionner le tir et étendre la portée des armes à feu, il est impossible qu'il ne se trouve pas un homme d'État qui comprenne que le moment étant proche où le progrès, même entre peuples, sera de *se compter* au lieu de *se battre*, ce ne sont plus les fusils, les canons et les mortiers qu'il faut perfectionner, mais le vote universel, annuel, secret et direct.

Par l'adoption et le perfectionnement du vote universel, annuel, secret et direct, combiné avec l'unité d'impôt transformé en prime d'assurance, tout risque d'arbitraire, d'usurpation et de despotisme disparaît. C'est la pyramide replacée sur sa base.

La base de toute société rationnellement constituée, c'est la souveraineté individuelle; mais, au contraire, que voyons-nous? — A la base, la souveraineté nationale; au faîte, la souveraineté individuelle. C'est l'antipode de ce qui devrait être. Par un contre-sens qui ne s'expliquera pas dans cent ans, la société fait marcher l'homme sur la tête, au lieu de le faire marcher sur les pieds. Si la société essayait de n'avoir pas plus d'esprit que la nature, serait-ce donc une bien grande témérité?

Mais l'homme, apparemment, irait trop vite, s'il allait dans le sens du créateur universel, s'il allait du simple au composé, au lieu d'aller du composé au simple, sauf à revenir sur ses pas, ce qui, dans la langue commune, se nomme un progrès.

Le composé, c'est la souveraineté nationale; le simple, c'est la souveraineté individuelle. Dès qu'on se sera bien convaincu, par l'étude et par la réflexion, de la justesse rigoureuse de cette vérité trop longtemps méconnue, tous les nœuds de cet écheveau emmêlé que l'homme appelle la société se dénoueront sans effort et sans qu'il soit nécessaire de les rompre.

Chaque liberté se réglera d'elle-même, et n'aura plus besoin qu'on la règle.

Toute souveraineté se superposera dans son ordre naturel, on ne verra plus ce qui a lieu : la base au faîte et le faîte à la base, ce qui explique comment il est si difficile de faire tenir les gouvernements en équilibre sur eux-mêmes, et pourquoi ils ont besoin, pour ne pas tomber, d'être étayés de tous côtés par un échafaudage législatif de plus en plus compliqué.

Pour commencer par le commencement, pour asseoir inébranlablement la souveraineté individuelle, que faut-il? — Quatre choses :

Le vote universel, annuel, secret et direct.

L'unité d'impôt transformé en prime d'assurance.

L'abolition du service militaire obligatoire.

L'Indépendance réciproque de la Justice et de l'État.

Dès que la souveraineté individuelle est fermement assise, la souveraineté communale s'étend, la souveraineté nationale se restreint. Celle-ci n'est plus que ce qu'elle doit être. Il n'y a plus de *gouvernement de l'homme par l'homme*, il n'y a plus qu'une *administration de la chose publique par un, sous le contrôle de tous*.

Lorsque chaque État ne sera plus qu'une société nationale d'assurances mutuelles contre des risques prévus, qu'y aura-t-il à usurper ? — L'Autorité ! — Mais on en aura oublié le nom, comme aujourd'hui on ne sait plus le nom de mille machines que le progrès continu a fait d'abord adopter et plus tard abandonner. A l'erreur de l'Autorité infaillible, aura succédé la vérité de l'Intérêt commun. L'Intérêt commun ? — Oh ! l'on peut être pleinement rassuré, c'est chose qui, de sa nature, ne saurait s'usurper.

Les souverainetés individuelle, communale, nationale, telles que je les ai définies et ajustées, se prêtant un concours réciproque et une garantie mutuelle, je me suis demandé s'il était une seule liberté à laquelle l'Élu annuel du suffrage universel, qu'il s'appelle Président de la République, Président du Conseil, Ministre du Peuple ou Maître d'État, pût porter la plus légère atteinte. Je l'ai supposé ambitieux, avide, fourbe, corrompu et corrupteur, afin de prévoir et de prévenir tous les dangers qu'un tel caractère pourrait faire courir à la liberté individuelle, à l'honneur national, à la richesse publique, si le peuple avait pu être assez aveugle pour ne pas découvrir la fourberie, assez sourd pour ne pas entendre la vérité.

Voici ma réponse :

Là, où il n'y aurait rien à prendre, que pourrait-on dérober ?

Là, où la simplification de gouvernement serait telle qu'elle équivaudrait matériellement et moralement à l'abolition de l'Autorité, quel abus de pouvoir pourrait-on commettre ? Quel danger d'usurpation pourrait-on craindre ?

Je suppose un président des États-Unis ambitieux, si ambitieux qu'on le suppose, de quel pouvoir pourrait-il s'emparer ? De quelle autorité pourrait-il abuser ?

Il ne dispose de rien.

L'administration est locale.

L'impôt est faible.

L'armée est nulle (1).

La liberté est absolue.

Eh bien ! qu'on fasse en France ce qui a pleinement réussi aux Etats-Unis.

Qu'on localise l'administration !

Qu'on diminue l'impôt !

Qu'on réduise l'armée !

Qu'on étende la liberté !

Quatre réformes qui se lient et qui sont solidaires comme les quatre angles d'un carré.

Avec la liberté absolue, rien n'est dangereux, tout est simple.

Des siècles se sont écoulés pendant lesquels la Terre n'a pas été comptée au nombre des planètes ; longtemps on a cru qu'elle était immobile. Un jour cependant, en 1632, on a découvert et démontré qu'elle tournait. Ce qui est arrivé à la terre dans l'ordre astronomique, est aussi ce qui arrivera à la Liberté dans l'ordre politique. On s'effraye de la Liberté, on nie qu'elle doive se mouvoir, et des présomptueux ont la prétention de la condamner à l'immobilité. Vains efforts ! On peut nier que la Liberté doive tourner, elle n'en tournera pas moins. Comme la Terre, la Liberté a son orbite. Insensés qui vous décorez faussement du nom d'hommes d'Etat, laissez-lui donc décrire sa courbe ! Tous les torts que vous lui imputez sont les vôtres et non les siens. Si vous pouviez arrêter le mouvement de la Terre, en vérité, vous l'arrêteriez, et ensuite vous vous en prendriez à elle de tous les désastres dont vous auriez été seuls la cause. Tentez d'arrêter le cours d'un fleuve, il débordera ! Vous faites des lois arbitraires, en sens opposé des lois absolues ; vous faites des lois sociales en sens opposé des lois naturelles, et vous vous étonnez que le monde soit, à chaque pas qu'il fait vers l'avenir, menacé de rouler dans l'abîme! Bossuet a dit : « Le Monde s'agite et Dieu le mène; » moi, je dis : Si le Monde s'agite, faux hommes d'État, usurpateurs de la puissance divine, c'est que vous avez la prétention de le mener. Cessez de vouloir le mener, et il cessera de s'agiter!

La liberté individuelle a des limites que la nature lui a assignées; ne tentez ni de les restreindre ni de les étendre. Telles qu'elles existent, respectez-les. Dès qu'on les respecte, l'œuvre des gouvernements est facile, car ils n'ont plus qu'à rechercher ce qui, par essence, est collectif.

Je comprends la liberté humaine et l'art social comme les a définis un célèbre professeur, M. Cousin, dont le témoignage ne sera pas suspect :

« Le droit naturel repose sur un seul principe, qui est la SAINTETÉ DE LA LIBERTÉ DE L'HOMME. Le droit naturel, dans ses applications aux diverses relations des hommes entre eux et à tous les actes de la vie sociale, contient et engendre le droit civil. Comme en réalité LE SEUL SUJET DU DROIT CIVIL EST L'ÊTRE LIBRE, le principe qui domine le droit civil tout entier est LE RESPECT DE LA LIBERTÉ ; LE RESPECT DE LA LIBERTÉ S'APPELLE LA JUSTICE.

« La justice confère à chacun le droit de faire tout ce qu'il veut, sous cette réserve que l'exercice de ce droit ne porte aucune atteinte à l'exercice du droit d'autrui.

« L'HOMME QUI, POUR EXERCER SA LIBERTÉ, VIOLERAIT CELLE D'UN AUTRE, MANQUANT AINSI A LA LOI MÊME DE LA LIBERTÉ, SE RENDRAIT COUPABLE. C'EST TOUJOURS ENVERS LA LIBERTÉ QU'IL EST OBLIGÉ, QUE CETTE LIBERTÉ SOIT LA SIENNE OU CELLE D'UN AUTRE. Tant que l'homme use de sa liberté sans nuire à la liberté de son semblable, il est en paix avec lui-même et avec les autres. Mais aussitôt qu'il entreprend sur des libertés égales à la sienne, il les trouble et les déshonore, il se trouble et se déshonore lui-même, car il porte atteinte au principe même qui fait son honneur et qui est son titre au respect des autres.

« La paix est le fruit naturel de la justice, du respect que les hommes se portent ou doivent se porter les uns aux autres, à ce titre qu'ils sont tous *égaux*, c'est-à-dire qu'ils sont tous *libres*.

« La société est le développement régulier, le commerce paisible de toutes les libertés, sous la protection de leurs droits réciproques. LA SOCIÉTÉ N'EST PAS L'ŒUVRE DES HOMMES : C'EST L'ŒUVRE MÊME DE LA NATURE DES CHOSES. Il y a une société naturelle et légitime, dont toutes nos sociétés ne sont que des copies plus ou moins imparfaites. A cette société correspond un gouvernement tout aussi naturel, tout aussi légitime, envers lequel nous sommes obligés, qui nous défend et que nous devons défendre, et en qui nous avons le devoir de placer et de soutenir la force nécessaire à l'exercice de ses fonctions.

« Mais la force qui doit servir peut nuire aussi. L'ART SOCIAL N'EST AUTRE CHOSE QUE L'ART D'ORGANISER LE GOUVERNEMENT DE MANIÈRE A CE QU'IL PUISSE TOUJOURS VEILLER EFFICACEMENT A LA DÉFENSE DES INSTITUTIONS PROTECTRICES DE LA LIBERTÉ, SANS JAMAIS POUVOIR TOURNER CONTRE LES INSTITUTIONS LA FORCE QUI LUI A ÉTÉ CONFIÉE POUR LES MAINTENIR. »

Par la Justice faire équilibre à la Force et empêcher qu'aucun individu, indigne de porter le nom d'homme, puisse manquer « *à la loi même de la Liberté ;* » c'est de la sorte que, moi aussi, je comprends l'art social, cet art d'organiser le gouvernement, que M. Cousin a si admirablement défini dans les lignes que je viens de citer.

Je suis d'accord avec M. Guizot, non le ministre, mais l'historien, s'exprimant ainsi :

« Au commencement, il n'y a point ou presque point de puissance publique... la liberté est réelle... Il y a simplement coexistence des libertés individuelles... La liberté périt... Cependant les individus, *seuls êtres réels,* se sont développés... *La société tend à revenir au libre développement des volontés individuelles...* Que l'homme reprenne la liberté et l'exerce de plus en plus, c'est le but, c'est la perfection de la société. »

Aujourd'hui, qu'est-ce que l'Individu ?
— Rien.
Désormais, que doit-il être ?
— Tout.
Aujourd'hui, qu'est-ce que l'État ?
— Tout.
Désormais, que doit-il être ?
— Rien.

Rien... qu'une société nationale d'épargnes collectives et d'assurances mutuelles.

— Assurance mutuelle contre le risque de guerre, etc., etc.

S'il en était ainsi, tout travailleur serait rentier ou le deviendrait.

Alors, convenez-en, la police serait aisée, l'ordre facile, et les révolutions impossibles; car, dans l'ordre politique aussi bien que dans l'ordre physique, sans cause, point d'effet.

Plus la puissance individuelle tend à se développer et à s'élever, plus la puissance collective tend à se restreindre et à décliner.

C'est là une vérité attestée par tous les faits, visible à tous les yeux.

Certes, s'il y avait trois choses qui fussent essentiellement collectives et qui concourussent presque exclusivement à former la puissance publique, c'étaient :

L'armée ;

La marine militaire ;

La voie publique.

Eh bien, l'armée, par suite de l'immense développement des idées industrielles et pacifiques, tend à devenir de moins en moins nécessaire, conséquemment à se réduire, jusqu'à ce qu'enfin elle disparaisse presque entièrement, comme aux États-Unis.

La marine militaire tend également à disparaître, par suite des progrès et des nécessités de la marine marchande, à laquelle il faudra, pour se recruter, un personnel de plus en plus considérable.

Enfin, plus la voie publique se perfectionne sous la forme de chemins de fer, plus elle tend à échapper des mains de l'État pour passer aux mains de l'Industrie.

Oui ou non, tout cela est-il vrai ?

Au contraire, trois choses sont venues étendre presque à l'infini l'empire de la souveraineté individuelle ; ce sont :

L'imprimerie ;

La vapeur ;

Le télégraphe électrique.

Oui ou non, tout cela est-il encore vrai?

Or, si l'on ne conteste à l'individu ni la liberté de croyance, ni la liberté de parole, ni la liberté d'enseignement, ni la liberté de la presse, ni la liberté du travail, ni la liberté du commerce, ni la liberté d'association, ni la liberté de réunion, ni même la liberté de refuser l'impôt transformé en assurance, quelles attributions restera-t-il à l'État? Je le demande, et j'ajoute : Si, désormais, c'est la puissance individuelle qui est forte, libre, invincible; si, au contraire, c'est la puissance collective qui est faible, limitée, désarmée, que deviennent donc les dangers d'usurpation et les craintes d'abus de pouvoir?

Nuls sont les uns, chimériques sont les autres.

Ce n'est plus en interrogeant le passé et l'histoire qu'il faut raisonner, c'est en interrogeant l'avenir et la science.

Du jour où la liberté religieuse a triomphé, tous les bûchers, tous les instruments de torture de la foi intolérante ont aussitôt disparu.

Du jour où toutes les libertés partielles dont le faisceau compose la liberté absolue ne seront plus contestées et ne pourront plus être violées, immédiatement aussi s'écroulera tout l'échafaudage des lois arbitraires.

L'État ne sera plus que l'axe sur lequel tournera la société;

Alors, la société comme la Terre, tournera d'elle-même et sans effort.

La Liberté est à l'Autorité ce que l'aval est à l'amont d'un fleuve.

La Liberté rend la Force inutile, l'Autorité rend la Force nécessaire.

En tout et partout, la Force tend à se transformer, soit par le progrès des idées, soit par le perfectionnement des arts.

Tels sont les problèmes qu'a résolus l'art mécanique appliqué aux industries les plus avancées, que le même travail qui eût exigé autrefois les bras de cent hommes, n'exige plus aujourd'hui que les mains d'un seul enfant; l'art social est appelé à réaliser les mêmes progrès, à résoudre les mêmes problèmes, à opérer les mêmes prodiges. Quand le mécanisme gouvernemental sera ce qu'il devra être, à la rigueur un enfant aussi suffirait pour le mettre en mouvement.

Je suppose que, par suite de la réciprocité des échanges, de la solidarité des intérêts, du progrès des sciences, de la liberté des peuples et du déclin des gouvernements, la guerre ne soit plus qu'une tache de sang dans l'histoire, comme maintenant l'esclavage n'est plus qu'un souvenir monstrueux dans le passé.

Je suppose que l'impôt, transformé en prime d'assurance, ait acquis le degré de perfection, de simplicité et de certitude qui permettra d'en rendre le payement volontaire;

Je suppose que tout travailleur ayant concouru à accroître l'épargne collective, soit certain d'en retirer sa part légitime;

Je suppose que la publicité, organisée comme elle pourrait l'être, soit au crime ce que la vérité est à l'erreur, qu'elle en soit le plus sévère châtiment, et qu'elle le rende matériellement presque impossible;

Je suppose qu'il soit démontré, avec la clarté de l'évidence, que la liberté des religions, des opinions et des conventions, n'est dangereuse qu'autant qu'on essaye de la comprimer;

Je suppose que les Codes ne soient plus que des recueils de formules, des modèles d'actes utiles à consulter et bons à suivre;

Je suppose qu'il n'y ait plus qu'une règle pour mesurer toutes les actions des hommes, et que cette règle soit celle-ci :

NE FAITES PAS A AUTRUI CE QUE VOUS NE VOUDRIEZ PAS QU'IL VOUS FÎT;

Je suppose, enfin, qu'élevés à la grande école de la Mutualité, tous reconnaissent qu'ils ont intérêt à observer cette règle et à l'appliquer scrupuleusement;

Je demande alors :

Ce qu'il y aurait à administrer?

Que deviendrait la puissance collective?

Que ferait l'Autorité?

J'en suis fâché pour elle, mais l'Autorité n'aura plus de rôle à jouer en aucun pays où luira dans tout son jour la Publicité, où prévaudra dans sa plénitude la Liberté.

Si l'Autorité ne se croit pas ou ne se prétend pas infaillible, ce n'est plus l'Autorité.

Ou l'Autorité est la Vérité, ou elle est l'Erreur.

Si elle est la Vérité, il lui suffira de l'éclat de sa propre évidence, pour triompher sans le secours de la Force.

Si elle est l'Erreur, il est juste qu'elle succombe : de quel droit s'imposerait-elle ?

Détruire cette imposture historique qui, trop longtemps, s'est appelée : l'Autorité, c'est anéantir du même coup cette usurpation politique qui s'est appelée : Puissance législative.

Puissance ingénieuse à créer sans nombre des crimes et des délits imaginaires, des peines afflictives et des peines infamantes !

Les Anglais ont inventé le mot *self-government*, mot composé en entier de racines anglaises, et qui ne peut se traduire en français que par cette périphrase : *gouvernement de soi-même par soi-même*.

Pour rendre la même idée, on a récemment emprunté au grec un mot peu répandu encore, mais qui mérite de devenir populaire : ce mot, c'est celui d'AUTONOMIE (de *autos*, soi-même, et *nomos*, loi). Ainsi que le montre évidemment son étymologie, le mot *autonomie* désigne l'état d'un individu ou d'un peuple qui se gouverne par les lois qui sont en lui.

L'opposé de l'autonomie, c'est l'*hétéronomie* (de *hèteros*, autre, et *nomos*, loi). Ainsi, le maître, qui ne dépend de personne, est autonome ; l'esclave, au contraire, qui dépend de la volonté du maître, est hétéronome. De même encore, toute forme de gouvernement, telle que la monarchie ou l'aristocratie, dans laquelle un ou plusieurs imposent leur loi à l'universalité, constitue évidemment une hétéronomie.

Assez longtemps l'Autorité a égaré le monde avec la prétention de le gouverner ; je demande que l'Autorité abdique ; je demande que la Liberté lui succède ; je demande que la puissance législative , condamnée par ses œuvres , fasse place , enfin , à la puissance individuelle fortifiée par l'imprimerie et la vapeur , le travail et l'épargne.

L'Autorité , se proposant pour but le bonheur , la grandeur des peuples , a revêtu toutes les formes , les a toutes essayées , les a toutes usées.

L'histoire est là pour l'attester.

L'Autorité a fini son temps.

Le temps de la Liberté est venu.

Elle cherche sa forme ; la trouvera-t-elle ?

Je n'en doute pas.

Comment pourrais je en douter ? La Liberté n'est-elle pas la loi même de développement de l'homme , et quand je dis l'homme , je dis l'humanité.

Ce qui constitue l'Autorité , sa puissance morale , sa force matérielle , ce n'est ni la longueur ni la certitude de la durée , c'est l'unité.

En effet, sans unité point d'initiative , point de responsabilité.

Je le reconnais.

Mais l'unité , dont les légitimistes revendiquent l'avantage , comme si cet avantage était un monopole qui leur appartînt , ne saurait-elle donc se concilier avec la Liberté aussi facilement et aussi certainement qu'avec l'Autorité ?

C'est la question qu'il faut enfin vider.

Je n'aime pas les mots vagues.

Les mots qui disent tout ne disent rien.

Aussi faut-il que les mots qui s'offrent à moi avec une certaine majesté me montrent un corps sous leur manteau.

A la Liberté comme à l'Autorité, je demande : Qui êtes-vous ? D'où venez-vous ? Où allez vous ? Qu'exprimez-vous ?

Toute Autorité qui ne me répond pas qu'elle vient de Dieu, et qui ne me le prouve pas , si elle n'est point l'autorité de la mère sur l'enfant , je l'écarte.

Toute liberté qui ne me répond pas qu'elle peut être absolue, sans exceptions comme sans limites, et qui ne me le prouve pas, je l'écarte également.

Cela simplifie extrêmement la question.

Demandez-moi ce que j'entends par Liberté!

Je vous répondrai:

J'entends:

La liberté du domicile.

La liberté de la parole.

La liberté de la correspondance.

La liberté de l'imprimerie.

La liberté du travail.

La liberté d'association.

A la condition qu'elles seront absolues, ces libertés me suffisent, parce qu'en elles sont contenues toutes les autres.

Dans la liberté de domicile est contenue la liberté de réunion.

Dans la liberté de parole sont contenues la liberté de penser, la liberté de croyance, la liberté d'enseignement.

Dans la liberté de correspondance sont contenues la liberté de se servir de tous les moyens inventés par le génie de l'homme pour triompher des difficultés de l'espace, postes, télégraphes électriques ou autres, la liberté de choisir entre toutes les voies celle qui offre le plus de garanties de l'inviolabilité du secret des lettres.

Dans la liberté de l'imprimerie est contenue la liberté de la presse.

Dans la liberté du travail est contenue la liberté des échanges.

Dans la liberté d'association est contenue la liberté des conventions.

Accordez-moi ces libertés, l'Autorité disparaît, car elle n'a plus de raison d'être ni de moyens d'exister.

Avec l'Autorité qui disparaît, disparaît le gouvernement qui en était la forme visible; il ne reste plus alors que l'administration publique de ce qui est purement collectif.

J'appelle *collectif* ce qui, de sa nature, est indivis; ce qui, ne pouvant appartenir séparément à aucun, appartient nécessairement à tous.

La France a-t-elle besoin d'une armée et d'une flotte? Qu'il soit prouvé qu'elles sont nécessaires, et, à la condition que le recrutement de cette flotte et de cette armée sera volontaire, j'acquitterai ma part proportionnelle de frais, que cette part se nomme contribution ou assurance.

La France a-t-elle besoin de fonds pour rendre la voie publique aussi parfaite et la circulation aussi rapide que possible? Qu'il soit établi quel sera l'emploi de ces fonds, et je payerai ce qui sera nécessaire.

Je payerai sans regret et sans difficulté; sans regret, car ce sera mon intérêt qui me le conseillera; sans difficulté, car l'administration publique ainsi réduite exclusivement à ce qui est collectif, pas une parcelle de ma liberté ne se trouve aliénée.

Ma liberté reste aussi entière que si je m'étais borné à assurer ma maison contre l'incendie ou mon navire contre le naufrage.

Alors, tout devient simple.

Alors, souveraineté du peuple est un mot qui n'a plus de sens que dans les cas extrêmement limités où le peuple agit en qualité d'être collectif, contracte en qualité de personne civile. Ces cas sont : les cas de guerre, de traités, de marchés, d'acquisitions, d'échanges, d'emprunts.

Alors, il n'y a plus qu'à choisir l'administrateur le plus habile, le plus vigilant, le plus économe, pour lui confier la gestion de ce qui est commun.

Cet administrateur directement responsable, ce fonctionnaire essentiellement révocable, comment le choisira-t-on, comment pourra-t-on toujours le révoquer?

La question n'est pas plus compliquée que cela.

On le nommera, on le révoquera comme on nomme, comme on révoque un administrateur dans une compagnie de chemin de fer, ou dans une association ouvrière.

Mais qui le nommera? Mais qui le révoquera? Tous ceux qui

auront concouru à la formation de ce qui sera commun, consé-
quemmment tous ceux qui auront un intérêt, si faible qu'il soit, à le
nommer ou à le révoquer.

Dans ce système d'émancipation universelle, l'Autorité n'est plus,
relativement à la Liberté, que ce qu'est le tuteur au pupille, le jour
où celui-ci a atteint l'âge de majorité et où le mandat de celui-là
est expiré.

C'est l'individu gouverné par sa raison.

C'est le mineur qui devient majeur, et non pas le mineur qui
change de tuteur ; ce qui aurait lieu si le gouvernement, tel qu'il a
existé avant et depuis le 24 février, était remplacé par ce qu'on a
appelé le GOUVERNEMENT DIRECT DU PEUPLE.

De cette tutelle transformée, je n'en veux pas ; et le peuple qui
me lit, parce que je lui dis crument la vérité, reconnaîtra que j'ai
raison.

En effet, ce n'est qu'un autre mode de tutelle, et je le prouve.

Je suppose l'idée du gouvernement direct adoptée :

Un projet de loi concernant la liberté de la presse, ou toute autre liberté, est soumis au vote du peuple; au dépouillement, les
bulletins se partagent ainsi :

Votants. . . . . 12 millions.

Bulletins oui. . . . . 7 millions.

Bulletins non. . . . . . . 5 millions.

Voilà donc sept millions d'électeurs qui s'érigent en tuteurs ou
en souverains de cinq millions de citoyens, ainsi réduits à la condition de pupilles ou de sujets.

De quel droit ?

Qu'est-ce qui me prouve que sur cette question c'est le chiffre le
plus fort qui a raison contre le chiffre le plus faible, le chiffre 7
contre le chiffre 5 ?

Rien.

Donc, cette forme de gouvernement direct ne vaut guère mieux
que toute autre forme indirecte de gouvernement.

Elle est tout aussi arbitraire.

Montesquieu, définissant le gouvernement républicain, s'exprime ainsi :

« Le peuple, dans la démocratie, est, à certains égards, le MONARQUE, à certains autres, il est le SUJET. »

Lorsque le peuple agit comme MONARQUE, je suis de l'avis d'Aristote : il ne vaut pas mieux que tout autre monarque.

Aristote écrivait :

« Un peuple, en tant que MONARQUE, a tous les caractères du tyran. Dans une démocratie absolue, et dans la tyrannie, vous retrouvez mêmes mœurs, même despotisme, même arbitraire dans les décrets du peuple et dans les ordonnances du tyran. Le démagogue et le courtisan ont les mêmes rapports de ressemblance, la même analogie ; tous deux jouissent du plus grand crédit, le courtisan auprès du tyran, le démagogue auprès du peuple. »

C'est pourquoi, depuis trois ans, je me suis appliqué sans relâche, et presque sans repos, à chercher comment il se pourrait que le peuple, afin de rester libre, ne fût ni SUJET, ni MONARQUE.

C'est par l'analyse de l'autorité que je suis arrivé à la synthèse de la liberté.

J'ai décomposé d'abord ce qui composait l'unité nationale, puis l'unité communale, enfin l'unité individuelle ; j'ai reconnu que ces trois unités distinctes forment trois cercles de grandeur inégale : le plus grand pouvant contenir le moyen, le moyen pouvant contenir le plus petit, sans qu'aucun des trois cessât d'avoir le diamètre qui lui était propre ; ou, si on préfère une autre image : trois lignes parallèles de longueur différente dont la condition expresse est de ne jamais se rencontrer sous peine de cesser aussitôt d'exister.

La décomposition successive de ces deux unités m'a conduit à la découverte de l'UNITÉ ÉLECTIVE, RÉVOCABLE et RESPONSABLE, que je ne crains pas d'opposer à l'UNITÉ HÉRÉDITAIRE, IRRÉVOCABLE et IRRESPONSABLE, sur laquelle les légitimistes se fondent pour prétendre qu'un peuple ne peut se passer d'un roi.

Montesquieu définit ainsi la Démocratie :

« Lorsque, dans la République, le peuple en corps à la souveraine puissance, c'est une démocratie. »

L'avantage qu'avait la Monarchie sur la Démocratie, c'était l'unité. Je crois pouvoir affirmer que la Démocratie a enfin trouvé la sienne, et que le problème que Jean-Jacques Rousseau, en écrivant le *Contrat social*, s'était posé sans réussir à le résoudre, a cessé d'être un problème.

Voici quels en étaient les termes :

« TROUVER UNE FORME D'ASSOCIATION QUI DÉFENDE ET PROTÉGE DE TOUTE LA FORCE COMMUNE LA PERSONNE ET LES BIENS DE CHAQUE ASSOCIÉ, ET PAR LAQUELLE CHACUN S'UNISSANT A TOUS, N'OBÉISSE QU'A LUI MÊME ET RESTE AUSSI LIBRE QU'AUPARAVANT. »

Qu'y avait-il à faire ?

La chose la plus simple.

Il y avait à demander à tous et à chacun :

Que voulez-vous mettre en commun, et que ne voulez-vous pas y mettre ?

Poser cette question, c'était provoquer cette réponse :

« Je veux conserver ma liberté la plus entière : liberté de mon culte, liberté de mon esprit, liberté de mon cœur, liberté de mes bras, liberté de ma famille, liberté de mon patrimoine ou de mon épargne ; je veux enfin que nul n'intervienne dans ce qui est l'exercice de ma souveraineté ; je ne veux absolument mettre en commun, sous le nom de contribution ou d'assurance, que la somme nécessaire pour les dépenses suivantes :

Justice indépendante de l'État ;

Force armée ;

Voie publique ;

Et, jusqu'à ce qu'elle soit éteinte :

Dette inscrite.

Dans cette réponse, qu'y a-t-il de faux, qu'y a-t-il d'exagéré ?

Provoquer cette réponse, c'était tracer de la façon la plus nette et la plus tranchée la ligne de démarcation : tout ce qui, ne peut appartenir *divisément à chacun*, appartient *indivisément à tous*.

L'armée peut-elle appartenir divisément à chacun ? — Non.

La flotte peut-elle appartenir divisément à chacun ? — Non.

La voie publique peut-elle appartenir divisément à chacun ? — Non.

Donc la voie publique, la flotte et l'armée sont essentiellement et incontestablement collectives.

Prétendrait-on que l'UNITÉ HÉRÉDITAIRE, IRRÉVOCABLE ET IRRESPONSABLE, qui se résume dans le mot Légitimité, est préférable à l'UNITÉ ÉLECTIVE, RÉVOCABLE ET RESPONSABLE, telle que je l'ai puisée à la source même de la Liberté !

Si l'on avait cette prétention téméraire, la combattre serait trop facile, car il n'y aurait qu'à dire : — Combien, dans cette liste de 71 rois qui ont régné sur la France, pendant quatorze siècles, de 420 à 1850, en compte-t-on qui eussent mérité d'être élus, et qui eussent été nommés, si le peuple français avait eu à les choisir et à leur confier, en toute liberté, ses destinées ?

Le principe de la délégation héréditaire, le principe de la légitimité, condamne les peuples à subir les monarques les plus incapables, les plus cruels, les plus dépravés, les plus prodigues, les plus ambitieux, les plus lâches, les plus ingrats, ceux-là même qui ont perdu la raison. Quoique *insensé*, Charles VI n'a-t-il pas régné sur la France pendant 42 ans ? Mais, à sa mort, qu'est-il arrivé ? Il est arrivé qu'après avoir signé, à Troyes, une paix honteuse avec Henri V, roi d'Angleterre, déclaré héritier du royaume de France, il laissa à Charles VII, son fils, la France à reconquérir sur les Anglais. Qui la reconquit ? Ce fut-il Charles VII ? Non ; la reconquérir fut une pensée qui ne lui vint même pas, au milieu des plaisirs d'une cour dissolue, plaisirs qui l'absorbaient tout entier. Qui reconquit la France ? Ce fut une jeune fille du peuple : ce fut Jeanne d'Arc, qu'il laissa lâchement brûler sur un bûcher sans la secourir, lâcheté qu'il expia par la peur d'être empoisonné par son fils Louis XI, peur qui le condamna à se laisser mourir de faim.

Qu'on vante donc la légitimité, L'UNITÉ HÉRÉDITAIRE, IRRÉVOCABLE, IRRESPONSABLE !

Qu'on prouve donc qu'elle est préférable à L'UNITÉ ÉLECTIVE, RÉVOCABLE, RESPONSABLE, telle que j'ai essayé d'en faire une loi vivante, un générateur de la force publique, dont la liberté absolue n'ait jamais à craindre aucune explosion fatale!

Mais il ne suffit pas de vouloir la liberté de l'individu, il faut aussi vouloir la grandeur de la nation.

Or, point de grandeur, mais au contraire rapide déclin, là où l'on délibère toujours pour n'agir jamais.

Sans unité, point d'initiative, point de liberté, point de responsabilité.

La responsabilité s'affaiblit, se divise et disparaît pour faire place à la solidarité.

La souveraineté du peuple qui ne se borne pas à la souveraineté du contrôle déchoit et dégénère en complicité.

D'ordinaire, le souverain se fait servir et paye qui le sert.

Que faudrait-il penser d'un souverain qui se croirait obligé de se servir lui-même, et qui se frapperait d'impôts pour se payer des gages?

On penserait qu'il est atteint d'aliénation mentale.

C'est cependant ce qui a lieu, sous nos regards, sans que nous nous en rendions compte.

Le peuple croit qu'un des attributs de sa souveraineté, c'est de faire la besogne législative, c'est de s'immiscer, par l'entremise de ses représentants, dans tous les actes du gouvernement, c'est de s'y associer.

Le peuple doit juger tout, mais ne se mêler de rien. Quand il se mêle à tout, que devient son infaillibilité? Que devient le prestige de sa souveraineté? Comment peut-il s'ériger en juge de ceux dont il a été le complice? Ne jamais prononcer que sur des faits accomplis doit être sa première règle.

Liberté entière, mais responsabilité entière, suffrage universel, mais suffrage annuel: voilà les quatre angles de l'édifice nouveau.

Vous qui, en toutes circonstances, proclamez que le peuple est souverain absolu, soyez donc conséquents et faites donc qu'il agisse en souverain absolu!

Un souverain absolu ne fait pas de lois contre lui-même.

La maxime : Tout pour le peuple, *tout* PAR *le peuple*, se compose de quatre mots de trop. Les quatre derniers.

Tout PAR *le peuple* est une maxime aussi fausse que celle qui nous obligerait tous à faire nous-mêmes nos vêtements, à blanchir nous-mêmes notre linge, à laver nous-mêmes notre vaisselle.

Traitez donc le peuple en souverain !

S'il est souverain, il doit *se faire servir* et non se servir lui-même.

Où donc est l'inconvénient ? Où donc voyez-vous le danger ?

Ne voyez-vous donc pas, au contraire, que c'est le gouvernement réduit à sa plus simple expression, le gouvernement des hommes réduit à n'être plus, de fait et de nom, que l'administration des choses ?

En effet, lorsque toutes les libertés sont déclarées solidaires et reconnues inviolables, lorsqu'elles sont mises à jamais hors de contestation, de débat et de réglementation, il ne reste plus qu'à rendre au contribuable, sous une autre forme, l'équivalent, au moins, de ce qu'il a avancé sous le nom d'impôt.

Dès qu'il ne serait plus nécessaire d'avoir une fabrique de lois, toute difficulté s'aplanirait ; il suffirait alors que le peuple, dans toutes les circonstances où il devrait agir comme souverain, eût un ministre qui gérât l'intérêt collectif et exécutât la volonté nationale, un *maire*, comme il y a onze siècles (*).

L'intérêt collectif, je l'ai démontré, se bornerait étroitement au soin de veiller à l'entretien des routes de terre et au payement de la dette publique jusqu'à ce qu'elle ait pu être remboursée.

La volonté nationale, elle-même, n'aurait pas un beaucoup plus vaste champ, car dès que la liberté du commerce aurait prévalu, par la réciprocité des échanges, non-seulement disparaîtraient les risques de guerre, mais aussi les questions et les débats de tarifs.

En résumé, qu'est-ce que je propose ?

Rien de nouveau, rien qui n'ait pour cautions l'expérience et l'histoire.

(*) 750... Les rois n'avaient point d'autorité, mais ils avaient un nom ; le titre de roi était héréditaire, mais celui de maire était électif. — MONTESQUIEU, *E. des L.*, l. XXXI.

Je propose que le peuple souverain se conduise en souverain.

Je propose qu'il règne, et n'administre pas.

Je propose qu'au lieu d'être l'ouvrier qui se sert lui-même, il soit le souverain qui se fait servir par un ministre qu'il peut toujours renvoyer et punir, comme fit Louis XIV, qui chassa et enferma Fouquet pour le remplacer par Colbert.

Je propose qu'ayant reconquis la souveraineté de droit, il n'en tolère, sous aucun nom, l'usurpation par aucune souveraineté de convention : Constitution écrite, Assemblée législative, Présidence de la République.

Je propose qu'il en finisse irrévocablement avec toutes les complications, toutes les fictions, tous les tiraillements et tous les dangers de ces interprétations dont la force est le seul juge : ce qui est détruire d'une main tout ce que de l'autre on a édifié.

Je propose que la société, après avoir passé du simple au compliqué, revienne du compliqué au simple : qu'elle revienne à l'époque des anciennes associations connues, chez les nations germaniques, sous le nom de *Mark-genossen schaften*; dans ces associations, tout consistait dans des garanties mutuelles; une sorte de fédération pour la sûreté commune; des mesures répressives sévères contre ceux qui violaient la forêt destinée à l'entretien commun ; la souveraineté ne relevait que de l'ensemble de ceux qu'unissait le lien fédératif.

Je propose :

Au lieu d'une Constitution écrite, toujours exposée à être violée ou mal interprétée : — le meilleur mode de vote universel, annuel, secret et direct.

Au lieu d'une Assemblée législative, élus pour trois ans, toujours prête à abriter sous ce grand mot : La Loi, les erreurs les plus monstrueuses, les écarts les plus condamnables : — une commission nationale de surveillance et de publicité, résumant les minorités divisées, les défiances éveillées, les idées opposées, et appelant le peuple à prononcer et à exercer la souveraineté collective dans toutes les circonstances graves et dans tous les cas douteux.

Au lieu d'un Président de la République, élu pour quatre années directement par l'universalité des électeurs, ce qui créait cette anomalie que, subalterne en *droit*, il était supérieur *en fait* à l'Assemblée législative : — un maire d'État, élu pour une année seulement, toujours révocable, responsable de tout dans la limite de ses fonctions, se bornant à entretenir les relations extérieures, à publier le budget annuel des recettes et des dépenses; à rédiger et signer tous les *règlements d'administration publique*, mais ces règlements ayant pour limites étroites les objets mêmes auxquels ils devront s'appliquer EXCLUSIVEMENT, objets qui sont :

Propriétés nationales : — Acquisition, échange, aliénation, entretien, réparation.

Voie publique : — Grande voirie, circulation.

Sûreté générale : — Arrestation et poursuite des malfaiteurs; exécution des arrêts de la justice.

Armée. — Proportion des armes; conditions de l'enrôlement volontaire; solde; avancement; retraite.

Marine. — Construction des vaisseaux; conditions de l'enrôlement volontaire; solde; avancement; retraite.

Dans ce système, la Nation n'agit jamais que comme Nation, la Commune n'agit jamais que comme Commune, et sans attenter ni l'une ni l'autre à la liberté de l'Individu, qui doit toujours rester entière.

Qu'est ce qui constitue une nation? — Une communauté d'intérêts territoriaux et commerciaux qui, pour se développer et se protéger, a eu besoin jusqu'à ce jour d'entretenir une armée et une flotte. Mais si l'on suppose que par suite des progrès du commerce et de la réciprocité des échanges, tout risque de guerre, les armes à la main, disparaisse entièrement : flottes et armées n'ont plus de raison d'être.

Dès qu'il n'y aurait plus ni armées ni flottes (les rois le savent bien!) le lendemain il n'y aurait plus de royautés, le surlendemain il n'y aurait plus de nationalités, car les nationalités n'ont elles-mêmes de raison d'être que par la rivalité des intérêts. Cette rivalité d'intérêts est-elle dans la nature ? Non ; l'homme est l'œuvre de la Nature, mais les peuples sont l'œuvre de la Guerre. Détournée violemment de son but par la guerre, l'esclavage et l'ignorance, l'Humanité y est lentement ramenée par la paix, la liberté et la science. Désormais, plus l'homme pèsera dans les balances de la civilisation, moins les peuples y pèseront. Nature et Civilisation sont les deux extrémités du cercle dans lequel l'homme se meut ; ouvrez le cercle : les deux extrémités s'écarteront ; refermez-le : les deux extrémités se rapprocheront et se confondront. La vapeur et la télégraphie électrique sont deux découvertes qui datent d'hier et déjà elles ont changé tous les rapports des peuples ; une troisième découverte qui a cessé d'être improbable, un nouvel effort de la science, la navigation aérienne peut prochainement accomplir une révolution économique et sociale contre laquelle se débat convulsivement le vieux monde, pour porter aux nationalités le dernier coup. Si les hommes naissent tous frères, ainsi qu'on nous l'enseigne, à quoi les nationalités servent-elles ? A diviser ce que Dieu a uni, à affamer les travailleurs pour nourrir les gouvernements. Il faudrait ne pas voir clair pour ne pas voir que les nationalités sont appelées à survivre peu de temps à la disparition des inimitiés interpopulaires. NATION et GOUVERNEMENT sont des mots dont l'importance tend rapidement à décroître, et qui, dans un avenir plus prochain peut-être qu'on ne le suppose, n'auront plus de sens que dans l'histoire.

En aucun cas d'ailleurs et sous aucun prétexte de souveraineté nationale ou de salut public, le maire d'État n'aurait à s'immiscer dans ce qui serait du domaine de la souveraineté individuelle et de la souveraineté communale, chacune de ces trois souverainetés étant logiquement définie, naturellement délimitée et matériellement inviolable.

Contre toutes ces garanties réunies en faisceau, que pourrait tenter l'ambition d'un seul homme avec le plus faible espoir de succès ? Où donc serait le danger que présenterait L'ADMINISTRATION DE LA CHOSE PUBLIQUE PAR UN SEUL SOUS LE CONTRÔLE DE TOUS ?

Dans ce système, l'action reprend à la parole la puissance que celle-ci avait usurpée.

Plus de débats stériles !

Plus de dissertations anticipées !

Plus d'interpellations tardives !

Plus de foyers d'agitation !

Est-ce que la liberté de discussion déclarée inviolable sous toutes ses formes ne suffit pas pleinement à l'examen des questions ? Est-ce que le régime officiel des Assemblées délibérantes ne forme pas double emploi avec la liberté absolue de discussion ?

Mettre aux voix dans une Assemblée l'adoption d'idées dont l'application n'a pas encore été faite, n'est-ce pas proscrire, sous une forme indirecte, toute idée grande, toute idée neuve ? N'est-ce pas lui fermer l'accès pour laisser passer l'idée vulgaire et la négation présomptueuse ? N'est-ce pas donner au savoir et à la supériorité pour juges suprêmes l'ignorance et la médiocrité ?

Est-ce que l'Académie des sciences consultée par le Premier Consul, n'a pas commencé par condamner l'invention de Fulton ?

Le gouvernement ne doit plus être que l'administration de ce qui est essentiellement collectif, nécessairement indivis, exclusivement public.

L'homme libre se gouverne, on ne le gouverne plus.

La chose publique est la seule qui doive s'administrer publiquement.

Enfin, le système que je propose institue la Commune à l'image de l'État et réciproquement ; il fait ainsi de la Commune l'école primaire du citoyen. Ce système se résume dans ces lignes :

LE MAIRE D'ÉTAT QUE LA MAJORITÉ DE LA NATION CHOISIT ET QUE LA MAJORITÉ DE LA NATION CONTRÔLE.

L'ABOLITION DU GOUVERNEMENT DE L'HOMME PAR L'HOMME.

L'ADMINISTRATION DE LA CHOSE PUBLIQUE PAR UN SOUS LE CONTRÔLE DE TOUS.

L'UNITÉ DÉMOCRATIQUE : — ÉLECTIVE, RÉVOCABLE, RESPONSABLE.

LE PEUPLE FAIT HOMME.

DÉCRET DE L'AVENIR.

CONVENTION * POUR L'EXERCICE DE LA SOUVERAINETÉ INDIVIDUELLE, COMMUNALE, NATIONALE.

—

TITRE I.

DE LA SOUVERAINETÉ.

L'homme naît libre ; il doit vivre et mourir libre.

La liberté de chacun assure la souveraineté de tous ; réciproquement la liberté de tous assure la souveraineté de chacun.

La souveraineté a trois degrés :

Elle est individuelle.

Elle est communale.

Elle est nationale.

Distinctes : chacune de ces souverainetés est une, indivisible, inaliénable, imprescriptible.

Réunies : elles sont inviolables et se garantissent mutuellement.

La souveraineté individuelle réside dans le droit de l'individu de

* *Convention* et *Constitution* sont deux mots qu'il faut se garder de confondre.

Une *convention* se conclut, une *constitution* s'impose.

Toute convention suppose une liberté réciproque et égale des deux parts ; pas de constitution qui n'assujettisse la minorité à la majorité.

De là une différence essentielle entre le *droit conventionnel* et le *droit constitutionnel.*

Le droit conventionnel, c'est l'application de l'article 815 du Code civil, élevé à la hauteur d'un principe politique :

« Nul n'est contraint à demeurer dans l'indivision. »

C'est la réalisation de cette pensée de Siéyes écrite dans l'art. 4 de sa Déclaration :

« Toute société ne peut être que l'ouvrage *libre* d'une *convention* entre tous les associés. »

Si la convention qu'on va lire a tous les avantages que lui attribue son auteur, pour la rendre *universelle* et l'appliquer à tous les peuples civilisés, il suffira de changer quelques mots et de mettre à la place du nom *France* le nom *Angleterre, Autriche, Espagne, Italie, Prusse,* etc.

ne relever que de sa conscience et de sa raison ou des conventions qu'il a volontairement contractées, toutes les fois qu'il agit dans les limites de sa propre souveraineté et qu'il ne porte aucune atteinte par la force ou la fraude, ni à la souveraineté, ni à la propriété qui ne sont pas les siennes.

La souveraineté individuelle est le cercle qui a pour rayons les libertés suivantes :

Liberté du domicile.

Liberté de la parole.

Liberté de la correspondance.

Liberté de l'imprimerie.

Liberté de l'association.

Ces libertés fondamentales et tutélaires qui résument, protègent, supposent toutes les autres libertés ou donnent le moyen certain de les acquérir, sont absolues, sans exceptions comme sans limites.

Pour uniques juges de leurs écarts, elles ont la conscience de chacun, l'opinion de tous, le contrôle de l'expérience.

La souveraineté communale réside dans le droit de la Commune d'administrer ce qui lui appartient.

La souveraineté communale est le cercle qui a pour rayons les dépenses d'utilité locale, consenties à l'effet de jouir collectivement d'avantages qu'on ne pourrait se procurer isolément et divisées ainsi qu'il suit :

DÉPENSES OBLIGATOIRES.

Matériel.

Bâtiments et édifices communaux *.

Cimetières, rues, places et chemins communaux **.

Payement et amortissement de la dette et de l'emprunt contractés les . . . . , à l'effet de . . . . ***.

---

* Mairie, justice de paix, maison d'arrêt, caserne de gendarmerie.

** Pavage, éclairage, alignement, construction et entretien des chemins.

*** Le ministre de l'intérieur commencera par faire établir un inventaire général de la situation des 36,000 Communes de France.

Cet inventaire a toujours manqué. Voici les principaux faits qu'on inventoriera. On

Personnel.

Employés de la Mairie.

Gardes des bois, gardes champêtres, tambour-afficheur.

Frais de bureaux et d'impression.

DÉPENSES FACULTATIVES.

Matériel.

Bâtiments et édifices spéciaux.

Écoles élémentaires et spéciales.

Pharmacie communale.

Glacière communale, etc.

Personnel.

Ministres des cultes.

Instituteurs et professeurs.

Médecins, chirurgiens et vétérinaires communs, etc.

La souveraineté nationale réside dans le droit de l'État de gérer ce qui est essentiellement collectif, nécessairement indivis et exclusivement public.

La souveraineté nationale est le cercle qui a pour rayons les dépenses d'utilité publique, consenties à l'effet de garantir tous et chacun contre les risques suivants 1° *Risques généraux :* Guerre territoriale et maritime; 2° *Risques personnels :* Trouble, meurtre, voies de fait, viol, vol, faux et fraudes; 3° *Risques spéciaux :* misère, expropriation, incendie, inondation, grêle, gelée, épizootie, naufrage. Les dépenses sont divisées ainsi qu'il suit :

DÉPENSES OBLIGATOIRES.

Justice.

Armée.

Marine.

Routes nationales.

fera trois classes : Communes endettées; Communes au courant; Communes ayant des ressources disponibles. Les deux dernières classes forment le plus petit nombre; il n'est point possible de s'occuper de celles-là.

La question est de mettre au courant les Communes endettées.

NAPOLÉON. *Lettre au ministre de l'Intérieur*, 1807.

DÉPENSES FACULTATIVES.

Assurance contre la misère.

—	—	l'expropriation.
—	—	l'incendie.
—	—	l'inondation.
—	—	la grêle et la gelée.
—	—	l'épizootie.
—	—	le naufrage.

Chacune de ces trois souverainetés, ainsi représentées par trois cercles ou trois sphères de grandeur inégale, a des attributions directes ; aucune n'a d'intérêts opposés ; toute rivalité est donc impossible et tout conflit improbable. L'assurance contre tout empiétement que pourrait tenter de commettre l'une de ces trois souverainetés, se trouve dans l'intérêt des deux autres à se concerter pour l'empêcher.

Pour garanties contre tout acte arbitraire, contre toute atteinte portée à l'inviolabilité de leur existence, elles ont :

D'abord et avant tout, leur légitimité.

Ensuite :

L'abolition du service militaire obligatoire.

Le droit de suffrage universel, annuel, direct et secret.

L'unité d'impôt transformé en prime d'assurance.

La liberté de payement ou de refus de l'impôt.

L'indépendance réciproque de la Justice et de l'État.

L'indépendance réciproque de l'Église et de l'État.

L'indépendance réciproque de l'Enseignement et de l'État.

L'existence des Corporations.

TITRE II.

DU SUFFRAGE UNIVERSEL.

Le suffrage universel est le mode d'exercice de la souveraineté individuelle, communale et nationale.

Le suffrage universel est annuel, direct et secret.

A le droit d'y prendre part, sans autre condition ni formalité, tout porteur d'une *Police d'assurance générale* visée pour l'élection par l'officier de paix et par le percepteur, attestant qu'il a reçu les douzièmes échus.

Le coût fixe de la Police destinée à tenir lieu d'acte de naissance, de livret, de passe-port, de carte électorale, est fixé à trois francs soixante-cinq centimes par an, soit un centime par jour.

Un premier timbre, apposé sur la *Police d'assurance générale* au moment du vote, constate que le droit du porteur s'est exercé pour l'élection annuelle du Maire de la Commune et des membres appelés à composer la Commission communale de surveillance et de publicité; un deuxième timbre, d'une couleur différente, également apposé sur le même certificat au moment du vote, constate que le droit du porteur s'est exercé pour l'élection annuelle du Maire d'État et des membres appelés à composer la Commission nationale de surveillance et de publicité. En cas d'élection extraordinaire, mêmes formalités.

Chaque bulletin ne doit porter qu'un seul nom.

Si le bulletin porte plusieurs noms, le premier inscrit est seul lu par le président et compté par les scrutateurs.

Le vote a lieu aux Sections. Il y a autant de Sections par Commune que l'exige l'agglomération ou la dissémination de la population. Le scrutin est ouvert un seul jour, pendant dix heures, de six heures du matin à quatre heures du soir. Il est dépouillé le soir même, et le bureau ne se sépare qu'après que le résultat a été proclamé.

S'il s'agit de l'élection locale du Maire de la Commune et des membres de la Commission communale, le tableau de dépouillement des votes de chaque Section, devant servir à l'opération du recensement successif et général, est immédiatement transmis de la section au chef-lieu de la Commune.

S'il s'agit de l'élection nationale du Maire d'État et des membres de la Commission nationale, le tableau de recensement est immédiatement transmis de chaque commune par les présidents de bureau à la questure de la Commission nationale.

Les questeurs en opèrent publiquement le dépouillement et en font connaître jour par jour le recensement.

L'exercice du droit absolu de choisir en toute liberté le Maire de la Commune et le Maire d'État est la double garantie qui constitue l'inviolabilité de la souveraineté individuelle.

TITRE III.

DES ÉLECTIONS COMMUNALES.

Les élections communales, en France et en Algérie, ont lieu le premier dimanche d'avril de chaque année.

Le candidat dont le nom a réuni le plus grand nombre de voix est proclamé MAIRE DE LA COMMUNE.

Il est élu pour un an.

Il est indéfiniment rééligible et constamment révocable.

Il est assisté par deux adjoints qu'il nomme et révoque; l'un a dans ses attributions *les recettes*, et l'autre *les dépenses* de la Commune.

Les onze candidats qui ont, ensuite, réuni dans l'ordre de dépouillement des votes le plus grand nombre de voix, forment de droit la COMMISSION COMMUNALE DE SURVEILLANCE ET DE PUBLICITÉ.

Les onze membres sont également élus pour un an.

Ils sont indéfiniment rééligibles et constamment révocables.

Le Maire de la Commune peut choisir ses deux adjoints parmi les onze membres de la Commission communale de surveillance et de publicité. Dans le cas d'acceptation de leur part, comme aussi dans le cas de décès ou de démission, ils seront remplacés par les candidats selon l'ordre d'inscription sur le tableau de recensement des votes.

TITRE IV.

DU MAIRE DE LA COMMUNE.

Le Maire de la Commune ainsi élu, prescrit, sous sa responsabilité et sous le contrôle de la commission communale de surveillance et de publicité instituée à cet effet, au nom de la Commune, tous les règlements d'administration locale, mais dans la limite où, sous quelque prétexte que ce soit de souveraineté communale et d'intérêt public, ces règlements ne portent ni directement ni indirectement aucune atteinte à la souveraineté individuelle.

Il nomme à tous les emplois dont le traitement est payé par la Commune.

Il choisit, à l'effet de le suppléer, sur les lieux mêmes, dans la rédaction des actes de l'état civil, autant de suppléants que la commune a de sections.

Il remet, le 1er mars de chaque année, au président de la Commission communale de surveillance et de publicité :

L'exposé des motifs de tous les actes de son administration, avec toutes les pièces à l'appui ;

L'état de situation de la Commune ;

Les règlements, certifiés conformes et complets, d'administration locale qu'il a cru utile de prendre sous sa responsabilité ;

Les traités qu'il a conclus, sauf ratification ;

Le budget des recettes et des dépenses ;

Le règlement définitif du budget comprenant le dernier exercice clos.

TITRE V.

DE LA COMMISSION COMMUNALE DE SURVEILLANCE ET DE PUBLICITÉ.

La Commission communale de surveillance et de publicité est permanente.

Elle est présidée de droit, selon l'ordre d'inscription des membres sur le tableau de recensement des votes.

Elle élit un secrétaire et un vice-secrétaire. Chaque bulletin ne doit porter qu'un seul nom. Le candidat dont le nom a réuni le plus grand nombre de suffrages est élu secrétaire. Le candidat qui a ensuite le plus grand nombre de suffrages est élu vice-secrétaire.

La Commission communale a pour principale fonction de veiller à ce que tous les actes du Maire de la Commune reçoivent immédiatement la publicité la plus entière et la plus fidèle.

Elle a le devoir de visiter et d'inspecter tout ce qu'il lui paraît nécessaire de voir par les yeux d'un ou de plusieurs de ses membres.

Elle a le droit d'exiger que toutes les pièces comptables relatives à l'établissement du budget annuel lui soient communiquées, pour servir d'éléments au rapport qu'elle est tenue de faire et qui doit être annexé au budget des recettes et des dépenses de chaque exercice.

Budget du Maire de la Commune et rapport de la Commission communale doivent être imprimés au plus tard le 10 mars de chaque année, afin que tout électeur ait le temps de les examiner avant l'élection communale du premier dimanche d'avril et puisse régler son vote sur cet examen préalable.

En cas de désaccord sur l'interprétation de la volonté commune et de l'intérêt collectif, la partie la plus diligente des deux, Maire de la Commune ou Commission communale, soit à l'unanimité, soit à la simple majorité des voix, convoque, à deux dimanches de date, les électeurs, qui représentent l'universalité des habitants et qui constituent la souveraineté communale.

Si les électeurs, arbitres souverains, donnent raison au Maire de la Commune contre la Commission communale, leur manière de prouver qu'ils lui donnent raison est de le réélire ; si, au contraire, les électeurs donnent tort au Maire de la Commune, leur manière de prouver qu'ils lui donnent tort est de le remplacer. Dans l'un comme dans l'autre cas, les onze candidats qui ont, ensuite, réuni dans l'ordre de dépouillement des votes, le plus grand nombre de voix, forment de nouveau la Commission communale, que ce soient les mêmes membres qui aient été réélus, ou que ce soient de nouveaux membres qui les aient remplacés.

Si le Maire de la Commune et la majorité au moins des membres de la Commission communale ont été l'un et l'autre réélus, la signification de ce vote sera que les électeurs souverains rendent égale justice à la conduite du Maire de la Commune et à la vigilance des membres de la Commission communale.

L'exercice du droit absolu de réélire ou de révoquer le Maire de la Commune est la garantie qui constitue la souveraineté communale.

TITRE VI.

DES ÉLECTIONS NATIONALES.

Les élections nationales ont lieu, le premier dimanche de mai de chaque année.

Le candidat dont le nom a réuni le plus grand nombre de voix est proclamé MAIRE D'ÉTAT.

Il est élu pour un an.

Il est indéfiniment rééligible et constamment révocable.

Il est assisté par deux adjoints qu'il nomme et qu'il révoque : l'un remplit les fonctions de *ministre des recettes*, l'autre celles de *ministre des dépenses*.

Les onze candidats qui ont, ensuite, réuni dans l'ordre de dépouillement des votes le plus grand nombre de voix, forment de droit la COMMISSION NATIONALE DE SURVEILLANCE ET DE PUBLICITÉ.

Ces onze membres sont également élus pour un an.

Ils sont indéfiniment rééligibles et constamment révocables.

Le Maire d'État peut choisir ses deux adjoints parmi les onze membres de la Commission nationale de surveillance et de publicité. Dans le cas d'acceptation de leur part, comme aussi dans le cas de décès ou de démission, ils sont remplacés par les candidats selon l'ordre d'inscription sur le tableau de recensement des votes.

TITRE VII.

DU MAIRE D'ÉTAT.

Le Maire d'État, prenant pour la France le titre de Maire de France, ainsi élu, prescrit, sous sa responsabilité et sous le contrôle de la commission nationale de surveillance et de publicité, au nom du Peuple français, tous les règlements d'administration publique, toutes les mesures de sûreté intérieure et extérieure, mais dans la limite où, sous quelque prétexte que ce soit de souveraineté nationale et de salut public, ces règlements et ces mesures ne portent ni directement, ni indirectement, aucune atteinte soit à la souveraineté individuelle, soit à la souveraineté communale.

Il nomme à tous les emplois dont le traitement est payé par l'État.

Il remet, le 1er mars de chaque année, au président de la Commission nationale de surveillance et de publicité :

L'exposé des motifs de tous les actes de son administration, avec toutes les pièces à l'appui ;

L'état de situation de la France ;

Les règlements, certifiés conformes et complets, d'administration publique qu'il a cru utile de prendre sous sa responsabilité ;

Les traités qu'il a conclus, sauf ratification ;

Le budget des recettes et des dépenses ;

Le règlement définitif du budget, comprenant le dernier exercice.

Le Maire d'État reçoit une allocation annuelle de soixante mille francs.

Chacun de ses deux adjoints : le ministre des recettes et le ministre des dépenses, reçoit une allocation annuelle de trente mille francs.

TITRE VIII.

DE LA COMMISSION NATIONALE DE SURVEILLANCE ET DE PUBLICITÉ.

La Commission nationale de surveillance et de publicité est permanente.

Elle est présidée selon l'ordre d'inscription des membres sur le tableau de recensement des votes.

Elle élit un secrétaire et un vice-secrétaire. Chaque bulletin ne doit porter qu'un seul nom. Le candidat dont le nom a réuni le plus grand nombre de suffrages est élu secrétaire. Le candidat qui a ensuite réuni le plus grand nombre de suffrages est élu vice-secrétaire.

La Commission nationale de surveillance et de publicité a pour principale fonction de veiller à ce que tous les actes du Maire d'État reçoivent immédiatement la publicité la plus entière et la plus fidèle.

Elle a le devoir de visiter et d'inspecter tout ce qu'il lui paraît nécessaire de voir par les yeux d'un ou de plusieurs de ses membres.

Elle a le droit d'exiger que toutes les pièces comptables relatives à l'établissement du budget annuel lui soient communiquées, pour servir d'éléments au rapport qu'elle est tenue de faire, et qui doit être annexé au budget des recettes et des dépenses de chaque exercice.

Budget du Maire d'État et rapport de la Commission nationale doivent être imprimés et publiés au plus tard le 20 mars de chaque année, afin que tout électeur ait le temps de les examiner avant l'élection nationale du premier dimanche de mai et puisse régler son vote sur cet examen préalable.

En cas de désaccord sur l'interprétation de la volonté nationale et de l'intérêt collectif, la partie la plus diligente des deux, Maire d'État ou Commission nationale, soit à l'unanimité, soit à la simple majorité des voix, convoque les électeurs qui représentent l'universalité des Français et qui constituent la souveraineté nationale.

Si les électeurs, arbitres souverains, donnent raison au Maire d'État contre la Commission nationale, la manière de prouver qu'ils lui donnent raison est de le réélire ; si, au contraire, les électeurs donnent tort au Maire d'État, la manière de prouver qu'ils lui donnent tort est de le remplacer. Dans l'un comme dans l'autre cas, les onze candidats qui ont ensuite réuni, dans l'ordre de dépouillement des votes, le plus grand nombre de voix, forment de nouveau la Commission nationale, que ce soient les mêmes membres qui aient été réélus ou que ce soient de nouveaux membres qui les aient remplacés.

Si le Maire d'État et la majorité au moins des membres de la Commission nationale ont été l'un et l'autre réélus, la signification de ce vote sera que les électeurs rendent une égale justice à la conduite du Maire d'État et à la vigilance des membres de la Commission nationale.

Les membres de la Commission nationale reçoivent une allocation annuelle de trente mille francs.

L'exercice du droit absolu de réélire ou de révoquer le Maire d'État est la garantie qui constitue la souveraineté nationale.

TITRE IX.

DE LA PUISSANCE PUBLIQUE.

La puissance publique est représentée dans chaque Commune par la présence de l'officier de paix nommé et rétribué par l'État *.

Le titre de commissaire de police est remplacé par celui d'officier de paix.

L'officier de paix a seul le droit, en l'absence du préfet, de requérir l'intervention de la force publique.

Il se concerte avec le Maire de la Commune, mais il ne reçoit d'ordres et d'instructions que les instructions et les ordres qui lui sont transmis par le Sous-Maire d'État ou qui émanent de lui directement.

Les rapports de l'État à la Commune sont les suivants :

Il assure et surveille l'exécution des règlements d'administration publique.

Il respecte et fait respecter les arrêts de la justice.

Il commande et solde la force publique.

Il ouvre, rectifie et entretient les routes.

Il construit et entretient les ponts.

Il réglemente et améliore ce qui est relatif à la navigation fluviale et maritime et aux ports.

---

* Arrêté du 9 nivôse an VIII. Les commissaires de police et les officiers de paix seront nommés par le premier consul, sur la présentation du ministre de la police générale.

Il protége et facilite la circulation sous toutes ses formes.

Il centralise le service des télégraphes.

Il distribue les lettres et les imprimés.

Il opère le recouvrement de l'impôt transformé en prime d'assurance.

Enfin, il rédige et publie les règlements d'administration publique.

TITRE X.

DU MODE D'ADHÉRER A LA PRÉSENTE CONVENTION.

Aucune durée autre que celle que déterminera l'expérience n'est assignée à la présente convention, telle qu'elle vient d'être énoncée et telle qu'elle pourra successivement se simplifier, se rectifier, se compléter.

Cette convention n'oblige que ceux qui l'auront librement acceptée et qui y auront formellement adhéré.

La manière d'y adhérer est de payer la prime d'assurance qui forme le lien entre les deux parties contractantes : l'Individu, l'État.

NOTE.

—

(1) Aux États-Unis, l'armée est de 9,000 hommes.

C'est ici le lieu de rappeler ce passage de la vie de Washington, écrit par M. Guizot, et qu'on ne saurait trop méditer en France.

« Les colonies se défiaient les unes des autres. Toutes se défiaient du Congrès, bien plus encore de l'ARMÉE, QU'ELLES REGARDAIENT COMME DANGEREUSE A LA FOIS POUR L'INDÉPENDANCE DES ÉTATS ET LA LIBERTÉ DES CITOYENS, *en ceci même, les* IDÉES *nouvelles et* SAVANTES *s'accordaient avec les intérêts populaires.* C'est une des maximes favorites du dix-huitième siècle que le danger des armées permanentes et la nécessité pour les pays libres de combattre et d'atténuer sans relâche leur force, leur influence, leurs mœurs. NULLE PART PEUT-ÊTRE CETTE MAXIME NE FUT PLUS GÉNÉRALEMENT NI PLUS CHAUDEMENT ADOPTÉE QUE DANS LES COLONIES D'AMÉRIQUE. »   GUIZOT.

Sans l'adoption de cette maxime tutélaire, qui peut dire ce que seraient aujourd'hui les États-Unis, si puissants et si prospères?

Siéyes disait avec raison en 1789 :

« L'ordre intérieur doit être tellement établi et servi par une force intérieure et légale, qu'on n'ait jamais besoin de requérir le secours dangereux du pouvoir militaire. »   SIÉYES.

CHAPITRE II.

COMPOSITION ET DIVISION DE L'ÉTAT.

—

CONSTITUTION DE LA COMMUNE.

—

> Il est défendu aux mendiants de parcourir le royaume : que chaque ville nourrisse ses habitants, mais qu'il ne soit rien donné à celui qui ne fait rien.
>
> CHARLEMAGNE.

> Le mot *commune* exprimait, il y a sept cents ans, un système de garanties analogue pour l'époque à ce que nous comprenons par le mot *Constitution*. Comme les Constitutions de nos jours, les Communes s'élevaient à la file, et les dernières en date imitaient de point en point l'organisation des anciennes.
>
> THIERRY, *Lettre XIV*.

> Si la guerre ne m'était nécessaire, je commencerais la prospérité de la France par les Communes.
>
> L'administration de la France est encore une machine qui s'organise. Il reste, par exemple, à reconstruire les Communes.
>
> Chaque Commune représente en France 1,000 habitants. Travailler à la prospérité des 36,000 communautés, c'est travailler au bonheur des 36,000,000 d'habitants, en simplifiant la question, en diminuant la difficulté de tout ce qu'établit de différence le rapport de 36 mille à 36 millions. C'est ainsi que Henri IV entendait faire lorsqu'il parlait de sa *poule au pot*, autrement il n'eût dit qu'une sottise.   NAPOLÉON.

> La Commune est comme la Famille, avant l'État. La loi politique la trouve et ne la crée pas.
>
> ROYER-COLLARD.

7

Au-dessous des pouvoirs législatif, exécutif et judiciaire, il en est un quatrième qui est à la fois public et privé; il réunit l'autorité de magistrat à celle de père de famille, c'est le pouvoir municipal. Quoique au-dessous des trois autres, ce pouvoir est cependant le plus ancien de tous, et c'est sur cette première assise que les législateurs ont élevé l'édifice social.   HENRION DE PANSEY.

La Commune n'est point un être idéal, fantastique, c'est la *vraie patrie*.   SISMONDI.

Le patriotisme qui naît des *localités* est aujourd'hui surtout le *seul véritable*. On retrouve partout les jouissances de la vie sociale, il n'y a que les *habitudes* et les *souvenirs* qu'on ne retrouve pas. Il faut donc *attacher les hommes aux lieux* qui leur présentent des souvenirs et des habitudes, et pour atteindre ce but, il faut leur accorder, dans *leur domicile*, au sein de leurs *Communes*. autant *d'importance politique* qu'on peut le faire sans blesser l'ordre général.   BENJAMIN CONSTANT.

La Commune est le premier élément de la famille politique; c'est un corps plus réel, plus solide, plus visible que le département ou le royaume, qui sont plutôt des corps moraux et comme ces trois corps, commune, département, royaume, forment le corps politique, l'État tout entier, il est naturel que, dans la manière de composer la représentation universelle de la nation, les mêmes corps participent dans le même ordre à la députation.   DE BONALD, 1817.

La Commune est l'anneau qui rattache la Famille à l'État.

L'idéal de la Commune, c'est une réunion de familles jouissant à la fois des ressources nécessaires à la vie matérielle et des moyens de développement intellectuel et moral.   BÉCHARD, 1849.

Chaque Commune rurale est, en Russie, une petite République qui se gouverne elle-même pour ses affaires intérieures, qui ne connaît ni propriété foncière personnelle, ni prolétariat; qui a élevé à l'état de fait accompli depuis longtemps une partie des utopies socialistes; on ne sait pas vivre autrement ici, et l'on n'y a même jamais autrement vécu.

BARON DE HAXTHAUSEN.

Pour se procurer des ressources, le despotisme des empereurs romains fut contraint de créer *une machine administrative* capable de porter partout son action, et qui devint elle-même *une charge nouvelle*. Ce système de gouvernement n'avait d'autre

objet que d'étendre sur la société un réseau de *fonc-*
tionnaires sans cesse occupés à en extraire des richesses et des forces pour aller les déposer aux
mains de l'empereur.

Guizot, *Essai sur l'histoire de France.*

Nous avons exagéré la centralisation ; nous l'appli-
quons à tout, et le plus clair résultat de ce système,
aujourd'hui, c'est d'entasser des montagnes de pa-
piers qui sont fabriquées par des armées de commis.

Léon Faucher, 1847, *Moniteur*, p. 261.

Le mode d'exercice de la souveraineté individuelle, communale
et nationale, faisant l'objet de la Convention qui précède, il reste
maintenant à régler ce qui est relatif à la composition et à la division de l'État, à la constitution et à l'administration de la Commune.

Par le suffrage universel et par l'impôt unique, tout se simplifie.

Plus de recrutement obligatoire, conséquemment plus de tirage
au sort ; plus de loterie des hommes ; plus de tournées de révision ;
plus d'attentat au pudique secret des infirmités humaines qui ont
le vêtement pour voile.

Plus de garde nationale apprenant aux hommes à s'armer, lorsque leur désapprendre à se battre est le progrès vers lequel on
doit constamment tendre.

Plus de listes et de cartes électorales qui contribuent à faire dé-
générer la démocratie en bureaucratie.

Plus d'églises ni de prêtres à la charge de ceux qui ne croient
pas ou qui ont une autre croyance.

Plus d'écoles autres que celles entretenues et surveillées directement par les parents qui payent pour y faire admettre leurs enfants.

En France, n'ont plus de raison d'être, conséquemment disparaissent :

Conseils généraux ;

Arrondissements et conseils d'arrondissements ;

Cantons et conseils cantonaux ;

Le nombre des départements est réduit, mais cette réduction n'est pas arbitraire ; elle est la conséquence du perfectionnement des voies de communication et de la nécessité d'alléger le poids du budget.

Le département cesse d'être une personne civile, il n'est plus qu'une division administrative ayant pour unique objet d'améliorer et de simplifier les rapports entre les Communes et l'État.

Le sous-maire d'État (nom plus juste donné au Préfet) reçoit et centralise tous les rapports qui lui sont adressés par l'officier de paix des Communes dont la réunion compose un Département.

Sa principale fonction est celle d'officier général de paix et de dépositaire partiel de la puissance publique.

Il agit dans tous les cas où il y a lieu de requérir le concours d'une force armée autre que celle de la gendarmerie locale.

Il est le lien entre la puissance judiciaire et la puissance militaire, dans les circonstances où elles ont à exercer une action commune.

Il veille au maintien de l'unité de la comptabilité publique et des poids et mesures.

Quelles sont, en France, sous le régime actuel, les attributions des conseils généraux ?

Chaque année, les conseils généraux :

1° Répartissent entre les arrondissements les contributions directes ;

2° Prononcent définitivement sur les demandes en réduction ;

3° Votent les centimes additionnels dont la perception est autorisée par les lois ;

4° Délibèrent sur les contributions extraordinaires à établir.

Trois attributions que rend inutiles la transformation de l'impôt en assurance.

5° Ils délibèrent 1° sur les contributions extraordinaires à éta-

blir et les emprunts à contracter dans l'intérêt du département;
2° sur les acquisitions, aliénations et échanges des propriétés départementales; 3° sur le changement de destination des édifices
départementaux; 4° sur le mode de gestion de propriétés départementales; 5° sur les actions à intenter ou à produire au nom du département; 6° sur les transactions qui concernent les droits du département; 7° sur l'acceptation des dons et legs faits au département;
8° sur le classement et la direction des routes départementales;
9° sur les projets, plans et devis de tous les autres travaux exécutés sur les fonds du département; 10° sur les offres faites par les
communes, par des associations ou par des particuliers pour con-
courir à la dépense des routes départementales ou d'autres travaux
à la charge du département; 11° sur les concessions à des associations,
à des compagnies ou à des particuliers des travaux d'intérêt départemental; 12° sur la part contributive à imposer au département dans
la dépense des travaux exécutés par l'État et qui intéressent le département; 13° sur la part contributive du département aux dépenses des travaux qui intéressent à la fois le département et les
communes; 14° sur l'établissement et l'organisation des caisses de
retraite en faveur des employés des préfectures et sous-préfectures;
15° sur la part de la dépense des aliénés et des enfants trouvés et
abandonnés qui sera mise à la charge des communes et sur les
bases de la répartition à faire entre elles; 16° sur tous les autres
objets sur lesquels ils sont appelés à délibérer par les lois et règlements.

Toutes délibérations qui n'ont plus d'objet dès que les départements ont cessé d'être des personnes civiles et que les Communes
ont cessé d'être en tutelle; dès qu'elles agissent dans la plénitude
de leur souveraineté et la limite de leurs ressources; dès qu'elles
supportent à elles seules la charge des aliénés et des enfants
trouvés; dès que la dépense de construction et d'entretien des
routes artérielles et des ponts a lieu au moyen du produit centralisé des *Polices de circulation* (voir l'IMPÔT, par E. de Girardin,
pages 306 et 317); dès que les frais d'entretien de l'hôtel de la

Sous-mairie d'État, du Palais de Justice et des casernes seront à la charge de la Commune chef-lieu du Département, par suite des avantages inhérents à la possession de ces établissements.

Dans la création de ce nouveau monde administratif, les mots *dépenses* et *recettes du Département* ne correspondent plus à rien. Il n'y a plus que deux catégories de dépenses et de recettes :

Dépenses et recettes communales ;

Dépenses et recettes nationales.

Les dépenses communales se divisent ainsi qu'il suit :

Dépenses obligatoires ;

Dépenses facultatives.

Les recettes communales se divisent ainsi qu'il suit :

Recettes ordinaires ;

Recettes extraordinaires.

Quelles sont présentement, en France, les attributions des conseils d'arrondissement ?

Ils donnent leur avis : 1° sur les changements proposés à la circonscription du territoire de l'arrondissement, des cantons et des communes ; 2° sur le classement et la direction des chemins vicinaux ; 3° sur l'établissement, la suppression ou le changement des foires et marchés ; 4° sur les réclamations élevées au sujet de la part contributive des Communes respectives dans les travaux intéressant à la fois plusieurs communes ; 5° et généralement sur tous les objets sur lesquels ils sont appelés à donner leur avis.

Quiconque a vu de près l'administration d'un département sait que les conseils d'arrondissement sont des meules qui tournent dans le vide ; il en est de même des conseils cantonaux de fondation récente.

Relativement aux sous-préfets, dès que le suffrage universel, ce grand ressort de l'opinion publique, sera livré à lui-même, et qu'on renoncera à le fausser, qu'auront-ils à faire, si on ne se hâte de les supprimer ?

On le voit, sans qu'il soit besoin d'insister, tout ce qui était compliqué se décomplique et se simplifie par :

Le suffrage universel, annuel, direct et secret;

L'impôt unique librement payé ou refusé;

L'émancipation, la constitution et la dotation de la Commune;

L'indépendance réciproque de la Justice et de l'État;

L'indépendance réciproque de l'Église et de l'État;

L'indépendance réciproque de l'Enseignement et de l'État;

La concession perpétuelle à l'industrie de tous les travaux d'utilité publique autres que les travaux de défense nationale, les routes et les ponts, ces derniers travaux, ponts et routes, également exécutés par l'industrie, mais avec les produits centralisés des *Polices de circulation*;

La réciprocité des échanges.

Le budget des dépenses et le nombre des fonctionnaires se réduisent dans des proportions incommensurables.

Par l'indépendance réciproque de l'Église et de l'État, celui-ci ne salariant plus aucun culte, une puissante et active diversion est créée; une nouvelle et utile impulsion est donnée aux esprits.

Nul doute qu'il ne se fonde aussitôt une vaste association de la foi catholique qui saura facilement centraliser dans une caisse générale et distribuer ensuite le produit des souscriptions, quêtes et dons, de telle sorte qu'aucune paroisse ne reste sans desservant, aucune cure sans curé, aucun évêché sans évêque.

Nul doute qu'il ne se fonde également d'actives associations de la propagation du culte protestant et de la conservation du culte israélite.

Ce serait la résurrection de la foi par la lutte et l'enseignement, si la foi éteinte peut se rallumer.

Entre la Religion et l'Enseignement, plus d'antagonisme; l'antagonisme sera de croyance à croyance, de système à système.

Comme pour récolter il faut semer, toute religion deviendra nécessairement corps enseignant. Lorsqu'il en sera ainsi, l'enseignement, véritablement libre, ne tardera pas à faire de rapides progrès et à subir d'immenses réformes. L'émulation sera partout; elle existera de culte à culte et de ville à ville. Chaque ville chef-lieu départemental voudra avoir son université et luttera d'efforts et de sacrifices pour qu'elle l'emporte sur les universités rivales.

Pour les divers cultes comme pour les professions diverses constituées en corporations, le droit commun : donc entière faculté pour toute corporation religieuse et ouvrière de posséder et de transmettre au même titre.

Le Maire d'État assisté de ses deux adjoints, l'un ministre des recettes, l'autre ministre des dépenses, tous les trois contrôlés par une Commission nationale de onze membres élus par l'universalité des électeurs défiants suffit pour que l'État se meuve, comme une sphère, sur son axe.

Constituée absolument comme l'État, la Commune se meut absolument de même, avec la même simplicité de moyens et la même économie de forces.

Aucune administration locale ne pouvant requérir le concours de la gendarmerie ou de la troupe sans avoir obtenu l'autorisation préalable de l'administration centrale représentée par l'officier de paix, l'obligation d'obtenir cette autorisation préalable crée la dépendance, suffisante en même temps que nécessaire, qui doit exister de la Commune à l'État. L'officier de paix rétribué par l'État et résidant dans chaque Commune est le lien qui rattache toutes les Communes à l'État; ainsi la souveraineté communale est pleinement constituée sans affaiblissement aucun de la puissance publique, puisque la force armée demeure exclusivement aux mains des agents de l'État qui seuls ont le droit de la requérir et d'en disposer.

Sous ce régime nouveau, on agit beaucoup et on parle peu; c'est positivement le contraire du régime parlementaire, où l'on agit peu et où l'on parle beaucoup.

Sous ce régime nouveau, suppression de tous les détours et de tous les conflits administratifs; prompte expédition de toutes les affaires communales; irresponsabilité locale de l'administration centrale; simplification de tous les rouages bureaucratiques; réduction considérable de dépenses résultant d'une meilleure répartition de la force publique mobilisée par les chemins de fer, auxquels l'armée rendrait en protection ce qu'elle leur devrait en accélération de mouvement.

Tout, sans que l'on s'en rende exactement compte, tend à s'universaliser.

Plus les voies de communication et de transport se perfectionneront et gagneront en rapidité et en économie, plus cette tendance des nations et des choses à l'universalité sera sensible et manifeste.

Le suffrage universel n'est encore que français ; il est appelé à devenir européen.

Qui dit suffrage universel dit réforme radicale de tous les vieux mécanismes de gouvernement, comme admettre la cause c'est admettre l'effet.

Aussi, de même que j'ai cherché un mode d'exercice du suffrage universel qui fût applicable à tous les pays civilisés, comme tous ont adopté successivement l'usage de la boussole et du chronomètre, de l'imprimerie et de la vapeur, de même j'ai cherché un mode de perception de l'impôt qui, par sa précision rigoureuse, fût appelé à devenir l'impôt universel ; de même encore j'ai cherché un mode de constitution de la Commune, qui, offrant toutes les garanties, se prêtât à tous les besoins et dénouât tous les nœuds : telles sont la simplicité, la force et la flexibilité de ce mode de constitution de la Commune, qu'applicable à l'État, il s'applique avec la même exactitude à l'organisation des professions en Corporations.

Il marque à la fois l'Universalité, la Majorité et la Minorité, comme les deux aiguilles du cadran marquent l'heure, les minutes et les secondes.

De la Confiance il fait la force, et de la Défiance il fait le frein.

Il est le pivot de toute association, que cette association s'appelle Commune, Paroisse, Corporation, État.

Qu'est-ce que la Commune ? — La Commune est l'association d'habitants unis par le même intérêt local.

Qu'est-ce que la Paroisse? — La Paroisse est l'association locale de croyants unis par la même foi religieuse

Qu'est-ce que la Corporation? — La Corporation est l'association de tous les travailleurs d'une profession unis contre le même risque : celui d'atteinte, par la concurrence, au taux nécessaire de leur salaire.

Qu'est-ce que l'État? — L'État est l'association de toutes les Communes d'un pays unies contre le même péril : celui d'atteinte, par la guerre, à l'indépendance de leur territoire.

Lorsqu'on a ainsi reconnu que la Commune et l'État, la Religion et la Corporation ne sont que quatre formes différentes de l'association, tous les rapports s'établissent d'eux-mêmes, tous les nœuds se dénouent sans effort, tous les problèmes offrent leur solution.

S'il est vrai que l'État soit l'association de toutes les Communes d'un pays unies contre le même péril : celui d'atteinte, par la guerre, à l'indépendance de leur territoire, il suffit que le risque de guerre disparaisse pour que l'État, sortant de ses démarcations arbitraires, rentre dans ses limites naturelles.

S'il est de l'intérêt de toutes les Communes de France, d'Angleterre, d'Allemagne, d'Espagne, d'Italie, qu'il en soit ainsi, la carte de l'Ancien Monde, violemment défaite par la guerre, se refera naturellement par la paix.

Les nations sont à chacun des trois continents qu'elles ont morcelés ce que les fractions d'un entier sont à cet entier, ce que les parcelles d'un champ sont à ce champ.

Une nation est une fraction, elle n'est pas un tout.

Une nation est un membre, elle n'est pas un corps.

Ainsi s'explique comment les nations palpitent et ne vivent pas ; la guerre est une convulsion, ce n'est pas la vie ; la misère est la mort, car c'est la gangrène.

Il faudrait n'avoir pas d'yeux pour ne pas voir que, par le progrès de la science, tout ce qui est limite territoriale, démarcation de frontière tend à disparaître,

Les Corporations sont appelées à remplacer les Nations.

En d'autres termes, les nations territoriales doivent se préparer à disparaître pour faire place aux nations professionnelles.

Les intérêts ne se régleront plus de nation à nation, mais de corporation à corporation.

Aussi l'homme d'État, l'homme aimanté, qui se sent attiré vers l'avenir comme l'aiguille de la boussole, l'aiguille aimantée se sent attirée vers le nord, ne doit-il plus s'appliquer désormais qu'à étudier tout ce qui porte en soi le caractère de l'universalité.

Universalité du Droit.

Universalité de la Science.

Universalité de l'Enseignement.

Universalité de la Paix.

Universalité du Vote.

Universalité de l'Impôt.

Universalité de la Commune.

Universalité de la Corporation.

Universalité de l'Échange.

Universalité des Monnaies.

Universalité des Mesures.

L'unité est à l'universalité ce que le chemin est au but.

S'il y a, en ce monde, deux justices, il y en a une qui a usurpé le nom de l'autre.

S'il y a dans ce monde deux religions, il y en a une des deux qui est nécessairement fausse.

L'injustice et l'erreur ont fait leur temps ; l'homme libre et instruit ne peut plus marcher garrotté par elles.

Si la religion était encore ce qu'elle a été dans le passé, la paroisse serait demeurée ce qu'elle fut : l'unité territoriale ; car la paroisse est naturellement la division territoriale du monde catholique. Le mot paroisse vient du mot *parochia*, et celui-ci de deux mots grecs qui veulent dire *autour de la maison* ou *de l'église*. Mais du jour où la Commune a grandi, la paroisse a décliné, parce que du jour où la tolérance religieuse est entrée dans les esprits, l'unité territoriale a changé de nature et de conditions : l'unité territoriale n'est plus dans la paroisse, elle est maintenant dans la justice de paix.

Le juge de paix, élu par l'universalité des justiciables de son ressort, n'est pas seulement appelé à concilier les parties qui se présentent devant lui ; il est appelé, concurremment avec l'officier de paix nommé par l'État, à localiser et à centraliser dans les archives de son greffe tous les renseignements relatifs à l'état civil et à la moralité judiciaire de chaque habitant né et immatriculé dans la Commune, que celui-ci y réside ou qu'il vive éloigné d'elle.

Par cette localisation de tous les renseignements propres à l'éclairer, par ce compte ouvert à tous ses justiciables et régulièrement tenu, on comprend que le juge de paix acquiert une puissance et une infaillibilité qu'il ne possédait pas, qu'il ne pouvait pas posséder, il devient le prêtre de la justice, et son prétoire se change en confessionnal où parle à voix haute la conscience publique lorsque se tait ou ment la conscience individuelle. Sous le langage du plaideur, il voit le passé du pécheur.

Dès qu'un fait qualifié délit ou crime a été constaté par un juge de paix ou d'appel, le greffier de ce juge étant tenu, sous peine d'une amende considérable par chaque omission, d'adresser en double expédition l'extrait de ladite constatation au greffe de la justice de paix et à l'officier de paix de la Commune-lieu de la naissance du prévenu, l'obscurité qui jusqu'à ce jour avait enveloppé la société se dissipe aussitôt : la conscience de chacun et de tous devient comme si elle était transparente.

Un tel avantage est trop grand à un trop grand nombre de points de vue, pour qu'il y ait lieu de craindre qu'on s'arrête à des considérations secondaires et de peu d'importance contre l'érection en Justices de paix de toutes les Communes de France, réduites de 36,819 à 6,500 environ *.

C'est en multipliant ainsi les Justices de paix qu'on pourra

<hr>

* 6,500 Communes chefs-lieux de justices de paix à raison de 3,000 habitants représenteraient une population de 30 millions d'habitants ; 594 Communes représentent aujourd'hui plus de 3 millions 406,000 habitants : ensemble 6,500 Communes environ.

fermer sans risque les prisons et les bagnes, et résoudre sans difficulté le problème, jusqu'à ce jour insoluble, des libérés.

La moralité, l'ordre et la liberté dans la Commune, c'est la liberté, l'ordre et la moralité dans l'État.

La moralité, l'ordre et la liberté en France, c'est la liberté, l'ordre et la moralité en Europe.

La moralité, l'ordre et la liberté en Europe, ce sont les nationalités qui s'écroulent et les Communes qui s'élèvent.

Élever la Commune à sa plus haute puissance, afin de tarir la misère et le vice; élever la Commune à sa plus haute puissance afin d'élever l'homme à la hauteur que lui assigne le libre et plein développement de ses facultés : — tel est le but que se sont proposé les règlements qu'on va lire et qui ont été rédigés sous la réserve de toutes les modifications et de toutes les additions dont la nécessité sera démontrée par l'expérience.

DÉCRETS DE L'AVENIR.

COMPOSITION ET DIVISION DE L'ÉTAT [*].

TITRE I.

DES COMMUNES, DE L'ÉTAT ET DES DÉPARTEMENTS.

Les Communes composent l'État.

L'État se divise en Départements (1).

TITRE II.

DES COMMUNES.

La Commune, unité sociale et absolue (2), est l'association locale contractée entre tous les habitants nés ou domiciliés sur son territoire, à l'effet d'y jouir collectivement d'avantages qu'ils ne pourraient se procurer individuellement et de subvenir au payement proportionnel des dépenses *obligatoires* ou *facultatives*, telles qu'elles résultent de son Budget annuellement publié.

TITRE III.

DE L'ÉTAT

L'État, unité politique et relative, est l'association nationale contractée entre toutes les Communes d'un pays libre à l'effet de di-

---

[*] Si cette composition et cette division de l'État paraissent rationnelles rien ne sera plus simple que de l'appliquer successivement à chaque État par la voie du progrès successif, comme après les États-Unis de l'Amérique et l'Angleterre la Belgique et la France ont adopté le gaz, les chemins de fer, le télégraphe électrique, etc., etc.

minuer, en les partageant, le poids et les frais de risques sociaux, que séparément elles seraient impuissantes à porter.

L'État entretient dans chaque Commune :

Un officier de paix.

Un officier de gendarmerie;

Un percepteur;

Un conservateur des actes et du cadastre;

Un directeur des postes;

Un directeur expert d'assurances, chargé des secours contre l'incendie.

TITRE IV.

DES DÉPARTEMENTS.

La division de l'État en départements, conformément à la carte des chemins de fer et des télégraphes électriques dressée et annexée à cet effet (3), a pour but d'accélérer la vitesse des rapports entre la Commune et l'État, dans l'intérêt de tous et de chacun.

Ces rapports ont pour objet le maintien de l'ordre public;

L'inviolabilité de la liberté individuelle;

La construction et l'entretien des routes et ponts;

La perception de l'impôt transformé en prime d'assurance;

La poursuite et la constatation de tous les crimes et délits.

L'exécution des arrêts de la justice.

A cet effet, toute ville chef-lieu de département est le siége des établissements suivants :

Sous-mairie d'État.

Palais de justice.

Division militaire.

Légion de gendarmerie.

Division des travaux publics : routes et ponts, géologie, minéralogie, hydrographie.

Division de santé et de salubrité publiques.

Division télégraphique.

Bourse.

Recette générale.

Vérification des poids et mesures.

Bibliothèque départementale.

Musée départemental.

Conservatoire industriel ; collection des objets d'histoire naturelle.

Ferme-modèle expérimentale, avec vacherie et bergerie destinées à naturaliser les meilleures races appropriées au département ; jardin des plantes utiles ; pépinières et écoles forestières ; dépôt d'instruments aratoires perfectionnés.

Maisons d'aliénés, d'aveugles, de sourds-muets et d'incurables.

Et autres établissements présentant un caractère d'utilité collective, et fondés ou entretenus soit aux frais particuliers de la ville chef-lieu départemental, soit aux frais communs (dépenses obligatoires ou facultatives) de toutes les Communes réunies du Département.

BUDGET DE L'ÉTAT.

ARTICLE 1er.

Le budget de chaque État est le règlement par prévision de ses recettes et de ses dépenses.

ARTICLE 2.

Recettes de l'État.

Les recettes de l'État sont *ordinaires* ou *extraordinaires*.

Les recettes *ordinaires* se composent :

1° Des revenus de tous les biens dont les habitants n'ont pas la jouissance en nature ;

2° Du montant de la prime générale et spéciale payé volontairement pour s'assurer contre les risques déterminés ;

3° De la part réservée à l'État conjointement avec la Commune dans tous les cas où la succession du décédé leur est acquise par égale moitié ;

Les recettes *extraordinaires* se composent :

1° Du prix de la vente des forêts, domaines ou autres immeubles appartenant à l'État ;

2° Du produit des emprunts contractés.

ARTICLE 3.

Dépenses de l'État.

Les dépenses de l'État sont *obligatoires* ou *facultatives*.

Les dépenses *obligatoires* sont celles qui ont pour objet :

1° L'acquittement des dettes exigibles ;

2° L'armée ;

3° La marine ;

4° La justice ;

5° L'administration publique ;

6° La perception de l'impôt transformé en assurance ;

7° Les routes nationales et les ponts.

Les dépenses *facultatives* sont celles dont le payement ne saurait être exigé que des souscripteurs qui les auront librement, préalablement et spécialement approuvées. Elles ont pour objet notamment :

1° Fondations de prix à décerner ;

2° Essais à vérifier ;

3° Progrès à encourager ;

4° Améliorations à réaliser.

CONSTITUTION DE LA COMMUNE *.

—

ARTICLE 1ᵉʳ.

Il y a autant de Communes que d'associations locales qui, tenant à avoir une existence distincte, ont justifié qu'elles réunissent ces deux conditions :

Une population immatriculée de 4 à 5,000 habitants au moins (4) ;

Un revenu certain de 5,000 francs, au moins (5).

La Commune est administrée par un Maire élu par le suffrage universel sous le contrôle d'une commission de surveillance et de publicité nommée conformément aux titres III, IV et V de la Convention pour l'exercice de la souveraineté individuelle, communale, nationale.

Tous les habitants nés ou domiciliés dans la Commune sont garants civilement des attentats commis sur le territoire de la Commune soit envers les personnes, soit envers les propriétés (6).

Toute Commune est le chef-lieu de la Justice de paix (7).

ARTICLE 2.

Les Communes actuelles qui ne sont pas chefs-lieux de justice de paix prendront le nom de Sections.

Les Communes ayant pris le nom et le rang de Sections continueront de former, si elles y tiennent, des communautés distinctes.

ARTICLE 3.

Les édifices et immeubles servant à des usages publics deviennent la propriété de la Commune chargée de pourvoir aux dépenses de leur entretien ; mais tous les biens dont les habitants jouissent en en percevant les fruits en nature restent la propriété distincte et séparée des Sections qui auront déclaré qu'elles désirent qu'il en soit ainsi. Les citoyens qui résident dans ces Sections continueront à jouir desdits biens, conformément aux droits établis.

---

* Ce décret suppose la suppression préalable, en France, des arrondissements et des cantons, deux complications, deux superfétations qui doivent disparaître.

ARTICLE 4.

En cas de dissentiment entre les Sections sur la fixation du chef-lieu, il y sera procédé, par voie de scrutin, dans la même forme que pour l'élection du Maire.

La Section qui aura été désignée par la moitié des votes plus un de l'universalité des électeurs sera proclamée chef-lieu de la Commune et siége de la Justice de paix.

ARTICLE 5.

Tout étranger qui aura été ou qui voudra être naturalisé Français devra déclarer dans quelle commune de France et dans quelle Section il désire être inscrit. Son inscription équivalant à adoption ne sera définitive qu'après une année de résidence, au moins (8), et approbation par le Maire et la majorité des membres de la Commission communale, lesquels, dans ce cas, le feront inscrire au registre matricule de la Commune.

ARTICLE 6.

Il est tenu dans chaque Commune un registre matricule de tous les habitants qui y sont nés (9).

Ce registre est tenu par le maire de la Commune sous la surveillance de l'officier de paix.

Sont rayés du registre matricule ceux qui ont perdu leur qualité de Français.

Les citoyens inscrits sur le registre matricule sont seuls admis à l'exercice du droit d'élire le Maire ou les membres de la Commission communale.

DISPOSITION TRANSITOIRE.

Dans les trois mois de la promulgation du présent règlement d'administration publique, il sera procédé, dans chaque Commune chef-lieu de Justice de paix, à la formation du registre matricule. Seront portés d'office dans chaque Commune tous ceux qui y sont nés.

BUDGET DE LA COMMUNE.

—

ARTICLE 1er.

Le budget de chaque Commune est le règlement par prévision de ses recettes et de ses dépenses.

ARTICLE 2.

Recettes de la Commune.

Les recettes de la Commune sont *ordinaires* ou *extraordinaires*.

Ses recettes *ordinaires* se composent :

1° Des revenus de tous les biens dont les habitants n'ont pas la jouissance en nature ;

2° Des cotisations imposées annuellement sur les ayants droit aux fruits qui se perçoivent en nature ;

3° De la part réservé à la Commune, conjointement avec l'État, dans tous les cas prévus où la succession du décédé leur est acquise par égale moitié ;

4° Du produit des droits de place perçus dans les halles, foires, marchés, abattoirs, d'après les tarifs dûment autorisés ;

5° Du produit des permis de stationnement et des locations sur la voie publique, sur les ports et rivières, et autres lieux publics ;

6° Du produit des péages communaux, des droits de pesage, mesurage et jaugeage, des droits de voirie et autres droits régulièrement établis ;

7° Du prix des concessions dans les cimetières ;

8° Du produit des concessions d'eau, de l'enlèvement des boues et immondices de la voie publique et autres concessions autorisées par les services communaux ;

9° Du produit des expéditions des actes administratifs et des actes de l'état civil ;

1° De la moitié revenant aux Communes dans le produit des amendes prononcées par le Juge de paix.

Ses recettes *extraordinaires* se composent :

1° Du produit des centimes additionnels à la prime d'assurance générale perçue par l'État, s'il y a lieu d'y recourir ;

2° Du prix des biens aliénés ;

3° Du remboursement des capitaux exigibles et des rentes rachetées ;

4° Du produit des coupes extraordinaires des bois ;

5° Du produit des emprunts et de toutes autres recettes accidentelles.

ARTICLE 3.

Dépenses de la Commune.

Les dépenses de la Commune sont *obligatoires* ou *facultatives*.

Les dépenses *obligatoires* sont celles qui ont pour objet :

1° L'acquittement des dettes exigibles et l'amortissement des emprunts ;

2° La construction, l'entretien et la réparation des bâtiments et édifices communaux : — Mairie, Justice de paix, Office de paix, caserne de gendarmerie, maison d'arrêt, halle, hospice, etc. ;

3° Frais de bureaux et d'impression pour le service de la Commune, registre matricule, registres de l'état civil, et portion des frais d'impression des tables décennales à la charge de la Commune ;

4° Traitements des employés de la Mairie ;

5° Abonnement au *Moniteur français* * ;

6° Traitements des gardes des bois de la Commune, des gardes champêtres et des tambours-afficheurs ;

---

* Le *Moniteur français*, coûtant 18 francs par an (5 centimes par jour), renfermerait tous les règlements d'administration publique, toutes les nominations dans l'ordre politique, administratif, judiciaire et militaire, et tous les faits d'une utilité générale et d'une exactitude constatée

7° Construction et entretien des chemins, pavage et éclairage des rues et des places ;

8° Clôture et entretien des cimetières religieux et civil, et leur translation dans les cas déterminés par les règlements d'administration publique ;

9° Frais des plans d'alignement et de conservation de ces plans.

10° Frais et dépenses du conseil des prudhommes, pour les Communes où ils siégent ; menus frais des chambres consultatives des arts et manufactures, chambres de commerce et chambres d'agriculture pour les Communes où ces chambres existent ;

11° Part proportionnelle basée sur la population et le revenu de la Commune aux frais d'entretien des maisons départementales d'aliénés (10), de sourds et muets, d'aveugles, d'incurables, etc. ;

12° Dépenses de l'hospice, du dispensaire ou de l'infirmerie.

Les dépenses *facultatives* sont celles dont le payement ne saurait être exigé que des habitants qui les auront préalablement et spécialement approuvées. Elles ont pour objet notamment :

Matériel.

1° Bâtiments et édifices spéciaux ;
2° Ecoles élémentaires et spéciales ;
3° Pharmacie et glacière communes ;
4° Bains et lavoirs ;
5° Boulangerie et boucherie communes ;
6° Agence de commission vendant à prix coûtant ;
Etc., etc.

Personnel.

Ministres des cultes ;
Instituteurs et professeurs ;
Médecins, chirurgiens, vétérinaires communs ;
Etc., etc.

TITRE IV.

COMPTABILITÉ DE LA COMMUNE.

Un règlement d'administration publique détermine dans quelles formes doit être tenue la comptabilité de la Commune, pour assurer et faciliter le contrôle de la Cour des Comptes.

DISPOSITIONS TRANSITOIRES.

Le principe de la liberté des cultes, solennellement proclamé, ayant pour conséquence l'indépendance réciproque de l'Église et de l'État, chaque Commune ou Section donne, cède, échange, vend ou loue les édifices, lui appartenant, consacrés à l'exercice des divers cultes.

Le principe de la liberté de l'enseignement, non moins solennellement proclamé, ayant également pour conséquence l'indépendance réciproque de l'Enseignement et de l'État, chaque Commune ou Section donne, cède, échange, vend ou loue les bâtiments et édifices, lui appartenant, qui servaient à l'instruction publique.

Il sera procédé à la vente, location ou transformation de tous les bâtiments communaux devenus inutiles par suite de la nouvelle constitution des Communes.

Le prix de la vente ou le produit de la location des bâtiments ci-dessus sera versé dans la Caisse de la Commune chef-lieu de la Justice de paix.

NOTES.

(1) 1790. *Division de la France en quatre-vingt-trois départements.*

Le royaume était divisé en provinces, dont plusieurs, sous le titre de *Pays d'État*, jouissaient du droit de régler leur administration dans des assemblées particulières.

Siéyes conçut l'idée d'effacer toutes les démarcations anciennes. Par le décret rendu le 15 janvier 1790, le territoire fut divisé en quatre-vingt-trois départements; chaque département fut subdivisé en districts, chaque district en cantons, chaque canton en municipalités. On constitua d'abord le département et ensuite la commune. L'administration du premier se composa de trente-six membres et d'un directoire exécutif de cinq membres, la commune fut administrée par un conseil général et une municipalité nommée par le peuple; cette municipalité disposait seule de la force publique. L'administration du district était en diminutif celle du département, et celle du canton une subdivision de celle de la commune. Les tribunaux furent ainsi répartis : chaque département eut un tribunal criminel, chaque district un tribunal civil, et chaque canton une justice de paix.

(2) Les citoyens français, considérés sous le rapport des relations locales qui naissent de leur réunion dans les villes et dans certains arrondissements des campagnes, forment les Communes.   *Constitution du 3 septembre 1791.*

Une Commune est une société de citoyens unis par des relations locales, soit qu'elle forme une municipalité particulière, soit qu'elle fasse partie d'une autre municipalité, de manière que si une municipalité est composée de plusieurs fusions différentes, et que chacune d'elles ait des biens séparés, les habitants seuls qui jouissaient de ces droits auront droit au partage.

Décret du 10 juin 1793.

(3) Cette division nouvelle de la France a deux avantages :

1° Elle oblige de terminer rapidement le réseau de nos chemins de fer.

2° Elle donne à la centralisation administrative la simplicité, la justesse et l'accord d'un clavier. Le maire d'État tient au bout d'une aiguille toute la France, avec laquelle il peut se mettre en communication sur tous les points en moins d'une heure.

(4) Le chiffre de 4 à 5,000 habitants représente celui de 1,000 familles : le nombre des enfants par ménage étant de 3. 40.

(5) En France, la valeur des propriétés des Communes n'est susceptible d'aucune estimation complète.

En 1857 leurs immeubles ont produit.	25,828,817
Location d'emplacements.	8,292,780
Rentes sur l'État.	2,713,927
— sur particuliers.	544,044
Produits divers, emprunts, dons, legs, amendes.	41,904,787
Les cinq centimes additionnels.	9,551,149
Affect. sur le droit des patentes.	1,640,564
Impositions extraordinaires.	15,481,004
Octroi.	56,571,506

Plusieurs communes possèdent des revenus et une population que des royaumes envieraient pour leur capitale; un grand nombre n'ont aucun bien, aucun autre revenu que l'impôt en centimes autorisé par la loi des finances.

5,628 communes ont moins de 100 fr. de revenus.
6,196 ont de   100 à   200 fr.
10,091   de   200 à   500
16,742   de   500 à 10,000
586   de 10,000 à 50,000
173   de 50,000 à 100,000
87 plus de 100,000 francs.   *Vivien, rapporteur, 1856.*

L'ordonnance du 30 janvier 1847 a fixé la population de la France à 35,400,486 habitants.

CLASSEMENT DE LA POPULATION DANS LES COMMUNES.

9	au-dessus de 100,000.	1,680,124
6	de 40 à 70,000	253,016
8	de 30 à 40,000.	276,298
20	de 20 à 30,000.	505,388
34	de 15 à 20,000.	423,452
52	de 10 à 15,000.	625,755
274	de 5 à 10,000.	1,885,117
174	de 4 à 5,000.	776,768
535	de 3 à 4,000.	1,935,093
35,717	au-dessous de 3,000.	27,151,559
36,819		**35,400,486**

Il y aurait un moyen certain de rendre facile et prompte cette conversion des 36,352 communes ayant moins de 4 à 5,000 habitants; ce serait que l'État aliénât une portion des forêts qui lui appartiennent, afin d'en faire l'objet d'une *prime*, soit en nature, soit en argent, qui serait donnée à toute conversion de Commune accomplie dans le délai d'une année.

(6) Loi du 10 vendémiaire an IV.

(7) Pour les successions de peu de valeur, la Justice de paix suffit en Belgique. Cette intervention de la Justice de paix dans les partages en licitation est demandée en France par plusieurs conseils généraux.

(8) Tout étranger âgé de 21 ans accomplis, qui, domicilié en France depuis une année :

Y vit de son travail;

Ou épouse une Française;

Ou adopte un enfant;

Ou nourrit un vieillard;

Tout étranger, enfin, qui sera jugé par le corps législatif *avoir bien mérité de l'humanité*, est admis dans l'exercice des droits de citoyen français.

Constitution du 24 juin 1793.

Art. 1er. Les étrangers qui rendront ou qui auraient rendu des services à l'État, ou qui apporteront dans son sein des talents, des inventions, ou une industrie utile, ou qui formeront de grands établissements, pourront après un an de domicile être admis à jouir des droits de citoyen français.

Art. 2. Ce droit leur sera conféré par un décret spécial rendu sur le rapport d'un ministre, le conseil d'État entendu.

Sénatus-consulte du 19 février 1808.

Il sera fait et dressé dans chaque Commune de la République un tableau contenant les noms, âge, état ou profession, de tous les habitants au-dessus de l'âge de 12 ans, le lieu de leur habitation et l'époque de leur entrée dans la Commune.

Loi du 10 vendémiaire an IV.

(10) Ordonnance royale du 22 décembre 1842 :

1° Les communes ayant 20,000 fr. de revenus et au-dessus concourent pour 12 % à la dépense de leurs aliénés placés d'office, et pour 25 % à celle de leurs aliénés non dangereux;

2° Les communes ayant 5,000 fr. de revenus et au-dessus concourent pour 8 % à la dépense de leurs aliénés placés d'office, et pour 17 % à celle de leurs aliénés non dangereux;

3° Les communes dont les revenus ordinaires sont inférieurs à 5,000 fr. concourent pour 5 % à la dépense de leurs aliénés placés d'office, et 10 pour 1,000 à celle de leurs aliénés non dangereux.

CHAPITRE III.

CONSTITUTION DE LA CORPORATION.

> Je vois bien un pouvoir législatif et un pouvoir administratif; mais le reste de la nation qu'est-ce? Des grains de sable. Il faut jeter dans le sol des blocs de granit sur lesquels nous élevons un nouveau système.   NAPOLÉON, *Premier Consul*, Conseil d'État.
>
> Si on m'eût laissé le temps, bientôt il n'y aurait plus eu de métiers en France, tous eussent été des arts.   NAPOLÉON, *Empereur*
> L.-N. BONAPARTE. T. I, p. 423.
>
> L'empereur prévoyait que si l'ancien régime avait péri par l'excès des *Corporations*, le nouveau pourrait périr à son tour par l'excès de *l'individualisme*, c'est-à-dire l'isolement de l'individu.
>
> Il y a donc urgence, aujourd'hui, à constituer d'une manière inébranlable le nouveau système, et comme chaque pays a son caractère particulier, son allure distincte, il faut que toutes les lois portent gravées sur leur front le cachet national. Les institutions, en France, doivent être marquées au coin démocratique.   L.-N. B. T. III, P. 131.
>
> Tous les hommes qui se sentent animés de l'amour de leurs semblables réclament pour qu'on rende enfin justice à la classe ouvrière qui semble déshéritée de tout ce que procure la civilisation.
>
> La rétribution du travail est abandonnée au hasard ou à la violence; c'est le maître qui opprime ou l'ouvrier qui se révolte. Par notre système les salaires sont fixés comme les choses humaines doivent être réglées non, pas par la force, mais par un juste équilibre entre les besoins de ceux qui travaillent et les nécessités de ceux qui font travailler.
> L.-N. B. T. II, P. 293.

Si la Commune a sa raison d'être, à plus forte raison la Corporation a-t-elle sa raison d'exister.

La Corporation c'est la Commune professionnelle, comme la Commune c'est la Corporation locale.

Il suffit de mettre dans les deux plateaux d'une balance la Commune et la Corporation pour reconnaître que celle-ci l'emporte de beaucoup sur celle-là en importance.

Ouvrir et entretenir les chemins, paver et éclairer les rues, réparer les bâtiments : voilà la grande affaire de la Commune, voilà sa principale raison d'être.

Plus importante à tous les titres et plus compliquée est l'œuvre de la Corporation, car, à l'intérieur de chaque pays, elle n'a pas seulement à régler et à maintenir le taux des salaires, il est nécessaire encore, à l'extérieur, qu'elle fasse contre-poids et conséquemment équilibre aux prix de revient.

C'est par l'universalité des Corporations que peut et que doit se dénouer cet inextricable nœud qui se nomme la réciprocité des échanges.

En effet, partout le travailleur a le même intérêt à recevoir la juste rémunération de son travail ; nulle part deux travailleurs de la même profession, quoique séparés par une limite territoriale, n'ont intérêt à faire baisser leur salaire ; nulle part ils n'ont rien à gagner à la concurrence aveugle que se font les nations, rivales d'industrie ; partout, au contraire, ils ont tout à gagner à s'entendre. Même alors que les intérêts des Nations passent pour opposés, les intérêts des Corporations n'en demeurent pas moins identiques. Le filateur de Manchester et le filateur de Mulhouse, le mineur de Newcastle et le mineur d'Anzin ont également besoin, l'un et l'autre, de réparer par une alimentation substantielle, la force qu'ils dépensent, de conserver par un logement salubre, par un repos nécessaire, par des soins opportuns, la santé qui est leur capital ; de pourvoir, par l'épargne, aux cas de maladie et de chômage, ainsi qu'aux jours de la vieillesse qu'on doit prévoir ; de subvenir, par un excédant indispensable, aux indispensables frais de trois enfants, au moins, et souvent de quatre enfants, qui demandent du pain et auxquels il faut en donner jusqu'à l'âge où ils pourront eux-mêmes gagner de quoi se nourrir. Si, pour ne citer qu'un seul exemple, les filateurs français étaient constitués en Corporation et que les filateurs anglais le fussent pareillement, rien ne serait donc plus facile à concevoir, rien ne serait donc plus facile à exécuter que l'accord entre les deux Corporations de filateurs, la Corporation française et la Corporation britannique.

Elles se mettraient en relations l'une avec l'autre, au moyen de délégués plénipotentiaires qu'elles accréditeraient, comme les nations se mettent en relations entre elles au moyen de plénipotentiaires qui reçoivent soit le titre de ministres, soit celui d'envoyés. Elles régleraient les conditions des tarifs et arrêteraient le taux des salaires. Cela fait, un champ assez vaste resterait encore à la concurrence et au capital puisqu'ils auraient à se mouvoir dans les larges limites de l'achat des matières à ouvrer, du perfectionnement des procédés et des machines à employer, des débouchés à étendre ou à découvrir, etc. etc. Tel que je le comprends, le rôle des Corporations serait aussi capital et aussi simple que m'a toujours paru compliqué et secondaire le rôle des Associations. Corporations et Associations sont deux termes qu'il ne faut pas confondre; il existe entre eux autant de différence qu'il y en a entre un entier et une fraction.

Par Associations, j'entends les réunions de travailleurs où le patron et sa volonté sont remplacés par un gérant élu et par un règlement voté. Ces Associations accumulent, comme à plaisir, les difficultés et ne résolvent, en réalité, aucun problème. Elles sont impuissantes à prévenir et à réprimer l'abaissement du salaire : elles subissent la loi du marché et ne la lui dictent pas. Elles ont tous les désavantages : elles louent plus cher l'argent dont elles ont besoin, et le profit qu'elles comptaient réaliser par la suppression du patron, s'évanouit sous la forme d'escompte. L'unité leur manque; or, sans unité point de liberté effective, point de responsabilité directe, point de spontanéité dans la conception, point de rapidité dans l'exécution. Le patron qui agit à ses risques et périls peut faire hardiment la part de la perte aussi large que celle du gain ; le gérant qui agit aux risques et périls d'une Association, toujours frondeuse, toujours ombrageuse, est forcément condamné à la timidité, car il ne peut ni ne doit rien donner au hasard.

Il y a deux manières d'assurer au travailleur un salaire qui soit la juste rémunération de son travail, et qui tienne compte de la valeur de l'homme : — par voie de réglementation ou par voie de liberté.

Par voie de réglementation, c'est l'État qui s'impose.

Par voie de liberté, c'est la Corporation qui s'administre.

Dans l'ordre de choses qui admet à tout propos et hors de propos l'immixtion de l'État qu'aurait-on à objecter contre un décret, une loi ou un règlement qui se fonderait sur les motifs ci-après :

Attendu :

Qu'il a été reconnu que l'insuffisance des salaires est l'une des causes les plus générales de l'indigence parmi les individus valides [*] ;

Qu'il est incontestable que la rétribution du travail est abandonnée au hasard ou à la violence [**] ;

Que le bas prix des salaires est un des plus grands vices de l'ancien monde ; qu'on ne peut pas appeler heureuse une société où par la modicité et l'insuffisance des salaires, les salariés ont une subsistance si bornée, que pouvant à peine satisfaire leurs premiers besoins, ils n'ont le moyen ni de se marier, ni d'élever de famille et sont réduits à la mendicité aussitôt que le travail vient à leur manquer ou que l'âge et la maladie les forcent à manquer de travail ; que l'insuffisance des salaires est une cause de décadence pour une manufacture, comme le haut prix est une cause de prospérité [***] ;

Que la simple équité exige que ceux qui habillent, nourrissent et logent le corps de la nation aient dans le produit de leur propre travail une part suffisante pour être eux-mêmes passablement nourris, vêtus et logés ; que le prix réel de chaque chose, ce que chaque chose coûte réellement à celui qui veut se la procurer, c'est le travail et la peine qu'il faut s'imposer pour l'obtenir ; que le travail a été le premier prix, la monnaie payée pour l'achat primitif de toutes choses [****] ;

[*] Circulaire du 6 août 1840 adressée par le ministre de l'intérieur aux préfets.
[**] L.-N. Bonaparte.
[***] Franklin.
[****] A. Smith.

Que l'exemple de ces classes d'individus qui se soumettent sans se plaindre à la réduction de leurs salaires, qui se contentent de gagner simplement de quoi satisfaire à leurs premiers besoins, ne doit jamais être offert à l'admiration ni à l'imitation du public ; que les intérêts de la société bien compris exigent que les salaires soient aussi élevés que possible ; que les salaires réduits sont la cause de cette apathie et de cette incurie qui se contentent de la satisfaction des premiers besoins animaux [*].

Que le salaire est le revenu du pauvre ; qu'en conséquence il doit suffire non-seulement à son entretien pendant l'activité, mais aussi pendant la rémission du travail ; qu'il doit pourvoir à l'enfance et à la vieillesse comme à l'âge viril, à la maladie comme à la santé et aux jours de repos nécessaires au maintien des forces, ou ordonnés par la loi ou le culte public comme aux jours de travail [**] ;

Que le travailleur qui n'a pas par devers lui de fonds de compensation ou de revenu autre que son travail actuel ne peut se faire associé, parce qu'il mourrait de faim en attendant la réalisation du produit [***] ;

Que le taux des salaires n'est pas réglé par les subsistances ; que dans les temps de disette on voit une concurrence de misère, réduite à s'offrir avec anxiété pour le plus vil salaire, et que cependant la classe qui vit de salaires forme les trois quarts de la population ; que s'il existait une propriété qu'on dût respecter plus encore que les autres, ce serait celle des hommes qui ne possèdent que leurs bras et leur industrie ; que gêner leur travail, c'est leur ôter les moyens de vivre ; qu'un tel vol est un assassinat [****] ;

Que la détresse des peuples se reconnaît toujours à l'inégalité des charges, à la distribution vicieuse des profits du travail et à la prédominance de quelques castes ingénieuses à placer les abus sous la protection des lois [*****] ;

Que le travail porte toute la charge de la guerre industrielle ; qu'il perd nécessairement de toutes manières et qu'il perd seul ; que les ouvriers demandent du travail et du pain ; du travail qui est chaque jour plus difficile ; du pain qui est chaque jour plus cher [******] ;

Que le prix naturel du travail est celui qui fournit aux ouvriers, en

[*] Mac-Culloch.
[**] Sismondi.
[***] Rossi.
[****] Droz.
[*****] Blanqui.
[******] Wolowski.

général, les moyens de subsister et de perpétuer leur espèce sans accroissement ni diminution [*];

Que si les salaires avaient un taux fixe et nécessaire, ce taux ne pourrait être déterminé invariablement que par le prix des objets indispensables à la vie; qu'il est de toute évidence que les salaires ne se règlent pas sur les besoins réels des ouvriers puisque le prix élevé des denrées alimentaires est sans action favorable sur eux : que la disette coïncide le plus souvent avec une réduction de salaire et même avec le chômage; que la cherté des subsistances arrête ordinairement la demande d'un travail qui est plus offert, à moins que la spéculation ne veuille profiter de la cherté des vivres pour imposer aux ouvriers une réduction de salaire contre laquelle la faim ne leur permet pas de se défendre [**];

Que ce qui engendre le déficit ruine à la fois maîtres et salariés, c'est l'inégalité entre le produit livré et le salaire reçu [***];

Que l'homme parvenu à l'âge mûr doit se suffire, non-seulement à lui-même, mais suffire aux besoins de sa femme, de ses enfants, de ses père et mère; aux besoins de sa femme, pour qu'elle le soigne à son tour dans les moments de chagrin et de maladie; à ceux de ses enfants pour qu'ils lui rendent ces soins plus tard aux jours de sa vieillesse; à ceux de ses parents, enfin, pour acquitter la dette qu'il contracta envers eux au temps de son enfance [****];

Que le salaire d'un ouvrier doit comprendre, pour être suffisant : 1° Ce qu'il faut pour vivre dans le milieu où l'ouvrier se trouve et veut rester, sans monter ni descendre dans l'échelle sociale; 2° L'entretien et le renouvellement de ses outils; 3° L'amortissement du capital employé pour ses parents, avec lequel il peut alimenter son enfant qui le remplacera un jour dans la société; en admettant par hypothèse que sa compagne se suffise à elle-même; 4° Le déchet de sa vieillesse, c'est-à-dire de quoi parfaire à ses besoins au fur et à mesure que l'âge engourdira ses membres, et de quoi les satisfaire en entier, le jour où il sera obligé de cesser le travail et de chercher un abri, soit dans un établissement de retraite, soit dans une famille, soit partout ailleurs que dans un hôpital ou un dépôt de mendicité; toutes ces circonstances peuvent se présenter et doivent entrer dans ses calculs; s'il est lui-même charitable et s'il ne veut pas se mettre à la charge de ses semblables; 5° Un produit net de son travail, avec lequel il augmente sa famille ou son bien-être, avec le-

[*] Ricardo.
[**] Buret.
[***] Proudhon.
[****] Thiers.

quel il soutiendra sa mère ou son vieux père, avec lequel il fera la charité à ses semblables, avec lequel il montera l'échelle sociale, etc.; qu'il
doit y avoir tout cela dans sa recette pour qu'elle soit vraiment nor-
male [*];

Que dès que chacun a sa part dans le gouvernement, rien ne peut
s'appeler immixtion ni intrusion [**];

Attendu que toutes les prescriptions de la science économique sont
en parfait accord avec ce précepte de la foi évangélique : « L'ouvrier
mérite sa nourriture [***]; »

Attendu que le salaire représente du travail au même titre que la
monnaie, laquelle il est expressément interdit, sous les peines les plus
sévères, de rogner ni de fausser ;

Attendu, enfin, que le travailleur qui a uniquement pour capital son
temps, n'a pas moins de droit que le propriétaire et le fabricant à la
protection de la loi ;

Attendu que l'homme a une valeur qui lui est propre et qui compte
dans l'actif dont se compose la richesse nationale ; que tout ce qui épuise
les forces du travailleur sans les réparer, tout ce qui nuit à sa santé,
tout ce qui abrège son existence, est une atteinte portée à sa valeur et
à la richesse de la nation ; que toute atteinte de cette nature a les mêmes
effets que le meurtre et le vol ;

Attendu qu'il faut calculer que tout travailleur, s'il est marié, doit
pourvoir à la subsistance de sa femme et de trois enfants [****] et que s'il
n'est pas marié, la somme disponible que lui coûterait la subsistance
d'une femme et de trois enfants est nécessaire à la formation de l'épargne
appelée *Douaire universel*;

Attendu que présentement sont réglés :

Le taux de la journée de travail servant de base à la contribution personnelle ;

Le taux des appointements des fonctionnaires publics ;

Le taux de l'intérêt de l'argent ;

Le taux des céréales ;

Le taux du pain ;

Le taux des droits protecteurs de l'agriculture, de l'industrie et du
commerce ;

Le taux des courses de voitures publiques ;

[*] J. Garnier.
[**] Dupont White.
[***] Saint Mathieu.
[****] Enfants légitimés par mariage, 5, 41. *Annuaire du bureau des longitudes, année 1852.*

Le taux des transports de voyageurs et de marchandises sur les chemins de fer ;

Le poids , la forme et la valeur des monnaies ;

L'âge de majorité des citoyens ;

L'époque avant laquelle on ne peut valablement contracter mariage ;

Les degrés de parenté ;

Le partage des successions ;

La transmission de la propriété par voie d'acquisition ou de donation ;

Les conditions des diverses formes de société : société anonyme, société en participation, en nom collectif et en commandite, etc., etc. ;

Il est décrété ce qui suit :

ARTICLE PREMIER.

En aucun cas, pour aucun travail et dans aucune industrie, le taux légal du salaire ne pourra être au-dessous du prix nécessaire à l'achat de :

Pain	750 kilogr à 00 c.	000
Viande	565 kilog. à 00 c.	000
Vin, bière ou cidre	565 litres à	00
Légumes, beurre, lait, œufs , épiceries		00
Logement		00
Chauffage		00
Éclairage		00
Habillement		00
Blanchissage		00
Dépenses diverses		00
Assurance générale	(Impôt).	00
Pension de retraite	(Vieillesse).	00
Caisse commune des Corporations	(Chômages).	00
Caisse spéciale des salaires	(Maladies).	00
	Total	000

Le total ci-dessus aura pour diviseur le nombre moyen des jours probables de travail, tel qu'il résulte du tableau des professions, dressé pour l'année 18.. et annexé au présent décret.

ARTICLE II.

A dater du trentième jour qui suivra la promulgation du présent décret, le travail des femmes est expressément interdit dans les ateliers, magasins, usines, fabriques et manufactures.

Est également interdit le travail des enfants âgés de moins de 16 ans.

Toute contravention sera punie solidairement d'une amende de 60 fr.
à 6,000 francs.

Voilà ce que pourrait faire l'État ; je ne demande pas qu'il le fasse ;
je préfère de beaucoup le régime de la liberté au régime de la réglementation ; je demande seulement qu'il laisse faire la Corporation.

Anéantir le salaire et le remplacer directement par la participation :
tel est le but des Associations. *Maintenir le salaire et l'élever indirectement par l'assurance :* tel est le but des Corporations.

Dans ces dernières années, on a beaucoup attaqué et décrié le
salaire ; inconsidérément, selon moi, M. de Chateaubriand a dit :
« Le salaire n'est que l'esclavage prolongé. » Erreur profonde ! Le
salaire, c'est la liberté réciproque. Je suis sur ce point complétement de l'opinion de Franklin qui, en même temps qu'il com-
battait de toute la puissance de son bon sens l'insuffisance du salaire, proclamait de toute l'autorité de sa raison la nécessité de la
conservation du salaire ; dès que le salaire suffisant, nécessaire,
légitime est garanti de toute atteinte, la liberté réciproque entre
ouvriers et patrons est entière. S'ils ne se conviennent pas, ils se
quittent. S'ils se conviennent, ils ne se séparent point. Rien de
plus simple et rien de plus juste. Séparez-vous donc quand vous
êtes associés et que le dissentiment s'est glissé entre vous ! Le
moyen d'établir un compte de liquidation équitable ! La Corporation a tous les avantages que n'a pas l'Association. La Corporation
abrite l'individu contre toute exploitation abusive de l'homme par
l'homme ; elle protége le travail contre le capital et le capital contre
lui-même, puisqu'elle marque à la concurrence non le point d'arrivée mais le point de départ. Elle seule peut adopter des mesures
efficaces pour rendre insensibles les effets du chômage et inutiles les
menaces de grève ; elle seule, enfin, peut faire de ces paroles une
vérité[*] : « Le principe d'association plus largement appliqué doit
« régénérer le monde ; en lui est le problème de l'avenir. Mais là
« s'arrête l'hypothèse : la formule manque à la réalisation. » En

____

[*] Proudhon, 20 juillet 1850.

effet, qu'est-ce que la Corporation, sinon l'Association élevée à sa plus haute puissance? La Corporation, c'est la nation professionnelle au sein de la nation territoriale. Aussi mon avis est-il que chaque Corporation se grossisse en réunissant en faisceau toutes les industries qui ont de l'analogie entre elles, toutes les industries de la même famille, toutes celles qui mettent en œuvre la même matière ou qui se servent des mêmes instruments de travail, toutes celles, enfin, qui sont à la Corporation ce que les membres sont au corps, ce que les petits ruisseaux sont aux grandes rivières. Ce serait un moyen de faire disparaître certaines causes de chômage qui n'existent que parce que certaines industries sont trop morcelées. Un exemple va faire comprendre ma pensée : l'hiver, le maçon des villes est condamné à vivre de son épargne au lieu de vivre de son travail, c'est pendant l'hiver, au contraire, que les fumistes qui ont chômé l'été sont le plus occupés. Le maçon ne pourrait-il être fumiste, le fumiste ne pourrait-il être maçon ? Le chômage est un risque ; comme tous les risques, il peut être, par l'étude approfondie de ses causes, considérablement diminué. Que de risques ont déjà disparu, uniquement parce qu'on s'en est rendu exactement compte et qu'on a porté la lumière où régnait l'obscurité! Ce que la précieuse invention de la lampe Davy a réalisé dans l'ordre physique, il faut le réaliser dans l'ordre moral.

Il n'y a pas lieu de craindre que les Corporations deviennent trop puissantes : plus elles seront puissantes, moins elles seront multipliées ; moins elles seront nombreuses et plus elles seront modérées dans leurs exigences ; car en groupant ainsi des intérêts divers, ces intérêts se feront équilibre entre eux et tendront à composer une juste moyenne. Ce ne sera pas seulement une manière d'éteindre beaucoup de rivalités, ce sera aussi le moyen de diminuer considérablement frais, risques et peines.

Je viens d'exposer sommairement l'avantage que présenterait, au point de vue du travail et des travailleurs, l'existence des Corporations ; il me reste maintenant à montrer l'avantage qu'elles offriraient au point de vue de la liberté et des peuples.

En adoptant pour la Commune, pour l'Etat, pour la Corporation, pour chaque mode d'association, le même mode de constitution, le même centre de gravité, le même axe de rotation, qu'ai-je cherché? J'ai cherché à tirer du chaos social toutes les forces qui s'y trouvent afin qu'elles se fissent réciproquement contre-poids et se tinssent toutes par elles-mêmes en parfait équilibre.

Par l'indépendance des Communes et l'existence des Corporations se protégeant mutuellement, l'État, si considérable que soit la force armée mise à sa disposition, est contenu dans son orbite sans qu'il y ait désormais lieu de craindre qu'il en puisse sortir. Au-dessus de l'État, au-dessus des Communes, au-dessus des Corporations plane la Justice, qui n'est elle-même que la première et la plus puissante des corporations, parmi lesquelles elle occupe le rang qu'occupe le soleil parmi les planètes qui ne luisent qu'en réfléchissant sa lumière. Dans cet ordre d'idées les cultes et les universités redeviennent ce qu'ils n'auraient jamais dû cesser d'être, de libres corporations vivant chacune des fruits de ses travaux et de ses épargnes; de leur côté également, les lettres et les arts se constituent, soit en deux corporations distinctes, soit en une seule corporation représentant la pensée humaine en toutes choses où elle brille par l'individualité des œuvres.

Grouper tous les intérêts identiques, séparer tous les intérêts distincts, agréger, enfin, sous le nom de Corporation, de Commune et d'État toutes les molécules de chaque corps simple ou composé: — telle est la loi des mondes dans l'ordre social comme dans l'ordre physique. J'imite et je n'invente pas.

DÉCRET DE L'AVENIR.

TITRE Iᵉʳ.

DE LA CORPORATION.

La Corporation est l'association de tous les travailleurs d'une profession unis contre le même risque, celui d'atteinte par la concurrence, le chômage, la cherté des subsistances ou par toute autre cause, au taux nécessaire du salaire.

A cet effet, la Corporation française des....., adoptant les bases discutées et convenues entre toutes les Corporations spécialement réunies, s'est constituée ainsi qu'il suit :

TITRE II.

DU SUFFRAGE UNIVERSEL.

Le suffrage universel est le mode d'exercice de la souveraineté corporative.

Le suffrage universel est annuel, direct et secret.

A le droit d'y prendre part, pour toute la France, sans autre condition ni formalité tout porteur d'une *Police d'assurance générale* sur laquelle est constatée sa qualité de membre de la Corporation française des...

Un timbre apposé sur la police d'assurance générale au moment du vote constate que le droit du porteur s'est exercé pour l'élection annuelle du Maire de la Corporation des...

Chaque bulletin ne doit porter qu'un seul nom.

Si le bulletin porte plusieurs noms, le premier nom inscrit est seul lu par le président et compté par les scrutateurs.

Le vote a lieu aux sections, conformément au tableau des sections ci-annexé. Le scrutin est ouvert un seul jour, de six heures du matin à quatre heures du soir. Il est dépouillé le soir même, et le bureau ne se sépare qu'après que le résultat a été proclamé.

Le tableau de dépouillement des votes de chaque section est immédiatement transmis de la section à la questure de la Corporation qui en opère le recensement et qui en publie le résultat.

TITRE III.

DES ÉLECTIONS CORPORATIVES.

Les élections corporatives ont lieu le même jour que les élections communales, le premier dimanche d'avril de chaque année.

Le candidat dont le nom a réuni le plus grand nombre de voix est proclamé MAIRE DE LA CORPORATION.

Il est élu pour un an.

Il est indéfiniment rééligible.

Il est assisté par deux adjoints qu'il nomme et révoque : l'un a dans ses attributions les *recettes* et l'autre les *dépenses* de la Corporation.

Les onze candidats qui ont ensuite réuni dans l'ordre de dépouillement des votes le plus grand nombre de voix, forment de droit la COMMISSION CORPORATIVE DE SURVEILLANCE ET DE PUBLICITÉ.

Les onze membres sont également élus pour un an.

Ils sont indéfiniment rééligibles.

Le Maire de la Corporation peut choisir ses deux adjoints parmi les onze membres de la commission corporative de surveillance et de publicité. Dans le cas d'acceptation de leur part, comme aussi dans le cas de décès ou de démission, ils seront remplacés par les candidats selon l'ordre d'inscription sur le tableau de recensement des votes.

TITRE IV.

DU MAIRE DE LA CORPORATION.

Le Maire de la Corporation, ainsi élu, veille sous la responsabilité et sous le contrôle de la commission corporative de surveillance et de publicité, au maintien et à l'exécution du tarif adopté par la majorité des maires de toutes les Corporations spécialement réunies.

Il remet, le 1er mars de chaque année, au Président de la Commission corporative de surveillance et de publicité :

L'exposé des motifs de tous les actes de son administration avec toutes les pièces à l'appui ;

L'état de situation de la Corporation ;

Les règlements certifiés conformes d'administration spéciale qu'il a cru utile de prendre sous sa responsabilité ;

Les traités qu'il a conclus, sauf ratification ;

Le budget des recettes et des dépenses ;

Le règlement définitif du budget comprenant le dernier exercice clos.

Le Maire de la Corporation reçoit une allocation annuelle de 3,000 francs.

Chacun de ses deux adjoints, chargés l'un des *recettes* et l'autre des *dépenses*, reçoit une allocation annuelle de 1,500 francs.

TITRE V.

DE LA COMMISSION CORPORATIVE DE SURVEILLANCE ET DE PUBLICITÉ.

La Commission corporative de surveillance et de publicité est permanente.

Elle est présidée de droit selon l'ordre d'inscription des membres sur le tableau de recensement des votes.

Elle élit un secrétaire et un vice-secrétaire. Chaque bulletin ne doit porter qu'un seul nom. Le candidat dont le nom a réuni le plus

grand nombre de suffrages est élu secrétaire. Le candidat qui a ensuite réuni le plus grand nombre de suffrages est élu vice-secrétaire.

La Commission corporative de surveillance et de publicité a pour
principale fonction de veiller à ce que tous les actes du Maire de
la Corporation reçoivent immédiatement la publicité la plus entière
et la plus fidèle.

Elle a le devoir de visiter et d'inspecter tout ce qu'il lui paraît
nécessaire de voir par les yeux d'un ou de plusieurs de ses membres.

Elle a le droit d'exiger que toutes les pièces comptables relatives
à l'établissement du budget annuel lui soient communiquées pour
servir d'éléments au rapport qu'elle est tenue de faire et qui doit
être annexé au budget des recettes et des dépenses de chaque
exercice.

Budget du Maire de la Corporation et rapport de la Commission
de surveillance et de publicité doivent être imprimés au plus tard
le 10 mars de chaque année, afin que tout électeur ait le temps de
les examiner avant l'élection corporative du premier dimanche
d'avril et puisse régler son vote sur cet examen préalable.

En cas de désaccord sur l'interprétation de la volonté commune
et de l'intérêt collectif, la partie la plus diligente des deux, Maire
de la Corporation ou Commission corporative de surveillance
convoque à deux dimanches de date les électeurs qui représentent
l'universalité des membres de la Corporation et qui constituent la
souveraineté corporative.

Si les électeurs, arbitres souverains, donnent raison au Maire de la
Corporation contre la Commission de surveillance, leur manière de
prouver qu'ils lui donnent raison est de le réélire ; si au contraire,
les électeurs donnent tort au Maire de la Corporation, la manière
de prouver qu'ils lui donnent tort est de le remplacer. Dans l'un
comme dans l'autre cas, les onze candidats qui ont ensuite réuni le
plus grand nombre de voix forment de nouveau la commission corporative de surveillance et de publicité, que ce soient les mêmes

membres qui aient été réélus, ou que ce soient de nouveaux membres qui les aient remplacés.

Si le Maire de la Corporation et la majorité au moins des membres de la commission corporative ont été l'un et l'autre réélus, la signification de ce vote sera que les électeurs souverains rendent égale justice à la conduite du Maire de la Corporation et à la vigilance des membres de la Commission corporative.

L'exercice du droit absolu de réélire ou de révoquer le Maire de la Corporation est la garantie qui constitue la souveraineté professionnelle.

TITRE VI.

DU MODE D'ADHÉRER A LA PRÉSENTE CONVENTION.

Aucune durée autre que celle que déterminera l'expérience n'est assignée à la présente convention, telle qu'elle vient d'être énoncée et telle qu'elle pourra successivement se simplifier, se rectifier, se compléter.

Cette convention n'oblige que ceux qui l'auront librement acceptée et qui y auront formellement adhéré.

La manière d'y adhérer est de payer la prime d'assurance contre l'abaissement du salaire, payement et encaissement qui forment le lien entre les deux parties contractantes : le Travailleur, la Corporation.

Cette prime est fixée à demi pour cent du taux déclaré le salaire nécessaire ; elle est versée dans la Caisse commune.

La Caisse commune est appelée de ce nom parce qu'elle est le lien qui unit toutes les Corporations à l'effet de former entre elles une assurance mutuelle et générale contre le chômage et l'abaissement du salaire.

TITRE VII.

DU SALAIRE NÉCESSAIRE.

Ainsi constituée, la Corporation des. . . . . évaluant à 000 le nombre moyen annuel des jours de chômage et à 10 heures la journée de travail effectif, a fixé pour l'année 18... conformément au tarif ci-après le taux au-dessous duquel ne pourraient être abaissés les prix déclarés nécessaires au payement des dépenses d'un ménage composé de cinq * personnes.

00 ANNÉE.　　　　TARIF DE LA CORPORATION DES . . .　ARRÊTÉ LE . . . 18 . .

Dépenses.			Recettes.	
Pain,	730 k. à 00 c. .	000	L'heure de travail effectif.	00
Viande,	565 k. à 00 c. .	000	. . . . **	
Vin, bière ou				
cidre,	365 l. à 00 c. .	00	. . . .	
Légumes, beurre, lait, œufs.		00	. . . .	
Sel, épiceries		00	. . . .	
Logement.		00	. . . .	
Chauffage.		00	. . . .	
Éclairage.		00	. . . .	
Habillement.		00	. . . .	
Blanchissage		00	. . . .	
Dépenses diverses		00	. . . .	
Assurance générale.		0	. . . .	
Pension de retraite.		00	. . . .	
Chômages		00	. . . .	
Maladies		00	. . . .	
	Total. . .	000	Total. . .	0 00

Total à diviser par le nombre moyen des jours probables de travail, pour avoir le taux du salaire nécessaire.

Si ce nombre moyen est 300 jours ce sera. . . . . 0 fr. 00 c.

Si ce nombre moyen est 250 jours ce sera. . . . . 0 fr. 00 c.

Si ce nombre moyen est 200 jours ce sera. . . . . 0 fr. 00 c.

TITRE VIII.

DU TRAVAIL DES FEMMES ET DES ENFANTS.

Le travail des femmes dans les ateliers, usines, fabriques et manufactures est expressément interdit.

---

* Le nombre moyen des enfants par mariage est de 3, 40; il faut donc calculer que tout travailleur, s'il est marié, doit pourvoir à la subsistance de trois enfants et de leur mère, et que s'il n'est pas marié, la somme disponible que lui coûterait la subsistance d'une femme et de trois enfants lui est nécessaire pour former l'épargne appelée : DOTAIRE UNIVERSEL.

** Chaque ligne pointée est une place réservée pour indiquer, selon la diversité des professions, le prix de chaque sorte de travail, soit à la tâche, soit à façon, soit à la pièce-

Est également interdit le travail des enfants de moins de quinze ans.

TITRE IX.

DU TRAVAIL DES APPRENTIS.

Nul n'est admis en qualité d'apprenti s'il ne sait :

1° Lire, écrire, compter, la tenue des livres et le dessin linéaire.

2° S'il n'a pas été vacciné.

La durée de l'apprentissage est fixée à 00 années.

Le travailleur qui a présenté l'apprenti et qui se charge de lui apprendre ce qu'il sait, a droit, pendant le temps fixé de l'apprentissage, à la moitié du salaire de l'apprenti, après prélèvement de la retenue du demi pour cent, versé dans la Caisse commune.

TITRE X.

DE LA CAISSE COMMUNE.

La Caisse commune, ainsi qu'il a été dit, est le lien qui unit toutes les Corporations à l'effet de former entre elles une assurance mutuelle et générale contre le chômage et l'abaissement des salaires.

Elle est administrée par un trésorier sous le contrôle d'un conseil composé des Maires de toutes les Corporations et d'un nombre égal de membres de toutes les Commissions corporatives de surveillance et de publicité, pris dans l'ordre du tableau de dépouillement des votes.

Elle a un préposé (receveur et payeur) dans toutes les localités où le but de l'institution l'exige.

Le préposé local est chargé, sous sa responsabilité, du payement, aux ayants droit, des allocations dans les cas de chômages qui ont été prévus.

Le préposé local a droit, à titre de remises, à   0/0 du montant des sommes nettes dont il a effectué, le 31 décembre de chaque année, le versement à la Caisse commune.

TITRE XI.

DE LA CAISSE SPÉCIALE DES SALAIRES.

Partout où il y a lieu de le faire, il est formé une caisse spéciale des salaires.

La caisse spéciale reçoit et paye pour les membres des Corporations.

Elle centralise le montant des salaires du recouvrement desquels elle a été chargée.

Au moyen de cette centralisation, elle organise deux services :

1° Service d'approvisionnement ayant pour objet de fournir aux membres des corporations à prix coûtant et à domicile :

Le pain ;

Le vin, le cidre ou la bière ;

Le sel, l'huile à manger, l'huile à brûler, la chandelle et le savon.

Le sucre et le café ;

Le bois et le charbon :

La caisse spéciale, représentée par ses succursales, proportionne le crédit accordé à la solvabilité probable.

Le risque possible est couvert par un fonds commun.

La caisse spéciale opère, pour le compte des membres de la Corporation, le versement régulier de 2 fr. 50 c. par mois à la caisse générale des retraites.

2° Service de santé, ayant pour objet d'assurer aux malades tous les soins nécessaires :

Médecin ;

Chirurgien ;

Médicaments ;

Bains ;

Traitement spécial.

LIVRE CINQUIÈME.

LA JUSTICE UNIVERSELLE.

Ne faites pas à autrui ce que vous ne voudriez pas
qu'on vous fît.   Livre de Tobie, IV, 16.

Ce qui t'est odieux, ne le fais pas à ton prochain.
Voilà toute la loi, le reste n'en est que l'explication ;
va et étudie-la.   Talmud.

Traitez les hommes de la manière dont vous voudriez être traités par eux.   Saint Luc, VI, 31.

Faites constamment aux autres le bien que vous
voudriez en recevoir. Car ceci est la loi et les prophètes.   Saint Mathieu, VII, 12.

Méditez la loi parfaite de la vérité et restez-y fidèles.
          Saint Jacques, I, 5.

Parlez et agissez comme devant être jugés par la
loi de liberté.   Saint Jacques, II, 12.

Vous, qui voulez être sous la loi, entendez-vous la
loi ?   Saint Paul aux Galates.

Malheur à vous, docteurs de la loi, qui vous êtes
emparés de la clef de la science et qui, n'y étant pas
entrés vous-mêmes, en avez fermé l'accès à ceux qui
voulaient y entrer.   Saint Luc, XI, 52.

CHAPITRE 1er.

ORGANISATION JUDICIAIRE.

———

> La puissance de juger ne doit pas être donnée à
> un sénat *permanent*, mais exercée par des personnes
> tirées du corps du peuple, comme à Athènes, dans
> certains temps de l'année, de la manière prescrite
> par la loi, pour former un tribunal qui ne dure
> qu'autant que la nécessité le requiert.
>
> De cette façon, la puissance de juger, si terrible
> parmi les hommes, n'étant attachée ni à un certain
> état, ni à une certaine profession, devient pour ainsi
> dire nuisible et nulle.
>
> MONTESQUIEU. *E. des L.* Liv. XI. Ch. vi.
>
> *Chaque année,* à Rome, le préteur formait une
> liste ou tableau de ceux qu'il choisissait pour faire
> les fonctions de juge pendant l'*année* de sa magis-
> trature, où il prenait le nombre suffisant pour cha-
> que affaire. Cela se pratique à peu près de même en
> Angleterre. Et ce qui était très-favorable à la liberté,
> c'est que le préteur prenait les juges du consente-
> ment des parties.
>
> Ces juges ne décidaient que des *questions de fait :*
> par exemple, si une somme avait été payée ou non, si
> une action avait été commise ou non.
>
> MONTESQUIEU, *E. des L.* Liv. XI. Ch. xvii.
>
> Il n'y a point de liberté si la puissance de juger
> n'est pas séparée de la puissance législative et de
> l'exécutrice... Si elle était jointe à la puissance exé-
> cutrice le juge pourrait avoir la force d'un oppres-
> seur.   MONTESQUIEU, *E. des L.* Liv. XI. Ch. v.

La justice humaine, qui tient dans ses mains une balance et un
glaive, n'y doit plus tenir qu'une balance.

Elle doit peser; elle ne doit plus frapper. L'infaillibilité seule
possède ce droit suprême. Or, la justice humaine, qui a condamné
Jésus à mourir crucifié, peut-elle se croire et se prétendre infailli-

ble? La justice humaine, ce jour-là, n'a-t-elle pas signé à jamais la condamnation de la justice pénale?

Constater le fait, sans même qu'il dût être besoin de le qualifier délit ou crime, c'est punir le coupable, car c'est le vouer, selon l'indulgence ou la rigueur des temps et des pays au blâme, au mépris ou à l'exécration. La peine ne doit pas aller au delà ni rester en deçà. Alors le châtiment du crime commis, c'est le crime constaté; le bourreau du criminel c'est le criminel lui-même. Le magistrat reçoit contradictoirement les témoignages contraires et les pèse; dès qu'il les a pesés, sa mission est remplie, son œuvre est terminée. Il a constaté le fait, il n'a pas condamné l'homme. L'homme n'est plus jugé par l'homme. L'homme n'a plus d'autres juges que sa conscience, son pays et son siècle. Si le fait qui lui a été imputé lui a été imputé à tort, si les témoins ont menti, si le magistrat s'est trompé, la vérité est là qui conserve tous ses droits sans que la justice en ait rien à redouter, car alors la vérité qui se manifeste est à la justice qui se revise, ce qu'un arrêt d'une cour d'appel est au jugement d'un tribunal de première instance.

Quel arbitre plus désintéressé et moins suspect que le siècle où vit l'accusé?

Si ce siècle se trompe, qui aura la prétention d'être plus que lui infaillible et de lui imposer ses arrêts?

Je le demande.

Telle justice pénale, telle justice civile.

Réformer la justice pénale d'un siècle ou d'un pays, c'est donc en réformer implicitement la justice civile.

Rigoureusement et logiquement la justice civile ne devrait point exister comme justice publique, car l'Etat, être abstrait et collectif, ne devrait intervenir que pour régler ce qui est essentiellement collectif, nécessairement indivis et exclusivement public.

Il ne devrait y avoir de justice d'Etat qu'à l'égard de ce qui se rapporte à l'Etat.

Juges de paix, juges d'appel, juges de cassation, ne devraient prononcer qu'en matière publique de contraventions, de délits, de crimes, de forfaitures, et point en matière privée de contestations civiles ni commerciales.

Toute contestation entre particuliers devrait être vidée par arbitre, le plus indépendant, ce qui veut dire, le plus désintéressé qu'il fût incontestablement possible de choisir.

Chacun étant ainsi exposé à être tour à tour arbitre et partie, l'esprit de justice, par l'instinct de réciprocité, ne tarderait pas à devenir moins rare et à entrer plus communément dans les mœurs et dans les transactions, dans les contrats et dans les consciences.

La justice mutuelle serait alors le premier degré de la justice universelle.

Ce degré franchi, le plus difficile serait accompli.

Rien ne nuit plus à la maturité de l'esprit de justice parmi les hommes que cette superstition de la justice, qui les habitue trop généralement à se considérer comme des mineurs assujettis à une tutelle judiciaire, et à ne consulter que la jurisprudence, jamais la justice, que le droit, jamais l'équité, que la procédure, jamais la conscience. Rien n'est plus contraire au sens moral, rien ne contribue plus activement à le pervertir, à l'étouffer. Lorsque par la tortueuse habileté d'un avoué retors, ou l'heureux choix d'un avocat célèbre, on a gagné un procès qu'on savait être inique, eût-on spolié une veuve, eût-on ruiné des orphelins, eût-on empêché un père de légitimer ses enfants naturels ou de les adopter, tout scrupule, tout remords est banni par ces mots : « Cela ne me regarde pas, cela regarde les juges qui ont prononcé. » L'excès de justice et l'insuffisance de morale se tiennent comme la cause précède l'effet.

La justice universelle, c'est la justice absolue; c'est la justice n'ayant qu'une mesure et qu'un poids pour tous les peuples, faibles ou forts, pour tous les individus, pauvres ou riches, pour tous les âges, enfance, adolescence, maturité et vieillesse, pour les deux sexes : hommes et femmes; c'est la justice renonçant à n'être qu'un vain symbole pour devenir une vérité appliquée; la justice universelle enfin, c'est la balance séculaire.

Qu'il n'y ait pour tous qu'une seule balance, comme il n'y a pour tous qu'un soleil qui éclaire successivement toutes les parties du monde, et la justice universelle aura tout simplifié.

Que de haines qui s'apaiseraient !

Que de rivalités qui s'éteindraient !

Que de préjugés qui s'évanouiraient !

Que d'erreurs qui se rectifieraient !

Que de contestations qui se termineraient !

Que de procès qui s'arrangeraient !

Que d'ennemis qui se réconcilieraient !

Que de problèmes qui se résoudraient !

Que de nœuds qui se dénoueraient !

Que d'économies qui s'opéreraient !

Que de misères qui se transformeraient !

Que de larmes qui se tariraient !

Que de plaies qui se sécheraient !

Que de douleurs qui se calmeraient !

Que de maux qui se guériraient !

Que de fronts qui s'abaisseraient !

Que de fronts qui se relèveraient !

Que d'angoisses qui s'abrégeraient !

Que de supplices qui s'épargneraient !

Que d'arbitraires qui s'écrouleraient !

Que de miracles qui s'accompliraient !

La justice universelle, c'est la réciprocité individuelle.

Elle est contenue tout entière dans cette seule ligne :

« NE PAS FAIRE A AUTRUI CE QU'ON NE VOUDRAIT PAS QU'AUTRUI VOUS FÎT. »

A cette règle incontestée, pour qu'elle fût observée, qu'a-t-il manqué toujours et partout ? — L'une de ces deux choses : une sanction évidemment certaine, ou un arbitre entièrement désintéressé.

Qui croit au Dieu dont Moïse a écrit la loi, qui croit au Dieu dont le fils a été crucifié, qui croit au Dieu dont Mahomet s'est déclaré le prophète, qui croit au Dieu dont Luther, Mélanchton, Zwingle, OEcolampade, Calvin, etc., etc., ont réformé le culte, qui croit, enfin, à un Dieu, souverain juge, porte en lui cette sanction, lumière de sa conscience et but de sa marche, règle de sa conduite et mesure de sa foi.

D'où vient que cette sanction qui devrait être si puissante est communément si faible? — Cela ne peut s'expliquer qu'en disant qu'il lui manque la certitude, quelques efforts qui aient été faits, quelques martyres qui aient été endurés pour la démontrer et pour la répandre.

Vains efforts, martyres inutiles et qui devaient l'être, car foi et certitude sont deux mots dont l'un implique la négation de l'autre. A défaut de cette certitude que nul n'a pu donner, à défaut de la sanction au-dessus de tous les doutes, il faut donc chercher l'arbitre au-dessus de toutes les influences.

Le constituer serait-il impossible?

Serait-il impossible d'imaginer une justice pénale, criminelle, civile, qui fût plus simple et moins douteuse que celle qui régit le monde sous tant de noms différents et sous tant de formes diverses, qui punit ici ce que là elle absout, qui tantôt met l'équité au-dessus du droit et tantôt le droit au-dessus de l'équité, qui le plus souvent a pour règle l'exception, qui partout, à peu près, écarte le vrai dieu qu'elle proclame pour ouvrir un passage au faux dieu qu'elle devrait écarter, le faux dieu dont on a tant abusé et qui se nomme faussement la Nécessité?

Partout, en effet, je vois en perpétuel désaccord la foi et la loi.

Ce que la foi excuse, la loi le condamne.

Ce que la foi pardonne, la loi le punit.

Ce que la foi prescrit, la loi l'enfreint.

Qu'est-ce donc que la foi, qu'est-ce donc que la loi?

Si la foi, c'est la loi divine, comment au-dessus de la loi divine la loi humaine ose-t-elle se placer et celle-ci plus que celle-là se croire nécessaire et infaillible?

Sacrilége! sacrilége!

Je ne comprends pas, je n'ai jamais pu comprendre qu'en aucun temps et en aucun pays, la foi transmise ne fût pas toujours la loi vivante, que la loi ne fût pas relativement à la foi, ce que le son est à la voix, ce que la parole est à la pensée, ce que la conscience est à la conduite, ce que la matière qui obéit est à la volonté qui commande !

Qui pourrait me nommer un seul peuple qui, considérant l'Évangile comme un livre divin, ait voulu que ses codes en fussent la traduction fidèle ? Est-ce ce qu'a fait l'empereur Napoléon ? Cependant il disait de l'Évangile : « L'Évangile n'est pas un livre, c'est un « être vivant. Le voici, sur cette table, ce livre par excellence ; je ne « me lasse pas de le lire... Je connais les hommes, et je vous dis que « Jésus n'est pas un homme [1]. »

S'il est un pays qui n'ait pas d'autre code que l'Évangile, si ce pays existe, qu'on me l'indique, afin que je le choisisse pour ma patrie d'élection, et que, n'ayant pas eu le bonheur d'y naître, j'aie le bonheur d'y mourir.

La foi, par la bouche de l'apôtre saint Mathieu, commande en ces termes :

« Si tu veux être parfait, va, vend ce que tu as, donne-le aux pauvres et tu auras un trésor dans le Ciel.

« Les derniers seront les premiers et les premiers seront les derniers.

« Vous savez que les princes des nations les MAÎTRISENT et que les grands usent d'AUTORITÉ sur elles, *mais il n'en sera pas ainsi entre vous ;* AU CONTRAIRE *quiconque voudra être grand entre vous qu'il soit votre* SER- VITEUR ! *Et quiconque voudra être le premier entre vous qu'il soit votre* SERVITEUR !

« Mais vous, ne veuillez pas être appelés maîtres, car vous n'avez qu'un seul maître et vous êtes tous frères, et n'appelez sur la terre personne votre père, car vous n'avez qu'un seul père, qui est dans les Cieux. Ne vous appelez point maîtres parce que vous n'avez qu'un maître. Celui qui est le plus grand d'entre vous sera votre serviteur, — car quiconque s'élèvera sera abaissé, et quiconque s'abaissera sera élevé.

« Nul ne peut servir deux maîtres, car il aimera l'un et haïra l'autre, ou il sera docile à l'un et méprisera l'autre.

« Vous ne pouvez servir Dieu et Mammon.

[1] Sentiment de Napoléon sur le christianisme, par de Beauterne.

« C'est pourquoi je vous dis : Ne vous inquiétez pas de votre vie, comment vous mangerez ; ni de votre corps, comment vous le vêtirez. La vie n'est-elle pas plus que la nourriture, et le corps plus que le vêtement ?

« Cherchez premièrement le royaume de Dieu et sa justice, et tout cela vous sera donné par surcroît.

« N'ayez donc point souci du lendemain, demain aura soin de lui-même. A chaque jour suffit sa peine.

« Vous avez reçu gratuitement, donnez gratuitement.

« N'ayez en possession ni or, ni argent, ni aucune monnaie dans vos ceintures, ni sac pour la route, ni deux tuniques, ni chaussures, ni bâton, car à l'ouvrier est due la nourriture.

« Tu aimeras le Seigneur ton Dieu, de tout ton cœur, de toute ton âme et de toute ta pensée.

« Celui-ci est le premier et le grand commandement. Et le second semblable à celui-là est : *Tu aimeras ton prochain comme toi-même*. De ces deux commandements dépendent toute la loi et les prophètes. »

La foi, par la bouche de l'apôtre saint Paul, s'exprime ainsi :

« Vous êtes tous enfants de Dieu par la foi en Jésus-Christ ; vous avez été baptisés tous dans le Christ ; vous avez tous revêtu le Christ. Il n'y a plus maintenant ni de juif ni de gentil, ni d'esclave ni de libre, ni d'homme ni de femme ; vous n'êtes tous qu'un en Jésus-Christ.

« Vous n'êtes tous qu'un corps et qu'un esprit, comme vous êtes tous appelés à une même espérance. Travaillez avec soin à conserver l'unité d'un même esprit par le lien de la paix.

« Que chacun recherche, non son propre avantage, mais celui de son prochain.

« Unissez-vous les uns aux autres pour vous soutenir mutuellement comme le Christ vous a unis avec lui pour la gloire de Dieu.

« Maîtres et serviteurs, vous avez les uns et les autres un maître commun dans le Ciel qui n'aura point d'égard à la condition des personnes.

« Tenez-vous tous unis ensemble, n'ayant tous qu'un même amour, une même âme et les mêmes sentiments. Ne faites rien par un esprit de contention ou de vaine gloire ; que chacun par humilité croie les autres au-dessus de soi ; que chacun ait égard non à ses propres intérêts mais à ceux des autres. — Vous, pourquoi condamnez-vous votre frère, et vous, pourquoi méprisez-vous le vôtre ? Car nous paraîtrons tous devant le tribunal du Christ.

« Nous sommes les enfants non de l'esclave mais de la femme libre.

« Vous avez été rachetés à un haut prix, ne vous rendez plus esclaves des hommes. Vous n'avez point reçu l'esprit de servitude ; vous avez reçu l'esprit de l'adoption divine, cet esprit qui nous rend témoignage que nous sommes enfants de Dieu et cohéritiers du Christ.

« Réglez vos paroles et vos actions comme devant être jugés par la loi de la liberté... Où est l'esprit du Seigneur, là est la liberté.

« Tenez-vous donc fermes dans la liberté à l'égard de laquelle le Christ vous a affranchis et ne vous soumettez plus au joug de la servitude.

« Car nous n'avons pas à combattre contre le sang et la chair, mais contre les principautés, contre les puissances, contre les seigneurs du monde, *gouverneurs des ténèbres de ce siècle.* »

La foi, par la bouche de l'apôtre saint Jacques, fait entendre ces paroles :

« Mes frères, vous qui avez la foi en la gloire de Notre-Seigneur Jésus Christ, ne faites point acception de personnes. S'il entre dans une de vos assemblées un homme ayant un anneau d'or et un habit magnifique et qu'il y entre aussi un pauvre mal vêtu et qu'arrêtant vos regards sur le riche vous lui disiez en lui offrant un siége : « Asseyez-vous ici, » et que vous disiez au pauvre : « Tenez-vous là debout ou asseyez-vous à mes pieds, » n'est-ce pas là faire, en vous-mêmes, une différence entre l'un et l'autre et vous abandonner à d'iniques pensées dans le jugement que vous faites ? Si vous avez égard à la *condition des personnes,* vous commettez un péché et vous serez condamné par la loi comme en étant les transgresseurs.

« Si un de vos frères ou une de vos sœurs n'a pas de quoi se vêtir et manque de ce qui lui est nécessaire chaque jour pour vivre et que quelqu'un d'entre vous lui dise : « Allez en paix, je vous souhaite de quoi vous garantir du froid et de quoi manger, » sans leur donner ce qui est nécessaire à leur corps, à quoi serviront vos paroles ? *C'est par les œuvres que l'homme est justifié et non pas seulement par la foi.* »

La foi, par la bouche de l'apôtre saint Jean, prescrit ce qui suit :

« C'est de Dieu même que nous avons reçu le commandement : Celui qui aime Dieu doit aussi aimer son frère. Tout homme qui n'aime point son frère n'est point de Dieu.

« Si quelqu'un a des biens dans ce monde et que, voyant son frère réduit à la nécessité, il lui ferme son cœur et ses entrailles, comment l'amour de Dieu demeurerait-il en lui ?

« Jugez suivant l'équité. »

La foi, par la bouche de l'apôtre saint Luc, donne ces commandements :

« A vous qui m'entendez, je vous dis : Aimez vos ennemis, faites du bien à ceux qui vous haïssent.

« Bénissez ceux qui vous maudissent.

« Et à celui qui te frappe sur une joue présente-lui aussi l'autre ; et si quelqu'un t'ôte ton manteau, ne l'empêche point de prendre aussi ta tunique.

« Et à tout homme qui te demande donne-lui ; et à celui qui t'ôte ce qui t'appartient ne le demande point.

« Et comme vous voulez que les autres vous fassent faites-leur aussi de même.

« Mais si vous aimez seulement ceux qui vous aiment, quel gré vous en saura-t-on ? Car les gens de mauvaise vie aiment aussi ceux qui les aiment.

« Et si vous ne faites du bien qu'à ceux qui vous auront fait du bien, quel gré vous en saura-t-on ? Car les gens de mauvaise vie font aussi de même.

« C'est pourquoi aimez vos ennemis et faites du bien et prêtez sans en rien espérer, et votre récompense sera grande et vous serez les fils du Très-Haut, car il est bienfaisant envers les ingrats et les méchants.

« Et ne jugez point et vous ne serez pas jugés ; ne condamnez point et vous ne serez pas condamnés. »

Que fait la loi ?

S'applique-t-elle à faire entrer dans les mœurs et dans les esprits ces idées de liberté, d'égalité, de fraternité ?

Oblige-t-elle celui qui veut être le plus grand à n'être que le serviteur de tous ?

Avant tout et par-dessus tout, de quoi se préoccupe-t-elle ?

Est-ce de la charité ? — Non, c'est de la propriété.

Dans ses prescriptions et dans ses préoccupations fait-elle passer le pauvre avant le riche ? Non, elle fait passer le riche avant le pauvre. Elle protége l'héritage et poursuit le vagabondage ; elle punit la mendicité et ne punit pas l'oisiveté ; elle écrase indirectement le travail sous l'impôt afin d'en rendre directement au patrimoine le poids plus léger.

Elle punit d'un emprisonnement de deux à cinq ans les chefs ou moteurs de coalitions d'ouvriers et seulement à un emprisonnement de six jours à un mois , plus une amende de 200 francs à 3,000 francs les coalitions formées entre les chefs d'industrie.

Partout où une révolution ne l'a pas détruit, elle maintient abusivement l'esclavage de l'homme, et je ne sache pas de Codes où elle n'ait expressément écrit l'inégalité de la femme [*].

Inégalité et légalité sont deux mots synonymes dans les dictionnaires de tous les peuples qui ont des dictionnaires.

Ce que la loi prescrit est le plus souvent le contraire de ce que la foi commande.

Montesquieu établit entre les lois humaines et la religion la distinction suivante : «Les lois humaines, faites pour parler à l'esprit, doivent donner des préceptes et point de conseils : la religion, faite pour parler au cœur, doit donner beaucoup de conseils et peu de préceptes. »

Distinction subtile! La loi, conversion des conseils en préceptes, ne devrait être que la sanction pénale de la foi.

Montesquieu, dans le chapitre qui suit celui que je viens de citer, ajoute :

« Les points principaux de la religion des habitants de Pégu sont de

---

[*] Code civil français :

213. Le mari doit *protection* à sa femme, la femme *obéissance* à son mari.

214. La femme est *obligée* d'habiter avec le mari et de le suivre partout où il juge à propos de résider.

215. La femme ne peut ester en jugement sans l'autorisation de son mari.

217. La femme non commune ou séparée de biens ne peut donner, aliéner, hypothéquer, acquérir à titre gratuit ou onéreux sans le concours du mari dans l'acte ou le consentement par écrit.

224. Dans les cas de divorce, admis en justice pour cause d'adultère, l'époux coupable ne pourra jamais se marier avec sa complice. La femme adultère sera condamnée par le même jugement et sur la réquisition du ministère public à la réclusion dans une maison de correction

Code pénal.

324. Dans le cas d'adultère de la femme, le meurtre commis par l'époux sur son épouse, ainsi que sur le complice, à l'instant où il les surprend en flagrant délit dans la maison conjugale, est excusable.

337. La femme convaincue d'adultère, subira la peine de l'emprisonnement pendant trois mois au moins et deux ans au plus.

339. Le mari qui aura *entretenu une concubine dans la maison conjugale* et qui a été convaincu sur la plainte de la femme, sera puni d'une amende de cent francs à dix mille francs.

« ne point tuer, de ne point voler, d'éviter l'impudicité, de ne faire
« aucun déplaisir à son prochain, de lui faire au contraire tout le
« bien qu'on peut. Avec cela ils croient qu'on se sauvera dans quelque
« religion que ce soit. »

Habitants de Pégu, vous avez raison et je ne demande rien de plus
à la justice pour qu'elle suffise à sa tâche et devienne universelle.

Mais l'Évangile lui même ne prescrit rien de plus : que dit-il ? Il
dit :

« Si tu veux entrer dans la vie, garde les commandements :

« Tu ne tueras point.

« Tu ne commettras point d'adultère.

« Tu ne déroberas point.

« Tu ne diras point de faux témoignage.

« Honore ton père et ta mère et tu aimeras ton prochain comme toi-
« même. »

Rien de plus simple que la justice pénale telle que je la conçois ;
je ne lui demande point d'inventer des tortures et des instruments
de supplice qui, pour faire briller la vérité d'une lueur douteuse,
font pâlir l'humanité d'une lueur sinistre ; je ne lui demande point
de construire des labyrinthes de procédure sous le prétexte men-
teur de garanties nécessaires à la légitime défense ; non, je ne demande à la justice pénale que d'être le fait judiciairement constaté ;
et alors il suffira, pour qu'elle devienne la justice absolue, qu'elle
soit la vérité relative.

On conviendra que si la justice humaine se bornait à n'être plus
que la justice pénale, et que si la justice pénale se bornait à n'être
plus que l'enquête judiciaire et la constatation publique du fait,
elle serait singulièrement et universellement simplifiée.

Serait-il donc plus difficile d'être arbitre que d'être juré ? Est-il
démontré que le président d'assises, dont actuellement la fonction
consiste à appliquer la peine à l'accusé ou à renvoyer le prévenu de
la plainte, ne fasse pas là une chose superflue, après que le jury a
prononcé le verdict de condamnation ou d'acquittement qui admet
ou qui écarte l'imputation du fait ?

Si la conscience publique était ce que, livrée à elle-même, elle ne tarderait pas à devenir, ne serait-elle pas de tous les juges le plus redoutable et le plus redouté? Quelles peines seraient à craindre à l'égal de son blâme, de son mépris, de son exécration, équivalant le plus souvent à l'expatriation pour cause de honte publique?

Expatriation pour cause de honte publique : — Quelle admirable peine, et comme celle-ci relèverait promptement une nation à ses propres yeux d'abord et ensuite aux yeux de tous les autres peuples!

Je compare la justice, telle qu'elle existe généralement, à un arbre touffu, dont l'épais ombrage empêche, dans l'espace qu'il couvre, toute tige qui a besoin d'air et de jour de pousser, de fleurir et de fructifier.

Dans ce cas, qu'y a-t-il à faire? — Élaguer l'arbre.

Pour rendre universelle la justice, qu'y a-t-il à faire? — La rendre plus simple.

La rendre plus simple afin qu'elle ait plus rarement à suppléer la conscience que l'on accoutume à se taire lorsqu'il faudrait, au contraire, l'exercer à parler.

M'étant dit, qu'à défaut d'une sanction religieuse dont la certitude fût démontrée, il fallait chercher et trouver un arbitre suprême, au-dessus duquel il n'y eût rien, un arbitre suprême dont la situation fût si haute qu'elle le rendît inaccessible à la multitude des considérations secondaires et qu'elle laissât en chemin tous les soupçons injurieux, un arbitre suprême dont l'impartialité, matériellement garantie, fût aussi probable que chose humaine peut l'être, j'ai commencé par poser, pour première assise du nouvel édifice judiciaire, l'indépendance réciproque de la Justice et de l'État.

Où la Justice est dépendante de l'État, — et dire l'État, c'est dire la Force, — la justice absolue n'existe pas et ne saurait exister; ce n'est et ce ne peut être que la justice relative.

Après avoir constitué l'indépendance réciproque de la Justice et de la Force, la seconde assise que j'ai posée a été, hormis les cas de forfaiture qui exigent le déploiement du plus grand appareil, l'unité de juge à tous les degrés, parce que sans unité point de responsabilité, point de célérité. La justice languit, or, la justice qui se fait attendre n'est plus la justice.

La troisième assise que j'ai posée a été la rééligibilité, nouvelle forme de l'inamovibilité, car, en droit, être constamment rééligible, c'est, en fait, être le plus souvent inamovible. De ce que l'homme peut mourir chaque jour, cela l'empêche-t-il de vivre et d'étendre constamment la durée de son existence moyenne et probable ?

La quatrième assise, enfin, que j'ai posée a été l'inviolabilité judiciaire de la vie humaine, l'abolition de toutes les peines afflictives.

Plus d'échafauds et de peine de mort !

Plus de travaux forcés à perpétuité ou à temps !

Plus de déportation !

Plus de détention, de réclusion, ni d'emprisonnement !

Juges de paix, juges d'appel, juges de cassation et juge d'Etat ou Grand-juge sont tous élus par l'universalité des justiciables.

Ce qui fait la garantie de ceux-ci constitue l'indépendance de ceux-là.

Le juge de paix, qui remplit les fonctions de juge de première instance et de juge d'instruction, est toujours élu dans l'étendue du ressort d'appel où il est né, marié, ou domicilié, tandis que le juge d'appel ne siége jamais au chef-lieu du ressort dans lequel il est né, domicilié ou marié. Ainsi sont conciliées les deux garanties opposées.

Le jury de trente-six membres, tel qu'il est composé, n'ayant plus de raison d'être par suite de l'élection des juges, cesse d'exister.

Effectivement, à quoi bon des jurés lorsqu'il n'y a plus en instance et en appel que des juges du fait ?

Ainsi, le jury universel et élu remplace le jury partiel et tiré au sort.

En réalité, le Grand-juge, c'est le chef du grand jury, et le grand jury, c'est l'unité de justice.

Le Juge d'État est l'unité du pouvoir judiciaire, comme le Maire d'État est l'unité du pouvoir administratif.

Le Juge d'État et le Maire d'État étant réciproquement indépendants l'un de l'autre, de cette indépendance, on l'aperçoit tout de suite, naît un Monde nouveau.

Qui, plus que toute chose, a contribué à perpétuer le vieux monde, le monde de l'intolérance, de la guerre, de la conquête, de l'esclavage, de l'ignorance, de l'inégalité et de l'iniquité? La dépendance de la Justice, *instrumentum regni*.

La Justice frappe les peuples, elle ne frappe pas les Rois.

Les Rois commandent à la Justice ; la Justice ne leur commande pas.

La Justice a donc au-dessus d'elle la Politique.

La Justice a donc deux poids et deux mesures!

La Justice qui a deux poids est-elle la Justice ?

J'ai voulu qu'enfin elle existât sur la terre et je n'ai cessé de chercher qu'après avoir trouvé une organisation judiciaire qui fût un niveau au-dessous duquel passent et dussent passer toutes les têtes, les plus humbles mais aussi les plus hautes.

Le juge d'État, le Grand-juge, président la Cour nationale de justice connaît de toutes les forfaitures qui lui sont juridiquement dénoncées et casse tous les règlements d'administration publique, centrale ou locale, qui lui sont juridiquement déférés comme portant atteinte aux libertés déclarées inviolables.

C'est là ce qui constitue sa suprématie.

Mais, à son tour, il a besoin, pour que ses arrêts soient exécutés, de l'appui de la force dont le dépôt réside exclusivement dans les mains du Maire d'État ; cette division des pouvoirs, division réelle et non factice, est ce qui rétablit l'égalité, l'équilibre entre les deux suprématies : l'une, celle du juge d'État, toute morale ; l'autre, celle du Maire d'État, toute matérielle.

Il se peut que du premier coup je n'aie pas atteint le but, mais du moins, j'en ai la conviction, j'ai marqué le chemin.

Ce que la méditation a commencé, la discussion l'achèvera.

DÉCRET DE L'AVENIR.

ORGANISATION JUDICIAIRE.

TITRE I.

DE LA JUSTICE.

La Justice est rendue au nom d'elle-même et dans les termes suivants :

Au nom de la Justice.

La Justice est gratuite.

Elle est suprême.

L'élection des juges par les justiciables constitue l'indépendance
des premiers et la garantie des seconds.

Le pouvoir judiciaire, indépendant du pouvoir administratif, est
élu comme ce dernier par l'universalité de tous les porteurs d'une
Inscription de vie, ou *Police d'assurance générale* visée pour élection
par le Juge de paix et par le Percepteur.

Toute publicité des débats judiciaires par la voie de la presse est
interdite comme prématurée avant qu'aient été épuisés tous les degrés de juridiction ou que soient expirés tous les délais d'appel.

TITRE II.

DU MODE D'ÉLECTION.

Un premier timbre sec apposé sur la *Police d'assurance générale*, au moment du vote, constate que le droit du porteur s'est exercé pour l'élection annuelle du Juge d'État ; un deuxième timbre, également apposé au moment du vote, constate que le droit du porteur s'est exercé pour l'élection annuelle du Juge de paix.

Chaque bulletin ne doit porter qu'un seul nom.

Si le bulletin porte plusieurs noms, le premier nom inscrit est seul lu par le Président et compté par les scrutateurs.

Le vote a lieu aux Sections. Il y a autant de Sections par Justice de paix que l'exige l'agglomération ou la dissémination de la population. Le scrutin est ouvert un seul jour, de six heures du matin à quatre heures du soir. Il est dépouillé le soir même et le bureau ne se sépare qu'après que le résultat a été proclamé.

Le tableau de recensement des votes est immédiatement transmis de chaque Justice de paix par les présidents du bureau à la questure de la Cour nationale de justice.

Les questeurs en opèrent publiquement le dépouillement et en font connaître jour par jour le mouvement.

L'exercice du droit absolu de choisir en toute liberté le Juge d'État est la garantie qui constitue l'entière indépendance de la Justice, par la séparation absolue du pouvoir judiciaire et du pouvoir administratif.

TITRE III.

DES ÉLECTIONS JUDICIAIRES.

Les élections judiciaires, en France et en Algérie, pour la nomition du Juge de paix de la Commune ont lieu le premier dimanche d'avril de chaque année.

Le candidat, licencié ou docteur en droit, domicilié dans le ressort d'appel, dont le nom a réuni le plus grand nombre de voix, est proclamé Juge de paix.

Il est élu pour un an.

Il est indéfiniment rééligible.

Les deux candidats, licenciés ou docteurs en droit, domiciliés dans le ressort d'appel, qui ont ensuite réuni dans l'ordre de dépouillement des votes le plus grand nombre de voix sont proclamés suppléants du juge de paix.

Ils sont élus pour un an.

Ils sont indéfiniment rééligibles.

Les élections judiciaires, en France, pour la nomination du juge d'État, des juges de cassation, des juges d'appel et des juges d'appel suppléants ont lieu le premier dimanche de mai de chaque année. Elles ont lieu, en Algérie, deux dimanches avant le premier dimanche de mai.

Le candidat, licencié ou docteur en droit, dont le nom a réuni le plus grand nombre de voix est proclamé Juge d'État.

Il est élu pour un an.

Il est indéfiniment rééligible.

Les candidats, licenciés ou docteurs en droit, qui ont ensuite réuni dans l'ordre de dépouillement des votes le plus grand nombre de voix sont proclamés selon l'ordre de recensement des votes, premièrement juges de cassation, deuxièmement juges d'appel et troisièmement juges d'appel suppléants, pour les cas de maladie, de mort ou d'empêchement.

Ces membres sont également élus pour un an.

Ils sont indéfiniment rééligibles.

TITRE IV.

DES JUGES DE PAIX, D'APPEL, DE CASSATION ET D'ÉTAT.

Il y a un Juge de paix et de première instance, deux suppléants et un greffier par Commune et autant de Juges de paix et de première instance, assistés de deux suppléants et d'un greffier que la

Commune compte de fois 10,000 habitants inscrits au registre matricule.

Le juge de paix reçoit une allocation annuelle de 1,500 francs qui s'augmente de 500 francs par chaque 1,000 justiciables immatriculés dans la Commune en sus du nombre minimum fixé à 5,000 habitants.

Le suppléant a droit à la moitié de l'allocation du juge de paix empêché.

Il y a un juge d'appel et un greffier par Département et autant de juges d'appel assistés d'un greffier que ce département compte de fois 100,000 habitants immatriculés.

Le juge d'appel reçoit une allocation annuelle de 15,000 francs.

Le juge d'appel suppléant a droit à la moitié de l'allocation du juge d'appel empêché.

Il y a un juge de cassation et un greffier par État, et autant de juges de cassation assistés d'un greffier que l'État compte de fois un million d'habitants immatriculés.

Le juge de cassation, n'ayant pas les mêmes frais de déplacement que le juge d'appel, reçoit la même allocation de 15,000 par an.

Il y a un juge d'État et un questeur au chef-lieu d'État.

Le juge d'État reçoit une allocation annuelle de 60,000 francs.

Le nombre des justiciables s'élevant en France à 36 millions, il y a en conséquence :

     1 juge d'État.
    35 juges de cassation.
   360 juges d'appel.
    36 juges d'appel suppléants.
   ———
   432

TITRE V.

Le juge de paix et de première instance connaît des contraventions, des délits, des contestations civiles et commerciales et des débats entre ouvriers et patrons.

En matière de crimes, les fonctions qu'il remplit sont celles de juge d'instruction.

TITRE VI.

DES JUGES D'APPEL.

Le juge d'appel connaît des crimes dont l'instruction a été faite par les juges de paix et de première instance de son ressort et des jugements de ceux-ci dont il a été interjeté appel.

Le juge d'appel ne siége pas dans le ressort où il est né, marié ou domicilié.

Il ne siége deux années de suite dans le même ressort, que si le roulement, tel qu'il résulte du tableau de receusement annuel des votes, ne permet pas qu'il en soit autrement.

TITRE VII.

DES JUGES DE CASSATION.

Le juge de cassation connaît des pourvois formés devant la cou. nationale de justice.

Le juge de cassation siége au chef-lieu de l'État.

TITRE VIII.

DE LA COUR NATIONALE DE JUSTICE.

La cour nationale de justice comprend :

Le juge d'État.

Les juges de cassation.

Les juges d'appel.

Les juges d'appel suppléants.

Il y a autant de membres de la Cour nationale de justice que l'État compte de fois 80,000 habitants immatriculés [*].

Les juges de cassation, réunis en cour nationale de justice présidée par le juge d'État, connaissent des forfaitures qui leur sont juridiquement dénoncées et sur lesquelles ils ont ordonné une instruction à la majorité des voix; ils cassent, à la même majorité des voix, les règlements d'administration publique, émanant soit du Maire d'État, soit de Maires de Communes, qui leur sont juridiquement déférés, s'il y a empiétement soit de la souveraineté nationale sur la souveraineté communale ou individuelle, soit de la souveraineté communale sur la souveraineté individuelle ou nationale.

TITRE IX.

DU JUGE D'ÉTAT.

Le juge d'État préside la cour nationale de justice;

Il prend et porte le nom de Grand-juge.

Il désigne les chefs-lieux de départements où devront se rendre et siéger les juges d'appel et en cas de refus ou d'empêchement il les remplace.

Il administre la justice et prend, à cet effet, tous les règlements d'administration judiciaire, qui ont pour objet de rendre la justice criminelle plus sûre dans ses recherches et la justice civile plus prompte dans ses arrêts.

Ces règlements d'administration judiciaire prennent le titre de CODE DE PROCÉDURE.

---

[*] La population de la France étant de 36 millions d'habitants, la Cour nationale de justice se composerait, en conséquence, de 452 membres;

Savoir:

1 Juge d'État,

35 Juges de cassation,

360 Juges d'appel

36 Juges d'appel suppléants pour les cas de maladies, de morts, d'empêchements.

432

Il publie le premier mars de chaque année le compte annuel de la justice criminelle et civile.

En cas de mort ou de maladie du juge d'État, il est remplacé ou suppléé selon l'ordre d'inscription des noms portés au tableau du dépouillement général des votes. Le mouvement hiérarchique qui en est la conséquence, a lieu en vertu du même principe.

TITRE X.

DES GREFFIERS ET DU QUESTEUR.

Les greffiers de juges de paix reçoivent un traitement de 1,000 fr., qui s'augmente de 200 fr. par chaque mille justiciables en sus du nombre de cinq mille, minimum fixé par justice de paix.

Les greffiers de juge d'appel et de cassation reçoivent un traitement fixe de 2,000 fr.

Le questeur du juge d'État reçoit un traitement fixe de 20,000 fr.

Le questeur remplissant les fonctions de *secrétaire général de l'administration de la Justice* a sous sa direction le personnel et le matériel des bureaux de la questure.

TITRE XI.

DE LA QUESTURE.

La questure recense les votes annuels qui ont lieu pour les élections judiciaires.

Elle centralise la correspondance des juges de paix, des juges d'appel et des greffiers.

Elle expédie les affaires relatives à l'administration de la justice.

Elle classe les documents qui lui sont adressés.

Elle a le dépôt des archives judiciaires.

DISPOSITIONS TRANSITOIRES.

L'institution du ministère public est supprimée.

L'institution du jury, n'ayant plus d'objet par suite de l'élection des juges, cesse d'exister.

CHAPITRE II.

RÉFORME PÉNALE.

—

Les peines sèment la guerre et la haine.

Soyez donc pleins de miséricorde, comme votre père est plein de miséricorde.

Je veux la miséricorde et non point le sacrifice.

ÉVANGILE.

L'expérience a fait remarquer que dans les pays où les peines sont douces, l'esprit du citoyen en est frappé, comme il l'est ailleurs par les grandes.

Après l'expulsion des décemvirs, presque toutes les lois qui avaient fixé les peines furent ôtées. On ne les abrogea pas expressément, mais la loi Porcia ayant défendu de mettre à mort un citoyen romain, elles n'eurent plus d'application. On ne remarqua pas que la République en fût plus mal réglée, et il n'en résulta aucune lésion de police.

Jamais peuple n'a plus aimé la modération des peines. Que si l'on ajoute à la douceur des peines, *le droit qu'avait un accusé de se retirer avant le jugement*, on verra bien que les Romains avaient suivi *cet esprit que j'ai dit être naturel à la République*.

Il ne faut point mener les hommes par les voies extrêmes : on doit ménager les moyens que la nature nous donne pour les conduire.

La cause de tous les relâchements vient de l'impunité des crimes et non pas de la modération des peines.

Les peines ont diminué, ont augmenté à mesure qu'on s'est plus approché, plus éloigné de la liberté.

Nos pères les Germains n'admettaient guère que des peines pécuniaires.

MONTESQUIEU. *Esprit des Lois.*

> Là où les supplices les plus cruels ont existé, les crimes les plus atroces se sont manifestés.
>
> FAUSTIN HÉLIE,
> *Conseiller à la cour de cassation.*
>
> Plus le châtiment sera terrible, plus le coupable osera pour l'éviter. Il accumulera les forfaits.
>
> *Ce n'est point par la rigueur des supplices qu'on prévient plus sûrement les crimes, mais par la* CERTITUDE DE LA PUNITION. BECCARIA.
>
> En 1427, à Florence, lorsque l'impôt sur le capital y fut établi, *toutes les peines corporelles y furent abolies.* EDGAR QUINET.
>
> Chaque révolution politique amène ordinairement sa législation pénale. ORTOLAN

L'INSCRIPTION DE VIE, ou *Police d'assurance générale et spéciale*, qui est à l'impôt, converti en assurance, ce que l'essieu est à la roue, ce que le gond est à la porte, est l'axe sur lequel devra tourner la société.

L'INSCRIPTION DE VIE, l'inscription individuelle et universelle, n'a pas seulement pour objet la perception de l'impôt forcé transformé en prime volontaire; l'INSCRIPTION DE VIE a encore un autre effet, c'est de donner le moyen d'abolir toutes les peines afflictives :

Peine de mort.

Travaux forcés à perpétuité.

Déportation.

Travaux forcés à temps.

Détention.

Reclusion.

II.

La pénalité est d'origine servile. A Rome, le citoyen libre qui avait encouru la sévérité de la loi était déclaré ESCLAVE DE LA PEINE, *servum poenæ.*

Cet esclavage mérité avait pour but et pour effet de le dépouiller de son inviolabilité.

L'esclave pouvait être condamné aux pénalités les plus sévères et aux supplices les plus cruels.

Déclarer le citoyen libre *esclave de la peine*, fut le moyen de lui appliquer les peines serviles.

En France, pendant longtemps, on dégrada le noble afin de pouvoir le punir.

Plus tard, on ennoblit certaines peines, de manière à les rendre applicables au noble.

« La peine est infamante ou non infamante. Ce n'est pas le crime, pas même la condamnation : c'est le genre de peine ou le mode de son exécution qui comportent l'infamie... Le fouet donné par le bourreau est infamant ; par le geôlier, sous la custode, il ne l'est pas... En France, le fouet sous la custode est seul applicable aux nobles. »

Ortolan.

L'assimilation du noble au serf, dans la pénalité, s'opère ainsi progressivement.

Le noble et le serf reproduisent les mêmes phénomènes dont le citoyen romain et l'esclave ont donné le spectacle.

« *Sera puni selon la qualité des personnes :* cette formule est de style dans les lois criminelles de tous les États européens. Selon que le coupable est de vile ou de noble condition, la condamnation varie. »

Ortolan.

Après la révolution de 1789, l'une des premières réformes entreprises fut celle de la législation pénale.

« Chaque révolution politique amène ordinairement sa législation pénale. »

Ortolan.

Montesquieu a dit :

« Il serait aisé de prouver que dans tous ou presque dans tous les États de l'Europe, les peines ont diminué ou augmenté à mesure qu'on s'est plus rapproché ou plus éloigné de la liberté. »

En effet, lorsque l'on remonte assez haut dans l'antiquité, nulle trace de pénalité autre que la *satisfaction volontaire* n'y apparaît.

« L'âge primitif est un âge de simplicité et d'ignorance sous le rapport de la civilisation matérielle ; mais c'est en même temps un âge d'innocence et de connaissance des vérités religieuses transmises par la tradition.

« Le droit de punir n'est pas encore une institution sociale, c'est une vengeance particulière. »

ALBERT DU BOYS. *Histoire du droit criminel.*

A la vengeance se substitue la *composition (dommages-intérêts)*. Le coupable veut racheter son crime : l'offensé y consent. La coutume intervient, sanctionne et fait de l'usage une règle obligatoire : telle est la justice criminelle des temps primitifs.

« A cette époque, sur toutes les parties de l'Europe où s'étend cette barbarie, on trouve pour point de départ de la pénalité la vengeance privée... Plus tard, le caractère cupide du barbare fait naître une habitude nouvelle, celle du rachat de la vengeance... La coutume la change en règle... C'est là ce qu'on nomme COMPOSITION. »

ORTOLAN. *Introduction historique au droit pénal.*

« Des hommes d'une science et d'un esprit rares ont été très-frappés, non-seulement du respect pour la personne et la liberté de l'homme qui paraît dans ce genre de peine *(la composition)*, mais de plusieurs autres caractères qu'ils ont cru y reconnaître... Quel est, dès qu'on considère les choses sous un point de vue élevé et moral, quel est le vice radical des législations pénales modernes? Elles frappent, elles punissent sans s'inquiéter de savoir si le coupable accède ou non à la volonté de la loi ; elles agissent uniquement par voie de contrainte... La composition suppose, entraîne l'aveu du fait par l'offenseur ; elle est de sa part *un acte de liberté*, il peut s'y refuser... En sorte que la composition a comme peine des caractères beaucoup plus moraux que les châtiments de législations plus savantes.

« La loi salique semble porter à la personne et à la liberté des hommes un singulier respect... *L'unique peine écrite, à vrai dire, dans la loi salique, est la* COMPOSITION, wehrgeld, wedrigeld (argent de défense, garantie)... La composition est le premier pas de la législation criminelle hors du régime de la vengeance personnelle ; le droit cache sous cette peine le droit qui subsiste au fond de la loi salique et de toutes les lois barbares, c'est le droit de chaque homme de se faire justice soi-même, de se venger par la force ; c'est la guerre entre l'offenseur et l'offensé. La composition est une tentative pour substituer un régime légal à la guerre. C'est la faculté donnée à l'offenseur de se mettre, en payant une certaine somme, à l'abri de la vengeance de l'offensé. Elle impose à l'offensé l'obligation de renoncer à l'emploi de la force...

« L'offensé a eu longtemps le droit de choisir entre la composition et la guerre, de repousser le wehrgeld et de recourir à la vengeance... La composition ne fut d'abord qu'un essai assez peu efficace pour mettre fin à la lutte désordonnée des forces individuelles... Au début, il n'existe entre les hommes que des inégalités peu variées et peu puissantes... Il n'y a point non plus ou presque point de puissance publique. Les hommes ne sont donc fortement gouvernés, ni par d'autres hommes, ni par la société ; leur liberté est réelle ; chacun fait à peu près ce qu'il veut, selon sa force, à ses risques et périls... L'inégalité se prononce entre les hommes... Une force collective s'élève... Naissent, d'un côté, l'aristocratie ; de l'autre, le gouvernement, c'est-à-dire deux modes de répression des volontés individuelles, deux moyens de soumettre beaucoup d'hommes à une autre volonté que la leur.

« A leur tour, les remèdes deviennent des maux : l'aristocratie opprime, la puissance publique opprime, l'oppression amène un désordre différent du premier, mais profond et intolérable. Cependant, au sein de la vie sociale, par le seul effet de sa durée, par le concours d'une multitude d'influences, les individus, *seuls êtres réels*, se sont développés, éclairés, perfectionnés.

« Alors, de même qu'il y avait eu effort pour la création de la défense publique et au profit de l'inégalité entre les hommes, de même un effort commence vers un but contraire, vers la réduction de l'aristocratie et du gouvernement, c'est-à-dire que la société tend vers un état qui, extérieurement du moins, et à n'en juger que sous ce rapport, ressemble à ce qu'elle était dans son premier âge, à un libre développement des volontés individuelles, à cette situation où chaque homme fait ce qu'il veut, à ses risques et périls.

« La composition pécuniaire suppose, entraîne l'aveu du tort par l'offenseur ; elle est de sa part un acte de liberté ; il peut s'y refuser et courir les chances de la vengeance de l'offensé ; quand il s'y soumet, il se reconnaît coupable et offre la réparation du crime. De son côté, l'offensé, en acceptant la composition, se réconcilie avec l'offenseur : il promet solennellement l'oubli, l'abandon de la vengeance ; en sorte que la composition a comme peine des caractères beaucoup plus moraux que les châtiments de législations plus savantes.

« Si la liberté a péri à l'entrée de la carrière sociale, c'est que l'homme n'a pas été capable d'y avancer en la gardant ; qu'il la reprenne et l'exerce de plus en plus, c'est le but, c'est la perfection de la société. »

Guizot. Histoire de la Civilisation en
France, t. 1er, p. 340.

Alors apparaît dans le *droit d'asile* comme une imitation du *droit d'exil volontaire* en usage à Athènes, à Sparte et à Rome :

« Au moyen âge, le coupable n'a qu'à passer le bras dans l'anneau des portes de l'église. En plusieurs pays, son plus sûr asile est le manteau d'une femme. Qu'elle prenne sous sa manche la tête du fugitif, personne n'osera l'assaillir, même avec des rosées, etc.

« Généralement les lois antiques donnent du temps au coupable pour vouloir guérir ; s'il ne se sent pas mûr pour l'expiation, il peut fuir au prochain asile, aux autels, à son propre foyer, qui est aussi un autel; personne ne l'en arrache. La loi juive reconnaît *des villes d'asile.* »

Michelet.

La rigueur de la pénalité croît avec l'esprit de domination :

« Le roi prétend au droit de juger comme à un accessoire nécessaire de son pouvoir. Dans le cas où il serait resté, comme Melchisédech, comme Numa, pontife de son peuple, il pourrait réussir au moyen de la religion. Mais s'il s'est élevé un sacerdoce... à côté de son trône, toute prétention de sa part à la judicature, surtout en matière criminelle, serait impuissante à se faire admettre. La famille voudrait conserver le droit de vengance particulière comme un inaliénable héritage, comme une tradition... Partout et toujours l'abolition de la vengeance privée ne pourra être due qu'à l'autorité de l'inspiration prophétique ou sacerdotale.

« La pénalité est atroce » dans l'âge théocratique, » parce qu'elle doit avoir les caractères de l'infini, comme la divinité qu'elle a la prétention de vouloir venger. Il en est ainsi dans toute fausse religion, et la même observation s'applique aux peuples qui professent la véritable, si le pouvoir civil, sans consulter les ministres du culte, crée et fait exécuter lui-même les lois pénales en matière de crimes religieux. Ce genre d'erreur tient à la confusion des deux pouvoirs, que le catholicisme tend plus que toute autre religion à distinguer et à séparer.

« Dans l'âge héroïque, la pénalité est encore dure et inflexible, surtout à l'égard des serfs et des plébéiens. »

De Boys.

« Les pénalités du dix-huitième siècle sont horribles, et les peines sont des instruments de vengeance et de terreur. Elles sont exagérées et cruelles. La mort est prodiguée. La privation de la vie n'est pas le plus haut supplice ; on a inventé la mort exaspérée : le feu, l'écartèlement, la roue, la strangulation, le knout, le glaive, l'enterrement tout vif, le sac.... »

ORTOLAN.

Ces rigueurs donnent lieu aux observations qu'on va lire :

« Je vais ouvrir à vos yeux les annales du monde. Si ces sanglantes législations dont je vais parcourir les tableaux n'ont pas épouvanté les crimes ; si, *au contraire ils semblent renaître avec plus de rage* sous la verge de fer qui les frappe ; si, d'un autre côté, les pages de l'histoire sont moins souillées de forfaits lorsque les législations douces et modérées ont réglé les empires, la question, alors, sera décidée. De ce tableau comparatif et analytique résultera cette conclusion épouvantable que, pendant des siècles entiers, le sang des hommes a coulé sur la terre comme l'eau des fleuves, sans qu'il soit résulté autre chose de ces assassinats juridiques, qu'un malheur de plus ajouté à la liste effroyable des malheurs et des fléaux dont l'homme est en tout temps, en tout lieu, la victime sans cesse renaissante.

« Est-ce dans ces siècles horribles, est-ce sous la domination barbare de Tibère, de Caligula, etc., qu'en voyant plus de supplices, on vit moins de crimes ?

« Venez, ô malheureux partisans de la sévérité, fouillez, si vous en avez le courage, ces annales épouvantables que je ne lis qu'en frissonnant ! Dites-nous si alors la vertu était plus en honneur, les mœurs plus douces, les dieux plus vénérés, les biens et la vie des hommes plus respectés que sous le régime humain et doux des Titus, des Trajan ? »

CHAUSSARD.

« On peut encore observer que les lois atroces ne sont ou n'étaient qu'un reste hideux, conservé par la routine, de l'ancienne jurisprudence contre les esclaves, et cela malgré la liberté dont l'Europe se vante, malgré l'abolition de l'esclavage. Ainsi, le résultat de l'abolition de l'esclavage ne fut pas d'abolir les lois bien dures que l'on avait portées contre les esclaves, mais de les étendre aux hommes libres pour lesquels ou plutôt contre lesquels on ne les eût jamais faites. »

LAUZE DE PÉRET.

« On exécute un criminel. Son supplice devient un spectacle pour la plupart de ceux qui y assistent ; un petit nombre l'envisage avec une pitié mêlée d'indignation. Que résulte-t-il de ces deux sentiments ? Rien moins que la terreur salutaire que la loi prétend inspirer... Il arrive au spectacle d'un supplice la même chose qu'au spectacle d'un drame ; et comme l'avare retourne à son coffre, l'homme violent et injuste retourne à ses injustices.

12

« Semblable aux fluides qui, par leur nature, se mettent toujours au niveau de ce qui les entoure, l'âme s'endurcit par le spectacle renouvelé de la cruauté. Les supplices, devenus fréquents, effrayent moins, parce qu'on s'habitue à leur horreur, et les passions, toujours actives, sont, au bout de cent ans, moins retenues par les roues et les gibets, qu'elles ne l'étaient auparavant par la prison. Supposons deux nations où les peines soient proportionnées aux crimes ; que chez l'une le plus grand supplice soit l'esclavage perpétuel, et chez l'autre la roue ; j'ose avancer que chacune de ces nations aura une égale terreur du supplice au delà duquel elle n'en connaît point. Et s'il y avait une raison pour transporter dans la première les châtiments en usage dans la deuxième, la même raison conduirait à accroître pour celle-ci la cruauté des supplices, en passant insensiblement de la roue à des tourments plus lents et plus étudiés, et enfin aux derniers raffinements de cette science barbare.

« On ne peut nier que l'atrocité des peines *ne soit directement opposée* au bien public et au but même qu'elle se propose, celui d'empêcher les crimes... Plus le châtiment sera terrible, plus le coupable osera pour l'éviter. Il accumulera les forfaits pour se soustraire à la punition due à un seul, et la *rigueur des lois multipliera les crimes*, en punissant trop sévèrement le criminel. Les pays et les siècles où l'on mit en usage les plus barbares supplices, *furent toujours déshonorés par les plus monstrueuses atrocités...* »

BECCARIA.

« L'expérience a fait remarquer que dans les pays où les peines sont douces, l'esprit du citoyen est frappé, comme il l'est ailleurs par les grandes.

« La sévérité use le ressort de la pénalité...... On établit une peine cruelle qui arrête le mal sur-le-champ, mais on use le ressort du gouvernement. L'imagination se fait à cette grande peine comme elle s'était faite à la moindre, et comme on diminue la crainte pour celle-ci, l'on est bientôt forcé d'établir l'autre dans tous les cas. Les vols sur les grands chemins étaient communs dans quelques États ; on voulut les arrêter ; on inventa le supplice de la roue, qui les suspendit pendant quelque temps. Depuis ce temps, on a volé comme auparavant sur les grands chemins.

« Après l'expulsion des décemvirs, presque toutes les lois qui avaient fixé les peines furent ôtées. On ne les abrogea pas expressément ; mais la loi Porcia ayant défendu de mettre à mort un citoyen romain, elles n'eurent plus d'application. On ne remarqua pas que la République en fût plus mal réglée, et il n'en résulta aucune lésion de police.

« La sévérité des peines est tout entière du génie des gouvernements despotiques. »   Montesquieu.

« On ne peut qu'admirer les excellentes choses que dit Montesquieu sur l'inefficacité des punitions barbares ou seulement trop sévères, sur le triste effet qu'elles ont de multiplier les crimes, au lieu de les diminuer, parce qu'elles rendent les mœurs atroces et les sentiments féroces. »   Destutt de Tracy.

« Sans doute, on peut soutenir *avec fondement, en s'étayant des témoignages de l'histoire, que là où les supplices les plus cruels ont existé, les crimes les plus atroces se sont manifestés.* Car, ainsi que le remarque Bentham, les malfaiteurs s'endurcissent à la pensée du sort qui les menace, et leurs actes les plus effroyables de barbarie ne sont alors que des représailles. »

Faustin Hélie. *Théorie du Code pénal.* p. 104.

« Par toute l'Europe, en commun chez toutes les nations, trois grandes phases de la pénalité. Dans la première, la peine n'existe pas : il n'y a que la vengeance privée et le rachat à prix d'argent. Dans la seconde, la peine apparaît tout d'un coup avec des raffinements de cruauté inouïs. Dans la troisième, elle va s'adoucissant. »

Ortolan.

III.

Par *prisons pour peines*, la loi désigne :

Les *bagnes* pour les condamnés aux travaux forcés ;

Les *forteresses* pour les condamnés à la détention ;

Les *maisons de force* pour les condamnés à la reclusion ;

Les *maisons de correction* pour les condamnés à l'emprisonnement.

Il existe, en France, trois bagnes : Rochefort, Toulon et Brest. Au commencement de ce siècle, la population de ces trois bagnes était de 7,689 forçats. En 1830, on en comptait 8,568 ; au 24 février 1848, elle s'élevait à 7,953 ; au 1er janvier dernier, elle était réduite à 7,690, ainsi répartis : 3,873 à Toulon, 2,831 à Brest, 986 à Rochefort. Sur ce nombre, 1,965 sont condamnés aux travaux forcés à perpétuité; 3,070 de 5 à 10 ans; 2,259 de 11 à 20 ans; 282 de 21 à 30 ans; 41 de 31 à 40 ans; 23 de 41 à 50 ans; 9 de 51 et au-dessus.

4,750 (sur 7,696) sont condamnés pour vol, 1,027 pour meurtre, 459 pour attentat à la pudeur, 255 pour incendie, 168 pour assassinat, 162 pour coups et blessures graves, 159 pour faux, 140 comme faux monnayeurs, 24 comme banqueroutiers frauduleux, 26 comme parricides.

Les hommes de 20 à 40 ans forment plus de la moitié de cette population; on compte 122 jeunes gens de 16 à 20 ans, et 270 vieillards sexagénaires ou septuagénaires. *Les campagnes fournissent plus de la moitié des forçats :* au 1ᵉʳ janvier dernier, on en comptait 4,595 nés dans les campagnes, 2,452 nés dans les villes, 645 d'origine étrangère.

3,992 ne savent ni lire ni écrire; 2,990 ne le savent qu'imparfaitement; 91 seulement ont reçu une instruction supérieure à l'instruction primaire.

Dans les chiffres officiels que nous venons de reproduire, ce qui nous frappe, ce qui frappera tout lecteur sérieux, c'est le rapprochement suivant : sur 7,690 condamnés aux travaux forcés, il n'y en a que 1,965 qui le soient à perpétuité; donc, sauf défalcation de la mortalité, 5,725 cesseront, à l'expiration de leur peine, d'être des *condamnés* pour devenir des *libérés*.

Ils rentreront dans la société.

Sur 7,690 condamnés aux travaux forcés, voilà donc 5,725 professeurs émérites, docteurs ès crimes !

Nous supposons que sur ce nombre de 5,725 libérés, il y en ait 1,000 dont le repentir ait visité la conscience, et qui aient quitté le bagne avec la ferme résolution de fuir toute tentative, toute occasion de tomber en récidive : comment distinguera-t-on ces 1,000 libérés, vraiment dignes d'intérêt et de confiance, des 4,725 autres libérés sortis du bagne plus criminels qu'ils n'y étaient entrés?

Première question.

Si on les repousse, que deviendront-ils ?

Deuxième question.

Si, n'ayant de travail que pour un seul travailleur, vous voyez se présenter deux hommes : l'un irréprochable dans son passé, l'autre racheté par son repentir, mais repris de justice, auquel de ces deux hommes la préférence devra-t-elle être donnée ?

Troisième question.

Un rapport de M. Béranger (de la Drôme,) à la chambre des pairs, constate en ces termes la progression du nombre des récidives :

« La constante progression des délits est une vérité à laquelle on ne saurait fermer les yeux.

« En moins de vingt ans, il y a eu augmentation de moitié dans les préventions déférées aux tribunaux correctionnels.

« Mais ce qui est de plus en plus affligeant, c'est l'accroissement continuel et en quelque sorte régulier des récidives ; cet accroissement se manifeste tant parmi les accusés de crimes que parmi les prévenus de délits.

« Au 1er janvier 1846, sur une population mâle de 13,583 condamnés, on comptait 4,537 récidives de la première catégorie, et 1,138 de la deuxième, c'est-à-dire que le nombre des individus itérativement condamnés sans avoir subi la peine de la récidive, qui leur était applicable, excédait d'un quart celui des récidivistes frappés de cette peine ; ainsi leur nombre total dans les seules maisons centrales était de 5,675, ce qui établissait une progression de 41,78 0/0. »

La peine de l'emprisonnement est donc condamnée par l'expérience ; il est prouvé qu'elle n'amende pas et qu'elle n'intimide point.

L'abus que l'on fait de l'emprisonnement en le prodiguant, ainsi qu'on le prodigue pour des contraventions insignifiantes et des délits imaginaires, n'est pas une des moindres causes qui concourent au relâchement des liens sociaux. C'est avec raison que Montesquieu a dit : « Souvent un législateur qui veut corriger un mal ne « songe qu'à cette correction, ses yeux sont ouverts sur cet objet et « fermés sur les inconvénients. » Cet abus ferait regretter le temps, qui nous paraît barbare, où la *composition* était à peu près l'unique peine écrite dans la loi salique, ainsi que l'a imprimé M. Guizot.

Sous le régime actuel, les frais de justice s'élèvent à plus de douze millions [1]. Dans la réforme pénale que j'expose, réforme dont toutes les parties se lient, les *délits*, je ne dis pas les *crimes*, au lieu de *coûter* à l'État, lui *rapportent*, car ils se traduisent tous en amendes et en dommages-intérêts, conformément aux anciens usages constatés en ces termes par Montesquieu :

« La loi des Douze Tables ne condamnait au talion que lorsqu'on n'avait pu apaiser celui qui se plaignait. On pouvait, après la condamnation, payer les dommages-intérêts, et la peine corporelle se convertissait en peine pécuniaire.

« Nos pères les Germains n'admettaient guère que les peines pécuniaires. »

Aux premiers temps de notre histoire, sous les Mérovingiens, on allait jusqu'à racheter le meurtre ; lorsqu'il s'agissait d'un *Franc* ou *barbare libre*, la somme à payer variait de 1,800 à 100 sols ; d'un *membre* du clergé, de 900 à 200 sols ; d'un *colon*, de 100 à 45 sols ; d'un *serf*, de 100 à 36 sols ; d'un *esclave*, de 150 à 35 sols.

IV.

Aucun problème social n'est à la fois plus important et plus difficile à résoudre que le problème des *libérés* ; il mérite d'être placé au même rang que le problème des *bâtards*, qui constituent, en France, une nation dans la nation, car ils sont au nombre de deux millions huit cent mille : 1 sur 13.

Dans les termes où ces deux problèmes ont été posés jusqu'à ce jour, ils sont aussi insolubles l'un que l'autre.

En examinant de près et attentivement la Société ou la Loi, qui en est l'expression, on reconnaît que la Société fait ce que ferait

---

[1]
Frais de justice criminelle,	4,354,000
Détention des condamnés,	7,660,000
Chiourmes,	331,000
Total,	12,345,000

une idiote (qu'on me passe la vulgarité de la comparaison) qui reti-
rerait l'écume d'un pot-au-feu pour la jeter dans la cendre, et qui
ramasserait ensuite l'écume dans la cendre pour rejeter cendre et
écume dans la marmite.

Ce serait de la démence! Oui sans doute. Eh bien! n'est-ce pas
ce que fait la loi pénale quand elle jette l'écume de la société dans
la boue des prisons et des bagnes, pour rejeter plus tard dans la société cette écume mêlée à la boue?

Un individu a commis un des vols qui, aux termes de l'article 401
du Code pénal, sont punis d'un an d'emprisonnement au moins et
de cinq ans au plus; il est arrêté, condamné et conduit dans une
des prisons centrales, appelées *maisons de correction*.

Quand il y arrive, quel est le sentiment qu'il éprouve? Est-ce
de la honte? Interrogez les hommes spéciaux, les inspecteurs généraux des prisons, ils vous répondront que le plus souvent c'est
de l'humilité. S'il rougit, s'il est embarrassé, c'est d'avoir été condamné pour trop peu, c'est de n'avoir à avouer rien qui égale ou
surpasse les hauts faits des vétérans de cette armée du crime dans
laquelle il vient d'être incorporé en qualité de recrue. Singulière
manière de punir le coupable! manière plus singulière encore de
l'amender!

L'individu qui commet un vol, le commet: d'abord avec la certitude, s'il est découvert et arrêté, qu'il sera logé, nourri et vêtu
par l'État; ensuite avec l'espérance qu'à sa sortie de prison, on
ignorera qu'il y est entré; il calcule que, grâce à l'obscurité dans
laquelle la société est plongée, il lui suffira de changer de résidence ou de nom.

Souvent, trop souvent ce calcul se trouve juste.

Ainsi dans la prison la honte ne l'atteint pas, et il y échappe ou
espère y échapper hors de la prison.

Il n'y échapperait pas, il n'espérerait pas y échapper, si tout individu français ou étranger était muni de l'INSCRIPTION DE VIE ou de la
Police d'assurance générale dont le modèle a été imprimé à la fin du
volume intitulé: L'IMPÔT.

Cette inscription de vie est rédigée de telle sorte qu'elle sert d'acte de naissance, de passe-port, de carte électorale, de livret. Aucun renseignement nécessaire n'y est omis; elle porte avec elle-même son propre contrôle, car elle est visée chaque mois par le percepteur, et une place est réservée au juge de paix pour y consigner la déclaration que le porteur de ladite inscription de vie n'a encouru aucune condamnation judiciaire, toutes les fois que celui-ci le requiert de l'attester.

Moyennant cette inscription de vie où tout est transcrit :

Bagnes et prisons deviennent inutiles ;

Le rôle des juges en matière criminelle ou correctionnelle change presque entièrement.

A l'exception des réparations pécuniaires qu'ils continueraient de prononcer, on pourrait dire : ils ne *condamnent* plus, ils *constatent*

Constater qu'un individu a commis un vol, un faux, un rapt, etc., ce serait lui infliger un supplice égal à celui qui consistait, avant l'ordonnance de 1670, à écrire sur le front du coupable la peine qu'il avait encourue ; car à toute porte inconnue à laquelle il frapperait pour demander un asile, et quelque acte civil ou politique qu'il voulût accomplir, il lui serait demandé d'exhiber son inscription de vie.

Si, à défaut de sa famille maternelle, il n'avait pas sa Commune natale, la Commune-mère, qui consentît à le prendre sous sa *haute surveillance*, ou, à défaut de sa Commune natale et de sa Corporation, un ami solvable qui offrît une caution suffisante, que pourrait-il devenir, et quelle dernière ressource lui resterait-il ?

— Une seule : celle d'obtenir de l'État, presque comme une faveur, qu'il le prît à bord d'un de ses vaisseaux, et qu'il le transportât à l'une des extrémités du monde, dans quelque colonie peuplée de ses pareils. Car aussitôt qu'un seul État aurait consacré par l'usage l'utilité de l'inscription de vie, ce perfectionnement du passe-port, qui en aurait tous les avantages sans en avoir les inconvénients, cette contre-marque d'entrée et de sortie dans l'amphithéâtre social, il n'y aurait pas de pays civilisé qui ne s'empressât de l'adopter.

Par le fait, tout malfaiteur serait alors condamné, comme Caïn et comme le Juif-Errant, au supplice de marcher toujours jusqu'à ce qu'il eût trouvé une terre où la civilisation n'eût pas encore pénétré.

Ce serait, dit-on, le rétablissement de la *marque !*

Je ne le nie pas ; mais ce serait la marque transformée ; ce serait la conscience transparente ; ce serait le titre de l'homme vérifié et constaté, comme, dans les hôtels de monnaies, on constate le titre des métaux . Des hommes dont l'INSCRIPTION DE VIE serait immaculée, on pourrait justement dire qu'ils vaudraient leur pesant d'or ; tandis que les autres seraient estimés ne valoir moralement que leur pesant d'argent ou de cuivre.

La crainte de la plus légère *constatation* deviendrait une pensée fixe, car l'avoir encourue serait le plus insupportable supplice.

Le ressort de la honte, ce ressort auquel les prisons pour peines ont fait perdre sa puissance d'intimidation salutaire, la retrouverait, telle que Montesquieu l'a décrite en ces termes admirables :

« Suivons la nature, qui a donné aux hommes la *honte* comme leur FLÉAU, et *que la plus grande partie de la peine soit l'infamie de le souffrir.*

« Que s'il se trouve un pays où la honte ne soit pas une suite du supplice, cela vient de la tyrannie qui a infligé les mêmes peines aux scélérats et aux gens de bien.

« Et si vous en voyez d'autres où les hommes ne sont retenus que par les supplices cruels, comptez encore que cela vient, en grande partie, de la violence du gouvernement qui a employé ces supplices pour des fautes légères. »

Enfermer un malfaiteur avec des malfaiteurs plus pervertis que lui, ce n'est pas le punir, c'est encore moins le corriger ; c'est faire descendre dans son cœur le ressentiment et ce n'est pas faire monter à son front la honte !

S'il est un moyen de le punir et peut-être de l'amender, c'est de l'exclure de sa corporation, c'est de le renvoyer sous la *haute surveillance* de sa famille, ou de l'interner dans sa commune natale, à moins qu'il ne préfère s'expatrier, ce qu'il demanderait presque toujours.

Objection :

— Comment ! lorsqu'un individu perverti aurait tué, volé ou violé, vous vous borneriez d'abord à constater sur son INSCRIPTION DE VIE qu'il a tué, volé ou violé, et puis vous le renverriez sous la haute surveillance de sa famille ou de sa commune, qui vous en répondraient ; et ce ne serait que dans les cas suivants : refus motivé de sa famille ou de sa commune de le recevoir, rupture de ban , récidive, que la transportation serait de droit, moins encore comme peine prononcée contre un coupable que comme mesure de police prise contre un être malfaisant ? Non ; ce n'est pas sérieusement que vous pouvez émettre une telle idée ! Que deviendrait la sécurité de la société ?

Réponse :

— La société est-elle plus en sécurité quand elle libère, à l'expiration de leur peine, le repris de justice, le reclusionnaire, le forçat après cinq ans d'existence commune avec les criminels les plus exercés et les plus incorrigibles ? L'écume de la société, après qu'elle a été mêlée à la boue des prisons et des bagnes, est-elle donc moins impure ?

Mais quand j'insiste sur la nécessité, du moins, de supprimer la boue si l'on ne peut supprimer l'écume, est-ce que je m'égare à la recherche du bizarre et ne sachant rien du passé ?

Montesquieu est là pour affirmer le contraire :

« *Presque toutes les lois de Sylla ne portaient que l'*INTERDICTION DE L'EAU *et du* FEU. César y ajouta la confiscation des biens, parce que les riches gardant dans l'exil leur patrimoine, ils étaient plus hardis à commettre des crimes. »

MONTESQUIEU. Esprit des Lois.

En réalité et en résumé, qu'est-ce que je propose ? — Je propose d'arriver, par le perfectionnement de l'administration , au même but qu'avaient atteint les lois de Sylla. En effet, l'INSCRIPTION DE VIE ou *Police d'assurance générale* équivaudrait à l'interdiction de l'eau et du feu, puisque celui qui aurait une *Inscription de vie* qu'il n'oserait pas montrer ne saurait où reposer sa tête. Peu d'années suffiraient alors pour écumer la société, pour l'épurer entièrement. Et comme je ne propose pas de supprimer les réparations pécuniaires, telles qu'amendes et dommages-intérêts, on ne saurait invoquer contre moi le précédent de César.

Je propose, sous un autre nom, le rétablissement de l'*exil volontaire*, tel qu'il exista à Sparte et à Athènes :

« La législature crétoise autorise l'exil volontaire des citoyens qui craignent la poursuite des tribunaux. A Sparte, le coupable s'exile pour se soustraire à la punition encourue. »

Pastoret. Histoire de la législation.

« La législation athénienne, telle qu'elle vient d'être réformée par Solon, respirait l'humanité et la protection accordée au malheur, même mérité. Les citoyens accusés d'assassinat pouvaient toujours dérober leur vie aux rigueurs de la loi. Comme un temps assez long s'écoulait entre la citation et le jugement, il leur était loisible de s'enfuir s'ils craignaient une condamnation. *Cette faculté leur était donnée même pendant le jugement.* Mais la loi voulait qu'ils se condamnassent à l'exil, espèce de mort civile dans les républiques antiques.

« Il n'était pas sans exemple qu'un accusé de crime capital, plutôt que de perdre en même temps que le beau ciel d'Italie, son droit de liberté et de cité, c'est-à-dire cet ensemble de priviléges et d'habitudes qui composaient la vie morale, préférait à l'exil qui l'eût dérobé au glaive de la justice, la périlleuse chance de la sentence de ses juges.

« Si cette sentence était une condamnation à mort, il la subissait *comme esclave de sa peine, servum pœnæ.* Cette fiction singulière avait été inaugurée par les préteurs et les jurisconsultes pour détruire le caractère d'inviolabilité attaché à la personne du citoyen romain. »

Du Boys.

Je propose le rétablissement indirect de la peine de l'*interdiction de l'eau et du feu*, telle que l'avait instituée la République romaine :

« C'était l'exil prononcé sous une forme indirecte, laquelle témoignait encore du *respect pour l'inviolabilité du citoyen.* On ne le faisait pas appréhender au corps pour le conduire au lieu destiné ; mais on lui interdisait l'eau et le feu, c'est-à-dire les choses nécessaires à la vie dans l'Italie entière. De là, pour le condamné, la nécessité de l'exil. — On reconnaît encore là la tendance qu'avait le droit romain aux fictions légales, pour ne pas blesser ouvertement d'anciens principes dont l'application aurait cessé d'être en harmonie avec les mœurs nouvelles. C'était une manière de concilier le respect du passé et les besoins de l'avenir. »

Du Boys.

Dans le monde catholique, les peines de l'*exil volontaire* et de *l'interdiction de l'eau et du feu* changent de nom sans changer de nature ; elles prennent le nom d'*excommunication*.

Elles sont l'application de ce précepte de saint Paul :

« N'ayez aucun commerce avec vos frères tombés. »

« La société chrétienne, livrée à elle-même (sous les empereurs romains), fut obligée de se constituer intérieurement avec force... En conséquence, pour éviter de paraître comme citoyens, comme plaignants, comme plaideurs devant ces tribunaux toujours disposés à les envoyer au supplice comme chrétiens, les disciples des apôtres se créèrent pour leurs affaires civiles une juridiction domestique et établirent entre eux, pour la répression des délits, une sorte de code pénal auquel ils furent tenus de se soumettre, non par la force, mais au nom de la foi qu'ils professaient.

« *Cette juridiction n'a rien de coercitif* ; seulement celui qui répudie la juridiction de l'Église sait qu'il répudie par là l'Église elle-même, et s'abonne à en être éternellement séparé.

« L'excommunication était la peine proprement dite ; la pénitence était l'expiation ou la réparation. »

Du Boys.

Résoudre ainsi le problème des *libérés*, par la suppression des bagnes et des prisons autres que les maisons de dépôt, d'arrêt et de justice, est-ce demander la liberté du crime ?

Montesquieu répond :

« Il y a deux genres de corruption : l'une lorsque le peuple n'observe pas les lois ; *l'autre lorsqu'il est corrompu par les lois*, mal incurable, parce qu'il est dans le remède même. »

Montesquieu, *Esprit des Lois.*

Si les bagnes sont aux lycées ce que les lycées sont aux écoles, si le mal s'y enseigne par préceptes et par exemples, si les coupables s'y endurcissent et s'y instruisent, si les villes défendues aux forçats sont celles où ils abondent le plus volontiers, de ces aveux quelles conséquences doit-on tirer?

N'en doit-on pas tirer cette conséquence :

Qu'il faut fermer les prisons et supprimer les bagnes, puisque les bagnes et les prisons sont des lieux de corruption où la perversité s'aggrave?

Plus de prisons!

Plus de bagnes!

Où se met la gangrène, coupez le membre!

Ce que je voudrais détruire, c'est précisément cette corruption du peuple par les lois, signalée par Montesquieu;

Ce que j'ai cherché, c'est à rendre le crime impossible en dissipant toutes les ténèbres qui l'encouragent et le facilitent.

J'ai cherché plus encore, j'ai cherché à en étouffer, à en prévenir la pensée par la création d'une société de verre où tout soit transparent, où rien ne puisse rester caché, où la publicité soit ce qu'est le soleil quand il brille.

Il y avait à Rome, dans la loi Valérienne, une peine qui consistait à être réputé méchant [*]; un jour, j'en ai la conviction, sous le régime du suffrage universel et de la conscience publique fonctionnant librement comme jury spontané, cette peine sera la seule qui survivra; il n'y en aura jamais eu ni de plus cruelle ni de plus efficace.

V.

C'est par la *Maternité*, telle qu'elle va être exposée dans le livre suivant, c'est par la *Maternité*, la *Commune* et la *Corporation* qu'on dénouera le nœud social, qu'on éteindra la misère et le paupérisme, qu'on fermera les prisons, qu'on multipliera les écoles, les établissements de crédit et les institutions de prévoyance, qu'on améliorera le sort et l'esprit du peuple, qu'on l'épurera, qu'on en réduira

---

[*] Nihil ultra quam improbi factum adjecit.   Tite Live.

ce qu'on appelle si dédaigneusement « *la lie* » à la proportion la plus faible possible.

Maternité, *Commune*, *Corporation* : voilà les trois degrés qu'il suffit d'organiser pour empêcher la misère imméritée, pour guérir la misère invétérée, pour réformer le Code pénal, pour résoudre l'insoluble problème pénitentiaire et donner, enfin, à la civilisation le plus puissant essor.

Le désordre ne monte pas, il descend.

Aussitôt qu'on aura fait cesser la confusion qui est en haut, l'ordre ne tardera pas à régner en bas.

La peine de mort est-elle nécessaire pour que les hommes réunis en société jouissent d'une sécurité mutuelle ?

Je n'hésite pas à répondre : Non.

Mais ce n'est pas seulement la peine de mort qui doit disparaître, c'est tout l'ensemble des mesures de répression.

Mesures qui aggravent le mal au lieu de le diminuer !

Constater le crime commis doit être désormais son seul châtiment, châtiment plus terrible que celui qui consiste à le *punir* ; mais, de la rigueur de ce châtiment, le coupable ne pourra s'en prendre qu'à lui-même : s'il le trouve trop dur et trop long, ce sera son affaire de chercher comment, ayant commis la faute, il pourra l'expier, la réparer, l'effacer, se la faire pardonner.

En donnant pour unique châtiment au *crime commis* le *crime constaté*, que fait la société ?

Elle oblige ainsi le coupable à fuir, au bout du monde, le lieu de sa faute ; elle l'oblige, non par un texte de loi, mais par l'impossibilité absolue de s'envelopper dans l'ombre.

Si la publicité, telle qu'elle peut être constituée, faisait luire la lumière dans cette nuit qu'on appelle *la Société*, l'on n'aurait plus besoin ni d'échafauds ni de bagnes, ni de maisons de force et de correction, ni de Code pénal, ni de jury.

Alors le devoir de la justice serait extrêmement simple, car il se bornerait à constater que tel individu a commis tel jour, en tel lieu, tel meurtre, tel vol, tel faux ou tel autre acte condamné par la conscience publique.

La peine de mort et toutes les peines afflictives pourront donc être abolies dès que la société sera administrée comme elle peut et comme elle doit l'être.

C'est dans l'indélébilité du crime constaté que doit être la punition du crime commis.

C'est l'unique supplice qui fut infligé par Dieu au meurtrier d'Abel.

Dieu ne condamna pas Caïn à mourir, il le condamna à vivre.

Il ne voulut pas qu'il fût tué.

« 12. Vous serez *fugitif et vagabond sur la terre*.

« 13. Caïn répondit au Seigneur : Mon iniquité est trop grande pour en obtenir le pardon.

« 14. Vous me chassez aujourd'hui de dessus la terre et j'irai me cacher devant votre face. Je serai fugitif et vagabond sur la terre. *Quiconque donc me trouvera, me tuera*.

« 15. Le Seigneur lui répondit : Non, cela ne sera pas ; mais quiconque tuera Caïn, sera puni très-sévèrement. *Et le Seigneur mit un signe sur Caïn, afin que ceux qui le trouveraient ne le tuassent point*.

« 16. Caïn s'étant retiré de devant la face du Seigneur, fut *vagabond sur la terre*. »

Genèse, chapitre IV.

Amendes et dommages-intérêts ;

Haute surveillance de la Famille ;

Internat dans la Commune ;

Transportation hors de la Patrie ;

Voilà en quatre lignes tout le nouveau code pénal !

Voilà comment, au moyen de l'inscription de vie, c'est-à-dire d'une simple feuille de papier, on pourrait arriver, par le perfectionnement de l'administration publique, à la plus importante des réformes pénales, à l'abolition de toutes les peines afflictives.

DÉCRET DE L'AVENIR.

RÉFORME PÉNALE.

TITRE Ier.

DES CONTRAVENTIONS, DES DÉLITS, DES CRIMES, DES FORFAITURES.

ARTICLE PREMIER.

Toute infraction à un règlement d'administration publique, émanant soit du Maire d'État, soit du Maire de la Commune, constitue une *Contravention*.

Toute atteinte à une propriété publique ou privée, tout dommage matériel volontairement causé, toute action frauduleuse constituent un *Délit*.

Tout attentat à la vie, à la pudeur, à la liberté de l'homme, de la femme, de l'enfant, tout abandon de l'enfant par la mère, toute voie de fait entraînant une incapacité de travail de plus de vingt jours constituent un *Crime*.

Toute violation des libertés publiques, toute usurpation de pouvoirs, toute tentative d'arbitraire, toute concussion des deniers de l'État, toute prévarication, tout délit, tout crime commis par un fonctionnaire dans l'exercice de ses fonctions, quels qu'en soient le titre et le rang, constituent une *Forfaiture*.

ARTICLE 2.

Toute tentative de forfaiture, de crime ou de délit qui aura été manifestée par un commencement d'exécution, si elle n'a été suspendue ou si elle n'a manqué son effet que par des circonstances indépendantes de la volonté de son auteur, est considérée comme la *forfaiture*, comme le *crime* ou comme le *délit* même.

TITRE II.

DE LA COMPLICITÉ.

ARTICLE 3.

Seront considérés et punis comme complices d'une action qualifiée forfaiture, crime, délit ou contravention, ceux qui par dons, promesses, menaces, abus d'autorité ou de pouvoir, machinations ou artifices coupables, auront provoqué à cette action ; donné des instructions ou fourni les moyens, armes, instruments pour le commettre ; aidé ou assisté l'auteur ou les auteurs de l'action, dans les faits qui l'auront préparé ou facilitée, ou dans ceux qui l'auront consommée.

TITRE III.

DE LA RÉTROACTIVITÉ.

ARTICLE 4.

Nulle contravention, nul délit, nul crime, nulle forfaiture ne peuvent être punis de peines qui n'existaient pas avant qu'ils fussent commis.

TITRE IV.

DES PEINES EN MATIÈRE CRIMINELLE ET DE LEURS EFFETS.

ARTICLE 5.

L'inviolabilité de la vie humaine est reconnue et proclamée.

Désormais le meurtrier qui aura tué ou tenté de tuer sera condamné au supplice de vivre, voué à l'exécration universelle.

En conséquence la peine de mort est abolie.

Sont pareillement abolies les peines afflictives ci-après :

Les travaux forcés à perpétuité,

La déportation,

Les travaux forcés à temps,

La détention,

La reclusion.

Sont abolies les peines infamantes ci-après :

Le bannissement,

L'emprisonnement.

ARTICLE 6.

Sont déclarées infamantes les peines prononcées en matière criminelle :

. L'internat dans la Commune-mère,

La dégradation civique,

La transportation.

ARTICLE 7.

Par suite de l'abolition des peines afflictives, les maisons de justice, de correction et de détention et les bagnes sont supprimés.

ARTICLE 8.

Si le coupable ne s'est condamné lui-même à la peine volontaire de l'expatriation à perpétuité, la peine de la transportation consistera à être transféré et à demeurer à perpétuité dans un des lieux désignés par un règlement d'administration publique hors du territoire continental de l'État.

Cette peine ne sera jamais prononcée que dans les cas suivants :

Refus motivé de la Commune-mère d'interner le condamné ;

Refus motivé de sa famille maternelle d'en accepter la haute surveillance et d'en être la caution publique ;

Absence d'un ami offrant et donnant la caution pécuniaire que le juge aura déterminée.

Récidive de faits qualifiés crimes ou délits et emportant condamnation à une peine infamante.

ARTICLE 9.

La condamnation volontaire à la peine de l'expatriation et la condamnation juridique à la peine de la transportation emportent la dégradation civique.

ARTICLE 10.

La dégradation civique consiste : 1° dans la destitution et l'exclusion des condamnés, de toutes fonctions, emplois ou offices publics ; 2° dans la privation du droit de vote, d'élection, d'éligibilité, et en général de tous les droits civiques et politiques, et du droit de porter aucune décoration ; 3° dans l'incapacité d'être juré-expert, d'être employé comme témoin dans des actes, et de déposer en justice autrement que pour y donner de simples renseignements ; 4° dans l'incapacité de faire partie d'aucun conseil de famille, et d'être tuteur, curateur, subrogé tuteur ou conseil judiciaire ; 5° dans la privation du droit de port d'armes, du droit de faire partie de la garde nationale, de servir dans les armées françaises, de tenir école, ou d'enseigner et d'être employé dans aucun établissement d'instruction, à titre de professeur, maître ou surveillant.

ARTICLE 11.

La peine de l'internat dans la Commune-mère à temps ou à perpétuité consiste à ne pouvoir, pendant le temps fixé par la condamnation, résider ailleurs que dans ladite Commune, sous peine de condamnation volontaire à l'expatriation ou de condamnation juridique à la transportation à perpétuité pour rupture d'internat.

TITRE V.

DES PEINES EN MATIÈRE CORRECTIONNELLE ET DE LEURS EFFETS.

ARTICLE 12.

Les peines en matière correctionnelle sont :

L'interdiction à temps de certains droits civils et de famille ;

L'amende et les dommages-intérêts, séparément ou cumulativement ;

Le renvoi sous la haute surveillance de la famille, et, à défaut de famille, de la Commune-mère ;

L'amende pourra être égale au montant annuel de l'assurance générale sans qu'elle puisse, en aucun cas, descendre au-dessous du dixième.

ARTICLE 13.

Le juge, soit en instance, soit en appel, jugeant correctionnelle-ment, pourra, dans certains cas, interdire, en tout ou en partie, l'exercice des droits civils et politiques suivants : 1° de vote et d'élection ; 2° d'éligibilité ; 3° d'être appelé ou nommé à des fonc-tions publiques, ou aux emplois de l'administration, ou d'exercer ces fonctions ou emplois ; 4° du port d'armes ; 5° de vote et de suffrage dans les délibérations de famille ; 6° d'être tuteur, curateur ; 7° d'être expert ou employé comme témoin dans les actes ; 8° de témoignage en justice, autrement que pour y faire de simples dé-clarations.

ARTICLE 14.

Dans les condamnations pour crimes ou délits où il y a lieu au payement d'une amende, la mère, la grand'mère, l'aïeule, et tout autre ascendant dans la ligne maternelle, ou, à leur défaut, la Commune-lieu de la naissance de celui qui a été condamné à l'amende, en sont pé-cuniairement et civilement responsables s'ils n'en ont été expressé-ment dispensés par l'arrêt de condamnation (1).

ARTICLE 15.

La famille ou la Commune-mère sous la haute surveillance de laquelle aura été placé un condamné sera tenue, en cas d'évasion, sous peine d'amende, d'en informer immédiatement l'officier de paix. L'amende variera de cent francs à dix mille francs.

ARTICLE 16.

Tout condamné à la haute surveillance de sa famille, et, à défaut de famille, de sa Commune, et qui s'y sera soustrait, sera con-damné à la peine de l'internat à temps ou à perpétuité.

TITRE VI.

DES PEINES EN MATIÈRE DE CONTRAVENTION ET DE LEURS EFFETS.

ARTICLE 17.

Les peines en matière de contravention sont :

L'amende.

La saisie et la destruction de l'objet déclaré nuisible ou dangereux.

L'amende varie du dixième au centième du montant annuel de
l'assurance générale.

TITRE VII.

DE LA CONSTATATION DES FAITS QUALIFIÉS CRIMES OU DÉLITS.

ARTICLE 18.

Toute constatation judiciaire d'un fait qualifié crime ou délit
sera consignée sur l'INSCRIPTION DE VIE du condamné.

A cet effet, notification de la condamnation aura lieu dans les trois
jours au Juge de paix de la Commune-lieu de la naissance du condamné. Pareille notification devra être également faite dans les trois
jours, par ledit juge de paix, au percepteur de la Commune-lieu de
la naissance du condamné.

La radiation judiciaire au registre matricule de la Commune de
toute constatation judiciairement prononcée équivaudra à la réhabi-
litation du condamné à la haute surveillance de sa famille ou à l'internat dans la Commune-mère.

TITRE VIII.

DISPOSITIONS TRANSITOIRES.

ARTICLE 19.

Toutes les peines afflictives et infamantes, ou seulement infamantes, prononcées en matière criminelle et correctionnelle anté-

rieurement à la promulgation de la présente loi, sont commuées en celle de l'internat dans la Commune-mère sous les réserves exprimées dans les articles 8 et 11.

Sont exceptés des dispositions de la présente réforme, les délits et crimes commis par des militaires et soumis à la juridiction militaire.

TITRE IX.

DISPOSITIONS SPÉCIALES.

ARTICLE 20.

Sont effacés du Code pénal tous les prétendus crimes et délits commis par voie de la presse ou de la parole.

ARTICLE 21.

Toute commune a sa maison d'arrêt.

ARTICLE 22.

Toute arrestation est expressément préventive. La mise en liberté provisoire sous caution ordonnée par le juge compétent est de droit, hors les cas où il s'agit soit d'une accusation emportant une peine infamante, soit d'un cas de récidive.

NOTE.

———

(1) Ce principe de solidarité se remarque dans plusieurs endroits de notre législation. L'article 1384 du Code civil porte :

« On est responsable non-seulement du dommage que l'on cause par son propre fait, mais encore de celui qui est causé par le fait des personnes dont on doit répondre, ou des choses que l'on a sous sa garde.

« Le père, et la mère après le décès du mari, sont responsables du dommage causé par leurs enfants mineurs habitant avec eux ;

« Les maîtres et les commettants, du dommage causé par leurs domestiques et préposés, dans les fonctions auxquelles ils les ont employés ;

« Les instituteurs et les artisans, du dommage causé par leurs élèves et apprentis, pendant le temps qu'ils sont sous leur surveillance.

« La responsabilité ci-dessus a lieu, à moins que les père et mère, instituteurs et artisans, ne prouvent qu'ils n'ont pu empêcher le fait qui donne lieu à cette responsabilité. »

L'article 73 du Code pénal est ainsi conçu :

« Les aubergistes et hôteliers, convaincus d'avoir logé plus de vingt-quatre heures quelqu'un qui, pendant son séjour, aurait commis un crime ou un délit, seront civilement responsables des restitutions, des indemnités et des frais adjugés à ceux à qui ce crime ou délit aurait causé quelque dommage, faute par eux d'avoir inscrit sur leur registre le nom, la profession et le domicile du coupable. »

La loi du 10 vendémiaire an IV établit ainsi la solidarité des communes :

ARTICLE 1er.

« Tous citoyens habitant la même commune seront garantis civilement des attentats commis sur le territoire de la commune, soit envers les personnes, soit contre les propriétés.

ARTICLE 4.

« En cas d'attroupements séditieux, les habitants de la commune, qui prétendraient n'avoir pris aucune part aux délits, et contre lesquels il ne s'élèverait aucune preuve de complicité ou participation aux attroupements, pourront exercer leur recours contre les auteurs et complices des délits.

ARTICLE 5.

« Dans le cas où les rassemblements auraient été formés d'individus étrangers à la commune sur le territoire de laquelle les délits ont été commis, et où la commune aurait pris toutes les mesures qui étaient en son pouvoir, à l'effet de les prévenir et d'en faire connaître les auteurs, elle demeurera déchargée de toute responsabilité. »

LIVRE SIXIÈME.

LE DOUAIRE UNIVERSEL.

> Pour une république bien constituée, les premières lois devraient être celles qui règlent les mariages.
> PLATON. Des lois, IV.

> Qu'il n'y ait point de prostituées entre les filles d'Israël.
> DEUTÉRONOME, XXIII, 17.

> Nous ne sommes pas les enfants de la servante, mais de la femme libre.
> SAINT PAUL. Épître aux Gal., ch. IV, V. 31.

> Chez les Germains, ce n'est pas la femme, c'est le mari qui apporte la dot.
> TACITE, De morib. Germ., c. XVIII.

> La mère ne peut avoir de bâtard. DROIT ROMAIN.

> On n'est point l'enfant illégitime de sa mère.
> MIROIR DE SAXE.

> La femme, c'est la maison. DIGEST OF HINDU LAW.

> Une mère est plus que mille pères, car elle porte et nourrit l'enfant dans son sein; voilà pourquoi la mère est très-vénérable. DIGEST OF HINDU LAW.

> Toute femme que la mère n'a point élevée n'aimera point à élever ses enfants. J. J. ROUSSEAU.

> L'avenir d'un enfant est toujours l'ouvrage de sa mère.
> L'empereur NAPOLÉON.

> Parmi les maux que notre organisation sociale porte dans son sein, l'augmentation incessante du nombre des enfants nés hors mariage occupe une place importante.
> L. J. KOENIGSWARTER. Enfants nés hors mariage.

LES ENFANTS SONT ÉGAUX DEVANT LA MÈRE.

I

En France, sur 12.971 enfants qui naissent passant pour *légitimes*, 1 est réputé *illégitime*. Plus du treizième. Sur 925,425 naissances déclarées *selon la loi*, le nombre annuel des naissances déclarées *hors la loi* est de 70,043, soit sur 35,401,701 Français, dernier chiffre du recensement officiel de la population, 2,800,000 bâtards.

À Paris, sur 2.84 enfants qui naissent passant pour *légitimes*, 1 est réputé *illégitime*. Plus du tiers.

À Munich, sur 1.21 enfants qui naissent passant pour *légitimes*, 1 est réputé *illégitime*. Près de la moitié.

En Belgique, dans les *communes rurales*, sur 15.40 enfants qui naissent passant pour *légitimes*, 1 est réputé *illégitime*; et, *dans les villes*, sur 5.60 enfants qui naissent passant pour *légitimes*, 1 est réputé *illégitime*. Plus du sixième.

À Bruxelles, sur 2.50 qui naissent passant pour *légitimes*, 1 est réputé *illégitime*. Plus du tiers.

La statistique confond, sous le nom d'*illégitimes*, les enfants que la loi distingue par ces mots : *naturels, adultérins, incestueux.*

En France, l'enfant naturel n'est point héritier; la loi ne lui accorde de droit sur les biens de son père ou de sa mère que lorsqu'il a été légalement reconnu. Même dans ce cas, le droit de l'enfant naturel n'est que du tiers de la portion héréditaire qu'il aurait eue s'il avait été légitime.

L'enfant naturel reconnu ne peut réclamer les droits d'enfant légitime.

Toute reconnaissance de la part du père ou de la mère, de même que toute réclamation de la part de l'enfant, peut être contestée par tous ceux qui y ont intérêt.

La recherche de la paternité est interdite. La recherche de la maternité est admise. Mais l'enfant qui réclame sa mère est tenu de prouver qu'il est identiquement le même que l'enfant dont elle est accouchée. Il n'est reçu à faire cette preuve par témoins, que lorsqu'il y a déjà un commencement de preuve par écrit.

L'enfant né d'un commerce incestueux ou adultérin n'est jamais admis à la recherche soit de la paternité, soit de la maternité. Il ne peut hériter. La loi ne lui accorde que des aliments.

Lorsque le père ou la mère de l'enfant adultérin ou incestueux lui ont fait apprendre un art mécanique, ou lorsque l'un d'eux lui a assuré des aliments de son vivant, l'enfant ne peut élever aucune réclamation contre leur succession.

Le crime de suppression d'état, crime qui consiste à mettre l'enfant dans l'impossibilité de prouver de quels parents il est né, est puni de la reclusion.

Le condamné à la reclusion est renfermé dans une maison de force; la durée de cette peine est de cinq années au moins.

Deux millions huit cent mille Français réputés enfants illégitimes, qualifiés de bâtards et mis ainsi hors le droit commun, forment incontestablement une nation dans une nation.

Partout cette proportion tend à s'accroître par deux causes :

par l'immense développement de l'industrie manufacturière et par l'immense accroissement des villes.

En 1817, en France, sur 881,570 naissances passant pour *légitimes*, on comptait 62,555 naissances réputées *illégitimes*; en 1848, sur 880,957 naissances passant pour *légitimes*, on comptait 67,791 naissances réputées *illégitimes* : augmentation du nombre des naissances réputées *illégitimes*, 5,238.

En 1848, en Belgique, on comptait une naissance réputée *illégitime* sur 7 naissances passant pour *légitimes*, dans les villes, et sur 18.09 dans les campagnes; en 1850, on comptait 1 naissance réputée *illégitime* sur 5.60 naissances passant pour *légitimes* dans les villes et sur 15.40 dans les campagnes.

Lorsque les lois admettaient et consacraient l'inégalité des citoyens devant elles, la condition faite aux bâtards (*) pouvait, sinon se justifier, du moins s'expliquer.

S'expliquer n'est plus possible.

Comment expliquer que ce soit l'enfant qui porte la peine de la faute qu'il n'a pas commise, de la faute qui a été commise avant même qu'il fût né, qu'il fût engendré, qu'il fût conçu?

Comment expliquer que ce soit l'enfant privé de l'héritage des biens de son père et de sa mère qui hérite des conséquences de leur conduite condamnée par la loi religieuse et civile?

Comment expliquer l'inégalité entre enfants de la même mère, lorsque la religion chrétienne qui, si elle est la vraie, devrait être la loi universelle, la règle éternelle, déclare que tous les hommes sont frères, égaux en Dieu et devant Dieu (*)?

Cette inégalité entre enfants de la même mère ne saurait s'ex-

(*) En J.-C. il n'y a plus de distinction entre le maître et l'esclave, entre l'homme et la femme.

Il n'y a plus maintenant ni de juif, ni de gentil, ni d'esclave, ni de libre, ni d'homme, ni de femme, mais vous n'êtes tous qu'un en J.-C. SAINT PAUL aux Gal., chap. III. 18. SAINT MATHIEU, chap. V. 19.

pliquer ; aussi, quelles qu'en doivent être les conséquences sociales, ne pourra-t-on infirmer par aucune objection sérieuse la
justesse de l'axiome nouveau que je viens proclamer.

Une seule ligne, celle qui suit, résume toute la Révolution
de 1789 :

LES FRANÇAIS SONT ÉGAUX DEVANT LA LOI.

Cette seule ligne a suffi pour qu'une immense révolution s'ac-
complît.

Toute une révolution, non moins profonde et non moins
féconde, est également contenue en germe dans cette autre ligne,
exactement composée du même nombre de mots :

LES ENFANTS SONT ÉGAUX DEVANT LA MÈRE.

Ce principe érigé en loi, toute distinction disparaît entre les
enfants qui passaient pour *légitimes* et ceux qui passaient pour
illégitimes.

Tous également portent le nom de leur mère (¹).

Tous également héritent de ses biens.

Tous ont les mêmes droits aux mêmes soins, à la même sollicitude.

Deux millions huit cent mille Français relégués hors du droit
commun y rentrent, sinon dans le présent, du moins dans l'avenir.

Le principe de l'égalité civile, vérité relative, fait un nouveau
pas vers la vérité absolue.

Il n'y a plus deux nations dans une nation : une petite contenue dans une grande ; celle-là mise par celle-ci hors le droit
commun et le droit naturel ; l'homogénéité nationale, qui n'existait pas, est établie sur ce point.

La femme, dont le rôle dans la société avait été dénaturé,
recouvre celui qui lui appartient.

L'ordre social, au lieu d'avoir la probabilité pour fondement,
a pour fondement la certitude.

J'entends qu'on se récrie et qu'on me dit : Donner la maternité pour base à l'ordre social qui avait pour base la paternité, c'est l'ordre social renversé.

Je réponds : C'est l'ordre social factice renversé, mais c'est l'ordre social naturel rétabli.

On reprend et l'on ajoute : Si telle était, en effet, la véritable base de l'ordre social, il n'eût pas attendu cinq mille ans pour se placer en équilibre sur elle, autrement que sous la forme d'exceptions locales.

Je réplique et j'ajoute à mon tour : Est-ce que, jusqu'en 1632, l'on n'a pas nié que la terre tournât ? Et pourtant, est-ce qu'elle ne tourne pas ?

L'un des plus illustres savants, Laplace, a consigné dans son immortel ouvrage : *le Système du Monde*, cette observation, d'une incontestable vérité : « Les idées les plus simples sont presque toujours celles qui s'offrent les dernières à l'esprit humain. »

S'il en est ainsi, et l'histoire des siècles atteste qu'il en est ainsi, tout étonnement doit cesser.

Lorsque la force est le seul droit qui règne, lorsque la gloire acquise par la guerre est la seule qui paraisse enviable et qui soit enviée, lorsque l'homme est libre et que la femme est captive, lorsqu'enfin l'homme est tout, et que la femme n'est rien, il découle naturellement de soi-même que l'ordre social ait pour base la paternité, et que ce soit le nom du père qui se transmette à l'enfant.

Mais lorsque le droit sera la seule force qui régnera, lorsque la paix aura définitivement remplacé la guerre, lorsqu'enfin la femme aura pleinement conquis l'égalité, comme elle a déjà conquis la liberté, il découlera pareillement de soi-même que l'ordre social ait pour base la maternité, et que ce soit le nom de la mère qui se transmette à l'enfant.

Sans contredit, ce sera là, je n'en disconviens pas, un grand changement opéré dans les mœurs et les usages, dans les idées et les conventions.

Mais si parce qu'un changement est important, quoique nécessaire, on hésite à l'opérer en remontant des effets aux causes, comment s'y prendra-t-on pour arrêter le débordement de la misère, pour tarir la source de la prostitution, pour sauver de l'abandon et de la réprobation tant d'enfants recueillis par le tour des hospices sous le nom d'enfants trouvés ou déposés comme une lie au fond de la société, sous le nom d'enfants illégitimes; pour arracher, enfin, l'espèce humaine à son déclin physique et à son abâtardissement social?

Ne voit-on pas que, de toutes parts, le vieux monde s'écroule et que le nouveau monde s'élève? L'un entre au tombeau, l'autre sort du berceau.

Tout ce qui fut erreur tend à se rectifier; tout ce qui fut doute tend à se convertir en certitude. C'est la loi même de la science; c'est ce qui lui sert de preuve; c'est son *critérium*.

Or, je le demande, de quel côté se rencontre la certitude? Est-ce du côté de la maternité, ou du côté de la paternité?

Au temps où la femme, qu'elle fût légitime ou qu'elle ne le fût pas, vivait enfermée; au temps où l'homme, dont elle était la *chose*, avait sur elle droit de possession absolue, droit de vie et de mort; dans les pays où ce droit subsiste encore; aux temps et dans les pays où le droit d'aînesse existait et existe encore on comprend et on explique facilement que la paternité, offrant peu de doutes, ait été le sceau qui ait servi à marquer et à distinguer les enfants (¹).

Encore une fois, il n'en saurait être autrement quand l'homme est tout et que la femme n'est rien.

Alors cela est parfaitement logique et rationnel, mais cela cesse d'être rationnel et logique dès que la femme est proclamée devant

Dieu l'égale de l'homme (*), dès qu'elle jouit de la même liberté que lui, et que la paix, se substituant à la guerre, est devenue l'état normal de la société.

LES ENFANTS SONT ÉGAUX DEVANT LA MÈRE : oui ou non, ce principe qui a pour conséquence la liberté dans le mariage, est-il incontestablement juste?

Oui ou non, est-il moins incontestablement juste que ce principe qui a prévalu et qui ne trouve plus parmi nous de contradicteurs : LES FRANÇAIS SONT ÉGAUX DEVANT LA LOI?

Ou le principe que j'ai énoncé est vrai ou il est faux, ou il est contestable ou il ne l'est pas.

S'il est contestable, qu'on le conteste!

S'il est faux, qu'on le démontre!

S'il est vrai, qu'on le reconnaisse!

Mais s'il est vrai, de quel droit l'empêcherait-on de porter toutes ses justes conséquences, quelles qu'elles puissent être? Les écarts seuls en devraient être prévenus ou réprimés.

L'hypothèse est une manière idéale de se transporter dans la réalité et de suppléer l'expérience. Par l'hypothèse, je vais donc passer successivement en revue les conséquences sociales qu'entraînerait l'adoption du principe que je déclare souverainement vrai, souverainement juste, souverainement bon, souverainement moral, souverainement pacifique, souverainement civilisateur.

La première de ces conséquences, j'ai hâte d'en convenir, est de rayer la célébration du mariage du nombre des actes dans lesquels l'État s'est arrogé le droit d'intervenir.

La célébration du mariage n'aurait jamais dû cesser d'être un acte purement et exclusivement religieux.

____

(*) En J.-C. il n'y a pas de distinction entre *l'homme* et la *femme*. SAINT PAUL *aux Galates*, ch. III. 28.

Le mariage est un acte de la foi, non de la loi [4]. C'est à la foi [5] à le régir; ce n'est pas à la loi à le régler.

Dès que la loi intervient, elle intervient sans droit [6], sans nécessité, sans utilité.

Pour un abus qu'elle a la prétention d'écarter, elle en fait naître d'innombrables qui sont pires, et dont, ensuite, la société souffre gravement sans se rendre compte de la cause qui les a produits.

C'est ce qu'il me sera facile de démontrer, lorsque je répondrai aux objections que je pressens et à celles que je provoque.

Mais avant de herser le champ des objections, il convient de défricher le champ des hypothèses.

II

Je suppose diverses jeunes filles, nées dans les conditions les plus diverses et toutes parvenues à l'âge nubile.

Valentine est douée de tous les dons de l'éducation, de l'esprit, de la jeunesse et de la fortune. Elle peut choisir un mari à son gré. Elle n'a que l'embarras du choix. Elle est catholique. Elle plaît à Lucien, pareillement doué de tous les dons de l'éducation, de l'esprit, de la jeunesse et de la fortune; mais il est protestant; Lucien insiste pour épouser Valentine. Elle le refuse, et ce refus est fondé sur ce que le protestantisme, accueillant le divorce que repousse le catholicisme, aucun mariage ne saurait avoir lieu entre deux personnes appartenant à des religions dont l'une le proclame un acte indissoluble, tandis que l'autre admet que c'est un nœud qui peut se dénouer. En effet, il n'y aurait pas eu pour Valentine garanties suffisantes et égalité de conditions réciproques. Lucien est donc écarté. Roger se présente. Valentine l'écarte aussi. Pourquoi ? Roger lui déplairait-il ? Non; au contraire, il lui plaît; il est beau, il est riche, mais Valentine, éclairée par les conseils et l'expérience de sa mère, a entrevu dans l'indiscipline des opinions de Roger, en matière de foi religieuse et d'opinion publique, que ce seraient là deux freins qui le retiendraient peu le jour où il trouverait trop pesante ou trop courte la chaîne du mariage et où il serait tenté de la rompre, trop heureux de recouvrer sa liberté au prix de l'abandon de la perte du douaire par lui constitué à Valentine par acte authentique, si considérable que fût ce douaire. Roger n'est point accueilli. Valentine lui préfère Édouard. A-t-elle tort? a-t-elle raison? C'est ce qu'apprendra l'avenir. L'acte constitutif du douaire (1) a été dressé devant notaires; le mariage a été célébré par le prêtre; il est consommé; Valentine est l'épouse d'Édouard. Entre ce qui avait lieu sous le régime qu'il est question de réformer et ce qui vient de se passer hypothétiquement, nul autre changement, si ce n'est que Valentine conserve le nom de sa mère et que ce nom est celui qu'elle transmet à ses enfants. Je suppose que Valentine ne se soit pas trompée dans son choix; je suppose Valentine mère de trois enfants; ils savent qu'ils n'ont de droit que sur les biens de leur mère, après sa mort, et que la fortune de leur père ne leur reviendra que s'il la leur donne expressément par un acte spontané de sa libre volonté; ils n'y comptent donc que très-éventuellement et dans une certaine mesure; comptant moins sur lui, ils comptent plus sur eux. Loin d'être un mal, ce sera un bien; ce sera un stimulant et un progrès. Maintenant, je suppose que Valentine ait été la victime d'une illusion. Édouard ne possédait aucune des qualités qu'elle lui supposait. Ce qui paraissait vertu en lui n'était qu'inexpérience; ce qui paraissait douceur n'était que faiblesse de caractère. Perverti par de funestes influences, il ne tarde pas à tomber dans tous les excès d'une vie dissipée et dissolue. Que fait Valentine? Si Valentine est véritablement et sincèrement catholique, sa conduite est tracée par sa foi; alors même qu'elle a cessé d'aimer et d'honorer son mari, elle lui est encore fidèle, pour n'être pas infidèle à l'Église (*). Puisant à la source vive, pure et intarissable de la maternité des forces et des qualités nouvelles, elle se consacre à l'éducation des enfants qui portent son nom et dont elle répond devant la société. Elle y met son honneur et son bonheur. Les trois meilleurs rois de France ont été élevés par des femmes, par leurs mères : saint Louis, par Blanche de Castille; Louis XII, par Marie de Clèves; Henri IV, par Jeanne d'Albret.

Ainsi par la maternité la femme se relève et s'élève. Elle n'est plus irresponsable et désœuvrée. Elle tient dans ses mains, elle le sait, l'œuvre de l'avenir et elle en répond. La trame qu'elle ourdit est celle de l'humanité. La fonction qu'elle accomplit est la plus haute, la plus noble, la plus difficile de toutes les fonctions. En est-il, en effet, de plus difficile, de plus noble et de plus haute que celle de concevoir un enfant, de le porter neuf mois dans ses entrailles, de lui donner la vie au risque de perdre la sienne, de l'allaiter pendant plus d'une année (*), de l'élever, de l'instruire, de discerner ses qualités, de reconnaître ses défauts, de former son caractère, son cœur et son esprit? Pour changer les destinées d'un peuple il suffit souvent d'un progrès entrepris et accompli par un homme. Toute mère, dans son légitime orgueil, peut espérer de donner le jour à un tel homme. Toute mère peut espérer d'être illustrée par son fils. Est-ce que toute mère chrétienne et croyante n'a pas devant elle un puissant exemple qui doit l'encourager : l'exemple de Marie, la mère de Jésus? Contre un pareil exemple donnant si pleinement raison à ce principe nouveau que je viens opposer au principe ancien, que pourra

---

(*) Raphaël eut pour nourrice sa mère Élisabeth Ciarla.

Toutes les Germaines nourrissaient elles-mêmes leurs enfants.

invoquer la contradiction? que pourra-t-elle m'objecter? Contradiction, je l'attends.

Fille d'une mère pauvre ou ruinée, Thérèse ne possède pour toute fortune que l'attrait dont la nature l'a dotée. Elle n'est pas seulement exposée à la séduction, elle est encore exposée à l'abus que beaucoup d'hommes ne craignent pas de faire du pouvoir matériel ou de l'ascendant moral que leur donne l'avantage de certaines positions. Pour se soustraire aux obsessions dont elle est l'objet, obsessions empruntant toutes les formes, celle de la prière et celle de la menace alternativement, Thérèse fera-t-elle entendre la voix de la vertu? Une pauvre fille qui parle de sa vertu et qui n'a que ce rempart pour se défendre contre une convoitise déterminée est une fille perdue. Toute résistance de sa part ne fait que rendre le désir plus vif et l'attaque plus hardie. La vertu n'est un rempart invincible que contre l'amour sincèrement éprouvé et profondément ressenti. La timidité de l'un fait la force de l'autre.

Pauvre fille obscure qui répète, sans les bien comprendre, les mots d'honneur et de vertu qu'on t'a appris, ne vois-tu pas que tu te livres, lorsque tu crois ainsi t'abriter derrière eux? Ta vertu! En quoi donc seras-tu plus honorée, si tu la gardes, moins honorée, si tu la perds? Est-ce que le monde qui dispense l'estime te connaît, te regarde et tient compte des assauts que tu repousses, des luttes que tu soutiens, et finalement de ta victoire ou de ta défaite? Est-ce que la misère d'une femme n'est pas jugée plus sévèrement que sa faiblesse? Est-ce qu'il ne vaut pas mieux être recherchée que repoussée? Tu crains la médisance? Ignores-tu donc que la calomnie existe? On ne dira pas que, placée entre deux sacrifices, tu as préféré faire celui de ton travail et de ton pain; on dira le contraire, on dira que c'est parce que tu t'es mal conduite que tu as été renvoyée de la maison, du magasin, de l'atelier ou de la fabrique. L'hypocrisie a des alliés et des cautions que la vertu n'a pas. Il est communément admis, comme présomption, que l'hypocrisie dit la vérité et que c'est la vertu qui ment. Pauvre fille assiégée à qui ce langage est tenu crûment, réponds-y, si tu peux.

Crois-moi; si tu es sincère et si tu veux être invincible, cesse de te servir de mots de convention qui, tombant de tes lèvres, sonnent faux; ne prononce plus le mot de vertu; c'est un mot trop dangereux à employer. Prononce tout de suite et sans hésiter le mot de maternité. Derrière ce mot fermement articulé tu seras inviolable. Déclare que tu ne pardonnerais pas et que la société elle-même ne te pardonnerait pas, si tu mettais au monde un enfant dont le sort et l'éducation n'auraient pas été préalablement assurés! Renferme-toi dans ce dilemme inexpugnable et n'en sors pas : dis à ton séducteur ou à ton oppresseur, peu importe, dis-lui : — « Ou vous m'aimez ou vous ne m'aimez pas, ou vous êtes un honnête homme ou vous êtes un malhonnête homme; si vous m'aimez, ainsi que vous le répétez, si vous êtes un honnête homme, ainsi que vous le prétendez, prouvez-le en me garantissant les moyens d'élever l'enfant qui portera mon nom et qui aura le droit de me demander compte de l'existence que vous lui aurez donnée, mais qu'il aura reçue de moi; lorsqu'il aura besoin de pain ou d'appui, ce n'est pas à vous qu'il s'adressera, ce sera à moi; vous, peut-être, ne vous verra-t-il jamais; moi, il me verra toutes les fois qu'il ouvrira les yeux. Vous hésitez, vous refusez, donc il n'est pas vrai que vous m'aimiez, donc il est douteux que vous soyez un honnête homme! Mais j'aperçois que vous pensez et j'entends que vous dites : Ce langage est celui de la fille qui se vend et ne se donne pas. Non, monsieur, ce langage est celui de la mère qui considérerait non plus justement comme une faiblesse, mais en réalité comme un crime de donner la naissance à un enfant dont elle serait obligée de cacher l'existence, et qu'elle serait contrainte d'aller furtivement déposer au tour d'un hospice. Si j'ai un enfant, je veux le porter, l'allaiter et l'élever sans mystère; je veux lui apprendre à aimer et à respecter sa mère qui, avant de penser à elle, aura pensé à lui. De quoi aura-t-il à se plaindre? Son éducation aura été assurée. Qu'aura à redire la société? Elle aura été ainsi délivrée de la charge et du soin de pourvoir à l'existence de milliers d'enfants trouvés et abandonnés. Habitué que vous aviez été à faire retomber sans scrupule, sur la femme subornée ou violentée, tout le risque et toute la responsabilité de ce qu'il vous convenait d'appeler l'excès de sa faiblesse et qu'il eût été plus juste d'appeler l'abus de votre force, ce langage si vrai, si simple, si positif, exempt de grandes phrases et de faux sentiments, glace vos transports et dissipe l'ivresse de vos sens; vous reconnaissez que vous n'y sauriez rien répondre... »

L'honnête homme qui s'était oublié, se sent troublé dans sa conscience; en lui parlant ainsi, la pauvre fille l'a réduit au silence. Le mot de vertu l'eût perdue! Le cri de la maternité l'a sauvée!

Est-ce vrai?

Mères, apprenez donc à vos filles à se défendre et à se protéger par d'autres raisons que les raisons banales et impuissantes que vous les avez accoutumées à répéter machinalement, sans tenir compte des différences de conditions qui résultent de la société, telle qu'elle est constituée! Mères, dites donc de bonne heure à vos filles ce que c'est que la maternité : enseignez-leur que c'est, à la fois, pour la femme, le plus grand des périls et le plus impérieux des devoirs! Qu'elles sachent que c'est au prix de sa vie, souvent, que la mère met au monde un enfant, et qu'en tout cas elle répond de lui, soit qu'elle meure ou qu'elle survive! C'est principalement l'inexpérience qui recrute la prostitution, laquelle, ensuite, s'entretient par l'opprobre qui s'attache à ce qu'il est convenu d'appeler « la première faute » (²). Donc faites d'abord cesser l'inexpérience : après viendra le jour où il n'y aura plus d'opprobre et de sévérité que pour la mère qui, sous quelque prétexte que ce soit, aurait manqué aux devoirs de la maternité. Finissons-en avec les grands mots et les phrases creuses. Toute prime doit se proportionner au risque qu'elle se propose pour but et qu'elle doit avoir pour effet d'anéantir. Que l'homme soit responsable de l'enfant devant la femme, que la mère soit responsable de l'enfant devant la société, et l'on ne tardera pas à voir se fermer, en même temps que les tours d'enfants trouvés, le gouffre de la prostitution. C'est par la maternité, réhabilitée en certains cas, et toujours honorée, qu'il se comblera. Combien de malheureuses filles qui, d'échelon en échelon sont descendues au dernier échelon de l'ignominie, et qui fussent restées de dignes et d'excellentes mères, si elles avaient pu, sans fausse honte, avouer l'existence de leur enfant et l'élever publiquement au lieu de l'abandonner clandestinement! Le plus souvent, l'enfant et la mère se protégeront réciproquement : la mère, en mettant son enfant à l'abri de la misère; l'enfant, en tenant sa mère en garde contre la séduction.

O maternité ! lorsque tu seras ce que tu dois être, la vertu de la femme et son point d'honneur, la société, comme la terre, tournera d'elle-même.

La prostitution n'existera plus, car ce sera un effet qui n'aura plus de cause [10].

Il y aura des unions contractées devant le notaire et sanctifiées par le prêtre, et des unions contractées devant le notaire seulement [11].

La société pourra avoir deux poids pour peser ces deux sortes d'unions, honorer plus les unes, honorer moins les autres, mais de celles-ci comme de celles-là les enfants naîtront égaux devant leur mère dont ils porteront le nom.

Louise est née dans la condition la plus modeste; elle a été habituée par sa mère à vivre de peu et à économiser beaucoup. Michel le sait; c'est la femme qu'il lui faut et qu'il désire avoir. «Louise, lui dit Michel, voulez-vous nous marier? — Michel, répond Louise, vous savez que je ne possède rien; quelle épargne avez-vous? — Aucune encore, répond Michel. — Eh bien! reprend Louise, travaillez et attendez pour m'épouser que vous ayez amassé la petite somme nécessaire pour opérer le versement exigé par la Caisse maternelle, de telle sorte que si vous veniez à mourir, ou que si vous veniez à vous déranger et à m'abandonner, les enfants que je pourrais avoir ne manquent ni de pain ni d'éducation.» Si Michel est un brave et digne garçon, il se mettra à l'ouvrage, redoublera d'efforts et se surpassera (*); si au contraire Michel n'est qu'un coureur, le chemin qu'il prendra ne sera plus celui qui conduit à la maison de Louise.

L'objection, je l'ai prévu, qu'on ne manquera pas de faire est celle qui va suivre : Demander ainsi à l'ouvrier, avant de se marier, qu'il possède déjà une épargne, si faible qu'on la suppose, c'est ne pas tenir compte de l'insuffisance des salaires; ce serait donc reculer de plusieurs années, pour un grand nombre d'ouvriers, l'époque à laquelle ils ont l'habitude de se marier. Ainsi empêchés de se marier dans toute la vigueur de l'âge, et entraînés par elle, beaucoup d'excès ne seraient-ils pas à redouter?

Je réponds : Si les salaires tels qu'ils sont fixés sont insuffisants, eh bien! par la loi même du travail, lequel doit être rétribué selon sa valeur, ils s'élèveront et devront s'élever au taux nécessaire pour se proportionner aux risques prévus et aux besoins légitimes du

(*) La pauvre fille d'un paysan suisse se croirait déshonorée si, en se mariant, elle n'apportait pas à son mari, son lit, la garde-robe de noyer et un trousseau complet composé de tout le linge dont elle aura besoin pour le reste de sa vie; de son côté, son époux n'oserait pas se présenter à l'église pour la cérémonie, s'il ne portait pas l'uniforme neuf et complet de la milice.

travailleur. Il n'y a pas une considération sociale au nom de laquelle j'admette que, pour ne pas diminuer le profit de tels hommes, d'autres hommes seront éternellement condamnés à l'insuffisance du salaire, et que, pour mettre telles femmes à l'abri du viol, d'autres femmes seront nécessairement vouées à la prostitution.

Non; malgré l'autorité de saint Augustin (*), je n'admets pas cela, et la société, elle-même, n'a pas d'intérêt à l'admettre. La justice est l'aplomb des sociétés. Si l'on ne veut pas qu'elles s'écroulent, qu'on les construise donc comme l'on construit les maisons, non en violant les lois de la statique, mais en les observant.

Louise, persistez dans la réponse que vous avez faite à Michel, et le travail donnera au travailleur, à la fois contenu et stimulé par l'ardeur de se marier, les moyens d'épargner la somme nécessaire à la constitution préalable du douaire universalisé.

Ce sera, du même coup, l'affranchissement du travailleur qui acquerra ainsi l'habitude de l'ordre, en même temps que l'affranchissement de la femme, qui acquerra ainsi la garantie de son indépendance.

Je dis l'affranchissement de la femme, car la femme pauvre ne sera plus exposée, ainsi qu'elle l'est trop souvent, à être malmenée par le mari qui se dérange, qui la délaisse et qui la bat lorsqu'elle se hasarde à prendre la défense de ses enfants affamés et à lui remontrer qu'il fait un mauvais usage de l'argent qu'il gagne, argent qui serait si nécessaire à l'entretien du ménage. Demeurée esclave, serait-elle moins libre et plus maltraitée?

Si le père est attaché à ses enfants, la femme, sous le régime de la maternité, aura sur le mari un moyen d'action puissant qui lui manque présentement sous le régime de la paternité.

____

(*) « Retranchez les femmes publiques du sein de la société, la débauche la troublera par des désordres de tout genre. Les prostituées sont dans une cité ce qu'est un cloaque dans un palais. Supprimez ce cloaque et le palais devient un lieu malpropre. » Saint Augustin.

A ce double titre de mari et de père, elle le contiendra, par la menace et la crainte de se séparer de lui en emmenant avec elle les enfants de leur union. Ce sera son droit, car c'est à elle qu'ils appartiendront uniquement, en cas de séparation. Un contre-poids, rendant la faiblesse l'égale de la force, sera ainsi donné à la femme qui n'avait pas d'arme, à la pauvre femme impuissante, non-seulement à se défendre, mais encore à défendre ses enfants.

Le mari, me dit-on, laissera partir sa femme et ses enfants dont il se peut qu'il ne soit pas fâché d'être débarrassé. Cette objection, qui paraît victorieuse, serait, en effet, fondée si le régime actuel subsistait ; mais, sous le régime nouveau elle est sans fondement et sans valeur. On oublie deux choses essentielles ; que la femme qui se sépare de son mari conserve son douaire, et qu'avant de la remplacer, il faudra qu'il ait épargné l'argent nécessaire pour constituer un douaire nouveau, douaire qui sera d'autant plus impérieusement exigé de lui, que par sa conduite antérieure il présentera moins de garanties et inspirera moins de confiance.

Adrienne est mariée ; elle est mère de deux enfants qu'elle aime ; cependant cette tendresse n'a pas suffi pour la protéger efficacement contre l'entraînement et l'écart d'une liaison qu'elle a contractée, et à la suite de laquelle elle est sur le point de donner le jour à un troisième enfant, qui n'aura pas le même père. Sous le régime actuel de la paternité, Adrienne n'aurait eu que cette étroite alternative : ou bien attribuer cet enfant à l'homme qui n'en est pas le père, ou bien priver l'enfant de son état, au risque d'encourir, un jour, la peine infligée aux soustractions d'état : de cinq à dix années de réclusion. Entre deux crimes, lequel choisir ? Sous le régime de la maternité, disparaît cette odieuse alternative. Adrienne n'est obligée ni de se conduire en femme vile, ni de se conduire en mère dénaturée, ni d'imputer mensongèrement son enfant à l'homme qui n'en est pas le père, ni de priver son enfant de l'état qui lui appartient et des soins qui lui sont dus. Elle donne son nom au troisième de ses enfants, comme elle l'a donné aux deux premiers. Tous les trois sont égaux devant elle ; tous les trois, à sa mort, auront le même droit à sa succession.

Si le principe de l'égalité des enfants devant la mère, lequel a pour effet la liberté dans le mariage, ne rend pas moins rare la fidélité réciproque, du moins il écartera du mariage la paternité frauduleuse et l'imposture légale. Ce ne sera plus le mensonge qui régnera, ce sera la vérité. Il n'y aura plus deux vérités : une vérité selon la nature et une vérité selon la loi. Il n'y aura qu'une vérité. La société y gagnera, car les mœurs, qui se pervertissent par l'hypocrisie, se réforment par la publicité.

Vous trouvez mal que l'adultère dénoue le nœud conjugal ; trouvez-vous donc mieux qu'il le resserre ?

Emportée par l'impétuosité de ses sens ou égarée par l'excès de son imagination, Adèle est une exception parmi les mères. Elle a des enfants, mais elle les aime peu, et ne s'en préoccupe pas. Ils deviendront ce qu'ils pourront. La vie qu'elle mène est une vie dissipée, dissolue, qui doit aboutir inévitablement à la misère. Sous le régime de la maternité, que deviendront les enfants d'Adèle ?—Je vous demande ce que deviennent aujourd'hui, sous le règne qui interdit la recherche de la paternité, les enfants de la débauche éhontée ou de l'adultère clandestin ? Pourquoi tant de pitié dans un cas et dans l'autre si peu ? Il faudrait être conséquent. Si d'ailleurs le sentiment de la paternité a sur l'homme tout l'empire qu'on lui attribue, les pères de ces enfants ne seront-ils pas là ? Qui les empêchera de suppléer la mère ? Assez longtemps les mères dévouées ont suppléé les pères dénaturés. Ce ne serait que justice, ce ne serait que réparation.

Durand est catholique ; Sidney est protestant ; Bou-Jaghla est musulman. Tous les trois habitent Paris. Sous le régime de la liberté dans le mariage et de l'égalité devant la mère, tel que je viens de l'exposer, Durand ne pourra divorcer, sans que le divorce consommé équivale de sa part à une abjuration formelle. Dans ce cas, l'entrée de l'église, sa paroisse, pourra lui être interdite; son nom pourra être publié en chaire, comme il le fut, sous le nom de bans, avant la célébration religieuse du mariage. J'admets, je reconnais, je proclame la toute-puissance des ministres du culte dans le royaume de la foi. L'excommunication est leur droit.

Sidney pourra divorcer à Paris aussi facilement qu'il pourrait divorcer à Londres ou à Bruxelles. Il ne devra compte de ses motifs qu'à sa conscience et qu'à la conscience publique; ces deux juges prononçant l'un en instance et l'autre en appel.

Ben-Jaglân pourra avoir le nombre de femmes que sa religion lui permet, sans qu'il soit fait de distinction entre sa résidence en France et sa résidence en Algérie.

Je viens de parcourir le cercle des principales hypothèses; je me résume et j'affirme :

Que le régime nouveau, qui consiste à proclamer l'égalité des enfants devant la mère et à introduire ainsi la liberté dans le mariage, loin d'en relâcher les liens, les resserrera plutôt, parce que le père pouvant être privé de ses enfants, s'il les aime, s'appliquera à rendre à leur mère la vie aussi douce, aussi agréable, aussi commode que cela sera en son pouvoir; parce que l'épouse n'ayant plus contre le mari qui inclinerait à se séparer d'elle de recours que devant sa conscience et devant l'opinion publique, tiendra deux fois, et comme femme et comme mère, à ne pas mettre les torts de son côté;

Que ce régime ne porte aucune atteinte funeste aux mœurs privées et à la moralité publique;

Que s'il peut être préjudiciable à des enfants en très-petit nombre, il sera certainement profitable au nombre le plus grand;

Que s'il change les conditions d'héritage et de transmission de la propriété, c'est pour faire passer avant elles les véritables lois de la population humaine, manifestement violées par l'état social tel qu'il existe et tel qu'il a pour effet de contraindre de malheureuses femmes, pour gagner péniblement quelques décimes par jour, à déserter le foyer maternel et à aller s'enrégimenter dans des manufactures, des fabriques, et des ateliers où elles dépendent de maîtres et de contre-maîtres contre lesquels elles n'ont d'abri que dans la laideur;

Que s'il change les conditions du mariage, c'est pour les améliorer;

Que s'il fait du douaire la règle et de la dot l'exception, il faudra s'en applaudir : trop souvent l'acte de mariage n'avait d'autre objet que de marier deux piles d'écus ou deux lambeaux de terre; moins rarement on mariera pour eux-mêmes un homme avec une femme; l'argent comptera moins, la beauté comptera plus;

Qu'en mettant la beauté des femmes à un plus haut prix, il tarit la source de la prostitution et, ainsi, ne lui laisse plus, pour s'alimenter, que les rebuts de la nature, le résidu physique avec le résidu moral;

Qu'en développant le sentiment de la maternité, qu'en en faisant la vertu, le point d'honneur, la force de la femme dans sa faiblesse, il porte à la prostitution, qui aurait échappé au premier coup, le coup suprême;

Que l'homme, qu'on s'accorde si souvent d'ailleurs à représenter comme étant trop avide de bien-être matériel, ne fera pas moins d'efforts pour s'enrichir, parce que ses efforts se proposeront pour but la possession d'une femme qu'il aspirera à pouvoir choisir, au lieu de se proposer pour but la transmission du même domaine de père en fils [12];

Que le sentiment filial du fils à l'égard du père n'en sera que plus vif et plus pur, lorsque le fils n'aura rien à prétendre du père, mais qu'il en pourra tout recevoir. De nos jours et sous le régime de la paternité, combien ne voit-on pas de fils laisser percer, dans leur langage plus ou moins dissimulé, l'impatience avec laquelle ils attendent, pour hériter, le jour de la mort de leur père ! Rarement, très-rarement, on voit le fils, la fille, excités par la même convoitise, désirer la mort de leur mère. Pourquoi cette différence qui ne sera pas niée ? C'est à la nature à en donner l'explication. Demandez-la-lui.

Sous le régime de la paternité :

L'épouse comblée des biens de la fortune fléchit sous le poids d'une oisiveté qui le plus souvent enfièvre et égare son imagination. Elle ne sait que faire pour employer son temps. La femme ne fait rien parce que l'homme fait tout.

L'épouse qui n'a pas apporté de dot et qui n'a pas reçu de douaire fléchit sous le poids d'un travail contre nature, qui l'oblige, par économie, de se séparer de son enfant peu de jours après lui avoir donné la naissance, de le mettre en nourrice loin d'elle, moyennant cinq ou six francs par mois (*); d'aller travailler d'un côté lorsque son mari va travailler de l'autre, et de ne se rejoindre que le soir, en rentrant chacun de l'atelier qui les a tenus éloignés de leur ménage toute la journée. Si c'est là ce qu'on appelle la famille et la vie de famille, cela vaut-il, en conscience, tout le bruit qu'on en fait ?

La femme, le fils et la fille font concurrence au mari et au père, et par cette concurrence abaissent le taux du salaire et appauvrissent le ménage lorsqu'ils s'imaginent lui venir en aide (13).

Sous le régime de la maternité, au contraire :

Plus la femme est riche, moins elle est désœuvrée, car non-seulement elle a ses enfants à nourrir, à élever, à instruire, à surveiller ; mais encore elle a à administrer (14) sa fortune, qui sera la leur. Conserver cette fortune, l'accroître encore : voilà de

(*) Le prix des mois de nourrice en moyenne pour la *première* année est de 7 francs et de 4 à 5 francs après le sevrage

quoi occuper ses loisirs, calmer son imagination et la refréner. C'est à tort qu'on suppose que les femmes sont peu aptes à la gestion des affaires; elles y excellent pour si peu qu'elles s'y appliquent ou qu'elles y aient été exercées.

Plus le ménage est pauvre, plus le mari y représente le travail et le salaire, plus la femme y représente la prévoyance et l'épargne. Chacun des deux exerce ainsi sa fonction naturelle. Le mari gagne doublement à ce que la femme ne travaille pas. Elle ne fait pas baisser le salaire et elle l'économise. Les enfants, ne travaillant pas avant l'âge où leurs forces ont acquis le degré de développement nécessaire à leur plénitude, ont le temps de s'instruire. Ainsi, par la maternité, ce puissant instinct, ce noble sentiment (*), se régénérera l'humanité. La maternité est un moule déformé auquel il faut rendre sa forme si l'on veut arrêter le déclin visible des générations asservies par l'industrie.

La nourrice mercenaire, cette violation funeste d'une loi naturelle, cette cause profonde, très-profonde de perturbation sociale, et l'instituteur primaire, désormais inutiles, disparaissent heureusement, car tous deux sont remplacés par la mère. Alors se resserre naturellement le lien filial détendu par la nourrice et par l'instituteur.

Dans l'ordre naturel, la mère qui met au monde un enfant doit l'allaiter.

Qu'arrive-t-il lorsque, sous un prétexte ou par un motif quelconque, la mère viole cette loi de la nature et met son enfant en nourrice? Il arrive que la mère change ainsi les rapports régulièrement établis entre les deux sexes, lesquels peuvent alors se rapprocher prématurément (**); atteinte portée aux lois naturelles de la population.

(*) Voir : Revue Britannique, 1847 ; *Instincts de la Maternité.*

(**) *Solution du problème de la population et des subsistances,* par Charles Loudon.

Il arrive que la malheureuse femme qui gagne dans une fabrique ou un atelier de 15 à 30 francs par mois, pour conserver son pain fait passer son lait et met, loin d'elle, son enfant en nourrice moyennant 5 ou 6 francs par mois, afin de réaliser un profit de 10 à 24 francs ; atteinte portée aux lois naturelles de la concurrence.

Il arrive que le lien maternel et filial se relâche considérablement des deux parts et n'existe plus qu'en apparence.

Il arrive que le véritable *obstacle préventif* étant affaibli, des économistes s'appelant Malthus sont obligés d'en chercher et d'en imaginer un factice, impuissant et funeste (*).

Il arrive que la mortalité des enfants s'accroît et que leur constitution physique s'étiole.

On me dit :

Ne soyez pas absolu :

Toutes les femmes ne peuvent pas allaiter leurs enfants.

Je réponds :

D'abord, vous qui l'affirmez, en êtes-vous bien sûrs ?

Ensuite, les mères qui disent qu'elles ne le peuvent pas ont-elles essayé ?

Enfin les causes pour lesquelles elles ne le peuvent pas ou pour lesquelles elles disent qu'elles ne le peuvent pas ont-elles été attentivement recherchées et examinées ?

Si, en réalité, elles ne le peuvent pas, si effectivement elles n'ont point de lait, il y a de nombreux exemples d'enfants élevés au biberon, et nourris de lait de chèvre ou de lait de vache coupé

(*) « En Bavière, on a cherché à mettre un obstacle à des mariages inconsidérés, en les défendant à ceux qui ne remplissent pas certaines conditions. Mais en voulant remédier à un mal, n'a-t-on pas produit un mal plus grand encore ? N'a-t-on pas jeté la perturbation dans les familles ? On trouve, en effet, que *le nombre des enfants illégitimes y est presque égal à celui des enfants légitimes.* » (QUETELET, *Du Système social,* p. 69.)

d'eau (*). Du moins, si elles n'allaitent pas leur enfant, elles l'élèveront, ou il s'élèvera sous leurs yeux.

Si, pour accoucher, une femme pouvait se faire suppléer par
une autre, combien de femmes grosses prétendraient qu'il leur
est impossible par elles-mêmes de mettre leur enfant au jour !

Elles le diraient.

Les maris le répèteraient.

Le monde le croirait.

Ainsi naissent et s'enracinent certains préjugés devenus presque indestructibles.

Mais les reines elles-mêmes sont contraintes d'accoucher elles-
mêmes.

Il n'y a point d'exception à cette règle ; pourquoi donc y en au-
rait-il à cette autre règle : Les enfants seront allaités par la mère ?

Une seule exception, une seule ! et la règle est détruite : la
reine pour une cause, et l'ouvrière pour une autre cause aban-
donnent à des nourrices leurs enfants, et trahissent ainsi toutes
deux les saints devoirs de la maternité.

Je suis et je veux donc demeurer absolu.

Sous aucun prétexte et pour aucun motif, plus de nourrices.

Dût-on laisser expirer de faim l'enfant que sa mère aurait déclaré ne pouvoir nourrir, ou l'enfant dont la naissance aurait
coûté la vie à sa mère, que ce serait encore de l'humanité bien
entendue, car ce qu'il y a de plus meurtrier, c'est l'usage, de
plus en plus général, des nourrices ; mais un enfant n'expirera
pas de faim lorsqu'il aura à choisir entre le lait de la chèvre et
le lait de la vache (**).

(*) Voir dans l'ouvrage de M. Maquet, sur les enfants trouvés, le moyen
qu'il indique pour nourrir les enfants privés de leur mère.

(**) « Les visiteurs ont remarqué que presque tous les enfants nourris par
leur mère se portent très-bien.... La mortalité, qui était, année moyenne, à
l'hospice des Enfants-Trouvés, de plus de 1 sur 3, n'avait été, pour les enfants

Au rebours de l'antiquité, qui plaçait souvent la mère sous la tutelle de son fils, le fils, élevé dans le respect de sa mère, étend à sa sœur et à toutes les femmes ce respect purificateur qui, en même temps qu'il ennoblit la femme, ennoblit l'homme, et en même temps qu'il les fait égaux l'un de l'autre, les fait plus purs tous les deux.

Sans l'heureuse influence de la mère exercée sur le fils, jamais la femme ne se fût affranchie, même incomplètement, de la tyrannie de l'homme. Le passé enseigne donc à la femme le chemin qu'elle doit continuer de suivre pour atteindre le but dont elle n'est plus éloignée que d'un dernier pas.

Mère, qu'elle se consacre à l'éducation de ses enfants, qu'elle en cultive le cœur et l'esprit; qu'elle apprenne tout ce qu'il sera nécessaire qu'ils sachent et qu'elle sache tout ce qu'il sera nécessaire qu'ils apprennent.

L'homme naît de la femme.

Donc tout ce qui profitera à la femme sera profitable à l'homme.

Combattre et vaincre pour elle, c'est combattre et vaincre pour lui. J.-J. Rousseau avait raison quand il disait : « Les hommes « seront toujours ce qu'il plaira aux femmes : si vous voulez « qu'ils deviennent grands et vertueux, apprenez aux femmes ce « que c'est que grandeur et vertu. »

Voltaire également avait raison quand il disait : « La société « dépend des femmes. Tous les peuples qui ont le malheur de les « enfermer sont misérables. »

En effet, par le degré de liberté dont jouissent les femmes, se

conservés par leurs mères, que de 1 sur 44. » Valorgne, *Rapport au Conseil général des hospices.*

« ... Ces enfants ont trouvé auprès de leurs mères des chances de vie supérieures de mortir à celles que l'hospice leur eût laissées. » Remacle, *inspecteur général des établissements de bienfaisance.*

mesure exactement, dans chaque pays, dans chaque siècle, le degré de civilisation que les hommes ont atteint.

Sans l'égalité des enfants devant la mère, l'égalité des citoyens devant la loi n'est qu'une imposture, car évidemment et incontestablement, cette égalité n'existe pas pour les 2,800,000 enfants qui, arbitrairement qualifiés d'illégitimes, sont mis hors du droit commun en violation de la loi naturelle.

Assez longtemps, on a répété : Les hommes font les lois, les femmes font les mœurs.

Quelles lois, ô Justice ! ont-ils faites ?

Je dis :

Eh bien ! faisons des mœurs et ne faisons plus de lois.

Le moyen, c'est d'universaliser l'institution du douaire ; c'est de fortifier la femme contre l'homme ; c'est de chercher, pour parler la langue de Malthus, l'*obstacle préventif*, où il est, dans la femme, au lieu de demander vainement à l'homme ce qui n'est pas en lui : la *contrainte morale* (*) ; c'est de rendre au mariage sa liberté par l'égalité des enfants devant la mère ; c'est de faire de la maternité la vertu de la femme, son honneur et son bonheur, son émulation et sa récompense.

(*) « Il est dans la fatalité des choses que les hommes cherchent à séduire le plus de femmes possible ; je me base sur ce que la misère détruira, soyez-en sûrs, le surplus de la population. » DESTUTT DE TRACY

III

Je cherche des objections sérieuses, je cherche des objections fondées.

J'en cherche et je n'en trouve pas.

Je n'en trouve que de spécieuses; les voici :

I.

Objection :

Ce que vous proposez, c'est le retour à cet âge de transition où l'homme n'enlevait plus la femme, mais où il l'achetait.

Réponse :

Lorsque l'homme achetait la femme, qui recevait le prix ?

Était-ce elle? Non, c'étaient ses parents (*). Était-elle libre de refuser ou d'accepter? Non, elle n'était pas même consultée. Qu'a donc de commun ce qui a existé chez tous les peuples (*) avec l'institution, telle que je la propose, du DOUAIRE UNIVERSEL? La dot a été longtemps, et en divers pays, le prix de la femme payé à ses parents; le douaire n'est pas seulement le prix de la femme payé à elle-même, c'est plus et mieux que cela, c'est son indépendance constituée et l'avenir de ses enfants assuré, soit en cas de mort, soit en cas de séparation. Toute femme qui se livre à un homme court le risque de concevoir un enfant : que doit-elle faire? Assurer d'avance à cet enfant des moyens certains d'existence. Le douaire est la prime qui correspond à la probabilité et au risque de maternité. Le douaire n'est, en réalité, et ne doit être qu'une des nombreuses formes de l'assurance universelle.

II.

Objection :

Si ce n'est plus la femme qu'on vend, c'est la femme qui se vend.

Réponse :

Non; ce n'est pas la femme qui se vend, c'est la femme qui prévoit qu'elle peut, qu'elle doit être mère, et qui stipule, non pour elle, mais pour ses enfants. Que fait donc de moins et de différent, je vous le demande, la jeune fille conduite à la mairie et à l'église, qui n'apporte pas de dot et qui reçoit un douaire? En tout cas, la femme qui se vend et qui abandonne son enfant

(*) Un père qui connaît la loi, ne doit point recevoir le moindre présent en mariant sa fille. *Recevoir un tel présent par cupidité, c'est avoir vendu son enfant.* Quelques habiles disent que le présent d'une vache ou d'un taureau n'est qu'une gratification. Non, tout présent reçu par le père constitue une vente. MANOU.

est-elle donc plus pure à vos yeux que la femme qui se vend afin de le pouvoir élever?

Est-ce que Montesquieu ne se sert pas de l'expression de *gains nuptiaux* (*)?

III.

Objection :

Que deviendrait l'amour si le risque était ainsi toujours prévu, et la prime relative au risque préalablement exigée?

Réponse :

M'opposer inconsidérément cette objection, c'est condamner souverainement l'institution du mariage telle qu'elle existe; car, si je ne me trompe, la rédaction du contrat notarié et de l'acte civil précède la consommation de l'acte conjugal. Avant l'amour romanesque et sans l'exclure, je fais passer l'amour maternel. Peut-on hésiter, lorsqu'on met dans une balance d'un côté le délire d'un instant, et de l'autre côté l'existence tout entière d'un enfant voué à l'abandon, à la misère, à la maladie, à l'isolement, à l'inégalité civile et au préjugé social?

IV.

Objection :

Quel sera le rôle des pères?

Réponse :

Ce qu'il est et ce que la loi a trouvé juste de le faire relativement aux nombreux enfants à qui elle interdit la recherche de la paternité. Si ce rôle est tout simple et parfaitement équitable dans ce cas, en quoi donc, étendu à d'autres cas, serait-il moins équi-

(*) Montesquieu, *Esprit des Lois*, liv. VII, chap. 15.

table et moins simple? Est-ce que l'enfant, avant de naître, est consulté et fait ses conditions, pour qu'il soit arbitrairement créé deux catégories d'enfants : les *enfants de la loi* et les *enfants de la nature?* En quoi et à quel titre les enfants de la nature ont-ils moins de droits que les enfants de la loi à la sollicitude sociale et à l'héritage paternel?

V.

Objection :

Le mari, n'étant plus retenu par le lien paternel, quittera plus facilement le foyer domestique.

Réponse :

Pour aller où? Si partout il trouve le douaire entré dans les mœurs comme une barrière plantée dans le sol. Si partout il trouve la défaillance de la femme protégée par la responsabilité de la maternité. Si partout il trouve la jeune fille et la jeune femme n'ayant qu'une pensée : donner le jour à un enfant qui les respecte, qui les honore et qui peut-être les illustre. Alors il n'y aura plus de mères qui rougiront de leur enfant et le cacheront, toutes le montreront et s'en pareront. Le contraire de ce que vous prétendez est précisément ce qui arrivera. La mère ayant la libre disposition et la propriété exclusive de ses enfants jusqu'à l'époque de leur majorité légale, le père sera étroitement retenu au foyer domestique par la crainte que ses enfants ne lui soient enlevés. Il y a de mauvais maris qui sont bons pères, ils maltraitent leur femme et adorent leurs enfants. Cette crainte fera de ces bons pères de bons maris, aussi empressés d'aller au-devant des désirs de leurs femmes qu'ils étaient empressés d'aller au-devant des désirs de leurs enfants. La liberté légale dans le mariage, c'est l'amour durable dans le ménage; l'indissolubilité légale dans le mariage, c'est l'amour habituel hors du ménage.

VI.

Objection :

Que deviendra la fortune des hommes après la mort? comment se transmettra-t-elle?

Réponse :

Après la mort, la fortune de l'homme retournera à ses ascendants de la ligne maternelle, si avant sa mort il ne l'a pas donnée à la mère de ses enfants, ou partagée entre ses enfants eux-mêmes; à défaut d'ascendants de la ligne maternelle, le décédé aura la situation qui lui est faite présentement par la loi, lorsqu'il meurt sans postérité et *ab intestat*. Il n'y aura de frappée par ce régime nouveau que l'avarice paternelle. Lorsque l'avarice paternelle serait plus rare et la piété filiale plus commune, où donc serait le mal? Lorsque le père se préoccuperait plus de l'éducation de ses enfants et moins de la transmission de ses biens, où donc serait encore le mal? A quel âge d'ordinaire le fils hérite-t-il de son père? A l'époque où lui-même est déjà parvenu aux deux ou aux trois cinquièmes de sa vie probable, où il a traversé les plus mauvais temps, où il a pu acquérir par ses propres efforts des moyens d'existence, c'est-à-dire à l'époque où il aurait le moins besoin d'hériter. A tous égards, et quels que soient les points de vue auxquels on se place, ne vaudrait-il pas mieux incontestablement pour les enfants que le père les dotât, et qu'ils n'en héritassent pas. Hériter à la mort de sa mère parce que maternité et certitude sont deux termes équipollents, et recevoir du vivant de son père, parce que paternité et doute sont deux termes inséparables : telle est la loi vraie de la nature. La paternité n'est et ne saurait jamais être qu'un acte de confiance, conséquemment un acte émanant de la libre volonté.

VII.

Objection :

Ce serait restreindre l'hérédité, ce serait en retrancher la plus importante des deux moitiés.

Réponse :

Ce serait rendre à l'hérédité son cours naturel. Ce serait combler le canal pour alimenter le fleuve. Ce serait utiliser une immense force mal employée : l'aptitude des femmes à l'administration des choses.

Assez longtemps l'homme a été la personnification de la Guerre et de la Conquête ; c'est au tour de la femme d'être la personnification de la Paix et de la Civilisation.

Dans ce régime nouveau, chacun des deux a sa part : à l'homme, le travail et le génie d'entreprise ; à la femme, l'épargne et l'esprit de prévoyance.

L'homme spécule.

La femme administre.

L'homme acquiert.

La femme conserve.

L'homme apporte.

La femme transmet.

La dot demeure l'attribut du père.

L'héritage devient le privilége de la mère.

Chacun des deux exerce ainsi la fonction qui lui est naturelle, et conformément à l'essence des choses.

L'homme personnifie le travail.

La femme personnifie l'épargne.

VII.

Objection :

Que deviendront les fils qui n'hériteront plus de leur père ?

Réponse :

Que deviennent les fils auxquels la loi ne reconnaît pas le droit de succéder dans la ligne paternelle? N'y a-t-il donc pas assez longtemps que les lois sont exclusivement faites dans l'intérêt d'un petit nombre de privilégiés, comme s'ils constituaient effectivement toute la société, alors qu'ils n'y sont qu'à l'état d'exception? Que deviennent les enfants réputés illégitimes? Pourquoi ne pas s'en préoccuper à l'égal des enfants réputés légitimes? N'est-ce pas assez que ceux-ci aient déjà eu sur ceux-là pendant des siècles l'immense avantage de la tendresse, de la sollicitude et de la vanité paternelle? Est-ce que sur 925,000 enfants qui naissent annuellement en France, il y en a 70,000, soit 1 sur 13, qui naissent avec un patrimoine? Est-ce que sur 35,400,000 Français, il y en a 2,800,000 qui ont en perspective un héritage? Est-ce que l'héritage est la règle, la probabilité, la loi commune? Protéger ceux qui peuvent se passer de protection et délaisser ceux qui en auraient impérieusement besoin, est-ce donc là le but que doit se proposer la loi? Une loi qui se propose un tel but est-elle une loi et en mérite-t-elle le nom?

VIII.

Objection :

Que deviendra la propriété patrimoniale?

Réponse :

Elle subira dans sa transmission par voie de succession les changements et les modifications qui seront les conséquences du nouvel ordre de choses. Que ces changements soient plus ou moins profonds, le sol en discontinuera-t-il d'être possédé et cultivé? Non. Eh bien! n'est-ce pas là ce qui est essentiel? Qu'importe à la société que le sol soit aux mains de tels possesseurs ou de tels autres? Ce qui importe à la société, c'est que tous ses membres acquièrent la plénitude de leur développement physique et intellectuel. A cette condition, la société sera certaine que la terre, à son tour, atteindra à son plus haut degré de culture et de fécondité. La terre n'est qu'un instrument de travail. L'instrument de travail doit-il passer avant ou après l'éducation du travailleur ?

IX.

Objection :

Comment se constituera le douaire pour reposer sur des fondements solides ?

Réponse :

D'abord il reposera sur les bases dont il est déjà en possession, et si ces bases sont trop étroites, il les élargira. Le progrès naît de l'expérience, comme le fils naît de la mère. Le douaire universel, par ce fait même que l'universalité sera sa tendance et son but, saura se prêter à toutes les exigences légitimes et revêtir toutes les formes nécessaires, jusqu'à ce qu'il ait trouvé la plus simple et la moins précaire. L'homme qui sème un gland sait que de ce gland il sortira un chêne; mais il ne sait pas combien de racines, de branches, de feuilles et de fruits aura ce chêne. Le premier qui entrevit la force de la vapeur eût-il pu dire à combien d'applications innombrables elle donnerait lieu, et quelles révolutions sociales elle accomplirait ? A un principe nouveau, il ne faut demander qu'une chose : est-il juste ? Le surplus appartient au domaine de l'expérience et du progrès.

X.

Objection :

Pourquoi une réforme si radicale, si absolue? Pourquoi ne pas se borner a proposer le rétablissement du divorce et le droit de recherche de la paternité? Au plus, pourquoi ne pas s'arrêter à la conjonction du nom du père avec celui de la mère? Demander trop, c'est s'exposer à n'obtenir rien.

Réponse :

Il y a longtemps que j'ai appris à quoi m'en tenir sur les réformes partielles; elles sont pour le moins aussi difficiles à obtenir que les réformes intégrales, et le plus souvent les demander ne sert qu'à se faire taxer d'inconséquence et battre à plate couture. Qu'on ne me parle donc plus de réformes partielles et de palliatifs. L'erreur est relative et la vérité est absolue. Quiconque cherche et poursuit la vérité doit donc être absolu.

Le rétablissement du divorce et le droit de recherche de la paternité sont des complications, et ne sont pas des solutions.

La loi civile n'a pas le droit de proclamer légitime ce que la foi religieuse proclame criminel. Dans ce cas, la loi détruit la foi.

Si le divorce est un acte coupable et condamnable devant Dieu et aux yeux du Pape, comment peut-il être un acte innocent et légitime devant la loi et aux yeux du magistrat?

Le droit de recherche de la paternité, qu'il soit exercé par la mère exclusivement ou par la mère et les enfants inclusivement, est un droit dont l'exercice n'aboutit et ne saurait aboutir jamais qu'au scandale et qu'au doute. Il est aussi destructeur du prestige de l'autorité paternelle qu'incompatible avec la réalité de la piété filiale. La paternité qui est imposée n'est plus la paternité, et le fils qui s'adresse aux tribunaux pour réclamer d'eux un père vise sa fortune et non sa tendresse.

Où le droit de recherche de la paternité existe, le nombre des enfants réputés illégitimes, loin d'être plus faible, est plus considérable.

L'expérience est donc d'accord avec moi pour le condamner et le repousser.

Si elle était permise par la loi ou consacrée par l'usage, la conjonction du nom du père avec celui de la mère aurait pour effet de perpétuer par une autre voie ce qui existe et ce qu'on ne saurait trop tôt anéantir, l'inégalité des enfants arbitrairement partagés en deux catégories : les *enfants de la loi* et les *enfants de la nature*.

Ceux qui porteraient deux noms, le nom de leur père conjointement avec le nom de leur mère, seraient réputés légitimes.

Ceux qui porteraient uniquement le nom de leur mère seraient réputés illégitimes.

Ce serait vouloir détruire ce qu'on aurait entrepris de fonder.

Toute règle qui n'est pas absolue n'est pas une règle.

Toute règle qui admet une exception, une seule, si petite qu'elle soit, est une amphore fêlée au fond, qui, parce qu'elle est plus lente à se vider par le fond qu'à s'emplir par le haut, ne s'en vide pas moins.

Aucune exception, sous aucune forme, sous aucun nom, sous aucun prétexte, sous aucun motif, ne doit fausser la règle ainsi posée :

LES ENFANTS SONT ÉGAUX DEVANT LA MÈRE.

Faussée et détruite serait cette règle, si toutes les mères, remplissant pieusement les devoirs de la maternité, n'étaient pas égales entre elles.

Devant la société, ce nom signifiant conscience publique, il ne doit plus y avoir que deux classes de femmes : les bonnes mères et les mauvaises mères.

XI.

Objection :

« La raison, l'honnêteté, la pudeur parlent en faveur du mariage,
« la France n'a jamais été sourde à leur voix. Elle l'a bien
« montré dans ces derniers temps, lorsque certaines sectes nova-

« trices qui font entrer l'abolition, ou, si l'on veut, la transfor-
« mation du mariage dans leurs plans de régénération, ont osé
« toucher à ce point délicat..... Le bon sens public s'est tenu en
« garde ; les bonnes mœurs se sont révoltées ; le ridicule et le
« mépris ont fait le reste. » (TROPLONG.)

Réponse :

Quelle que soit l'autorité que les paroles qui précédent em-
pruntent au caractère de l'auteur du *Contrat de mariage*, premier
président de la cour d'appel de la première ville de France,
cette autorité ne peut rien contre les faits ; elle expire devant les
chiffres. Il existe, en France, on ne saurait le répéter trop souvent, 2,800,000 enfants nés hors mariage, sans y comprendre les
enfants, en nombre peut-être égal, 1 sur 15, attribués, pendant
le mariage, à des maris qui en sont réputés légalement les pères
lorsque réellement ils ne le sont pas, sans tenir compte des enfants
morts-nés, 1 sur 50, soit sur 925,425 naissances, 51,598 morts
annuelles ayant pour causes principales des grossesses cachées et
des couches clandestines.

Que pèsent des paroles vides et légères dans la balance, où du
côté opposé, sont jetés des chiffres si précis et si accablants ?

Ces chiffres d'une exactitude incontestable et incontestée
attestent et démontrent l'impérieuse nécessité de sonder la profondeur de la plaie purulente où menace de se mettre la gangrène.

Bander une plaie est moins pénible que la sonder ; contester le
mal est plus facile que le guérir. Je le sais.

Partout le nombre des enfants nés hors mariage tend à s'accroître, et déjà, dans les plus grandes villes, il est sur le point de
marcher de pair avec les enfants nés pendant le mariage. Publi-
ciste, jurisconsulte, magistrat, auteur du livre intitulé : le *Contrat de mariage*, que proposez-vous de faire pour préserver de
cet envahissement les États d'où l'esclavage et le servage ont

disparu, mais où l'inégalité civile subsiste sous une autre forme ou sous d'autres noms?

Est-ce que l'égalité civile, dont ces États se vantent d'être en pleine possession, existe entre l'enfant né pendant le mariage et l'enfant né hors le mariage?

Est-ce que l'égalité civile existe entre deux frères issus de la même mère, l'un dont la naissance a été impudemment et frauduleusement imputée au mari, l'autre dont la naissance lui a été timidement et scrupuleusement dissimulée, le premier, fils de la fraude, passant pour légitime, le second, fils du scrupule, étant qualifié d'adultérin; celui-ci admis à succéder et celui-là exclu de l'héritage?

Est-ce que l'égalité civile existe entre deux frères, tous deux fils du même père, mais l'un mis au monde par l'épouse, et l'autre mis au monde par la maîtresse?

Est-ce que cette flagrante inégalité civile peut longtemps subsister où l'égalité politique a triomphé?

L'esclave a conquis la liberté : est-ce que le bâtard ne finira pas par conquérir l'égalité?

Est-ce que l'enfant innocent a moins de droits que le père coupable à la justice de la société?

Est-ce que le mari doit être compté pour tout et l'enfant pour rien?

Est-ce que l'enfant de la nature est d'essence inférieure à l'enfant de la loi?

On peut ajourner ces questions; on ne peut pas les supprimer.

Tôt ou tard, elles se poseront.

Vaut-il mieux que ce soit tardivement? Se hâter de les résoudre, au lieu de les laisser s'aggraver, n'est-il pas plus sage?

Lorsque existait le droit d'aînesse, le sort des bâtards différait de si peu du sort des cadets, qu'il ne valait pas la peine de s'en occuper; mais depuis que la loi est intervenue dans les successions pour proclamer l'égalité des partages, un droit nouveau s'est ouvert. C'est ce droit qu'invoquent hautement par ma voix tous les bâtards de France, et que ne saurait longtemps méconnaître le magistrat, aussi haut placé que le premier président de la cour d'appel de Paris, qui a condamné en ces termes *tous les artifices employés pour fausser la nature :* « On n'a qu'à lire la « *Politique* d'Aristote et l'on verra le tableau... des dérèglements « et des mauvaises influences des femmes. C'est le mécompte le « plus triste infligé par l'invincible nécessité aux *artifices em-* « *ployés pour fausser la nature.* » (TROPLONG. *Du droit naturel à Sparte.*)

Il faut choisir entre ces deux régimes :

Le régime de la paternité, qui est le régime de la loi, et le régime de la maternité, qui est le régime de la nature; celui-ci conforme à la vérité incontestable, celui-là condamné par la statistique incontestée.

DÉCRET DE L'AVENIR.

Considérant que l'État, être abstrait et collectif, n'a le droit de régir que ce qui est essentiellement *collectif*, nécessairement *indivis* et exclusivement *public*;

Considérant que la femme s'appartenant et relevant de sa raison a les mêmes droits que l'homme à la liberté et à l'égalité;

Considérant que, comme convention, le mariage est un acte purement individuel, et, comme célébration, un acte purement religieux (**);

Considérant, d'une part, que la recherche de la paternité est expressément interdite, et d'autre part, que la maternité offre seule la certitude nécessaire pour régler le droit de succession;

Considérant que la mère est responsable du sort des enfants auxquels elle a donné la naissance;

Considérant, enfin, que les enfants sont égaux devant la mère;

Décrète ce qui suit:

ARTICLE 1er.

Après le décès de la mère, ses biens sont partagés par égales portions entre les enfants nés d'elle, portant son nom et le transmettant de fille en fille.

(*) Voir page 53, la note où il est rapporté, par M. le comte Portalis, que la célébration civile du mariage n'existe, en France, que depuis le 5 septembre 1685.

ARTICLE 2.

L'État ne garantit le droit de succéder qu'aux enfants, descendants et ascendants de la ligne maternelle.

Le défunt qui meurt sans ascendants de la ligne maternelle a pour héritiers la Commune, lieu de sa naissance, dite *Commune-mère*, et l'État, partageant par égale moitié.

La défunte qui meurt sans enfants, ni descendants, ni ascendants de la ligne maternelle, a également pour héritiers la Commune, lieu de sa naissance, et l'État, partageant par égale moitié.

ARTICLE 3.

A l'égard de l'enfant né à l'étranger de mère française, la Commune où est née la mère sera considérée comme la Commune-mère de l'enfant.

ARTICLE 4.

La mère qui n'a pas de moyens de subsistance suffisants pour élever son enfant peut s'adresser à la Commune, pour obtenir d'elle soit un prêt, soit un don, sur les fonds provenant du droit de succession conféré à la Commune.

L'arrêté par lequel le Maire de la Commune accueille ou repousse la demande est motivé.

ARTICLE 5.

En cas d'abandon d'un enfant par sa mère, la Commune sur le territoire de laquelle cet enfant a été abandonné ou trouvé recherche la mère, et à défaut de la mère les parents de la ligne maternelle; si cette recherche est demeurée infructueuse, la Commune adopte l'enfant et le fait élever.

Un compte de dépenses est ouvert par la Commune-mère à l'enfant adopté. Le compte lui est remis à l'époque de sa majorité, afin qu'il puisse se libérer.

Le même compte de dépenses est ouvert aux orphelins, élevés aux frais de la Commune-mère, à défaut de parents dans la ligne maternelle.

DISPOSITION TRANSITOIRE.

Une somme de dix millions sera employée chaque année, pendant cinq ans, à constituer et à stimuler sous toutes les formes, — écoles fixes, institutrices et instituteurs ambulants, cours publics et primes annuelles, — l'enseignement des mères et des filles.

Toute femme âgée de 16 à 50 ans qui, ne sachant ni lire, ni écrire, ni compter, aura, à dater du jour de la promulgation du présent décret, appris, dans le cours d'une année, ce qui fera la matière de l'examen exigé, recevra à la fois un diplôme constatant cet examen et la prime de 500 francs.

NOTES.

—

I. — BÂTARDS.

A Athènes, les bâtards naissaient esclaves. Périclès condamna 5,000 bâtards à être vendus comme esclaves.

Avant saint Louis, les bâtards étaient généralement serfs ; c'est saint Louis qui a établi que l'enfant d'un serf et d'une femme libre serait franc.

A Rome, les enfants illégitimes *succédèrent à leur mère et autres parents de la ligne maternelle.* Cette parenté légale entre l'enfant naturel et *la mère, ainsi que les parents de la ligne maternelle,* constitua la seconde époque.

En Angleterre, en Écosse et en Irlande, l'enfant naturel jouissait des droits de famille dans la *lignée de sa mère.*

En Autriche et en Prusse, les enfants naturels *succèdent à leurs mères.*

« Maintenant, dit M. Kœnigswarter dans son livre sur les *enfants nés hors mariage,* dans toutes les législations modernes de l'Allemagne une disposition attribue formellement aux enfants illégitimes la *même position dans la vie civile* qu'aux enfants légitimes. »

C'est ce que je nie formellement, et c'est ce qui ne saurait être.

La même position dans la vie civile, c'est le droit égal à l'héritage paternel et maternel ; or, c'est ce qui n'existe pas.

« Les enfants des concubines sont censés appartenir à la première femme ; cela est ainsi établi en Chine. » (Montesquieu, liv. XXIII, ch. V.)

« On ne connaît guère les bâtards dans les pays où la polygamie est permise. On les connaît dans ceux où la loi d'une seule femme est établie. Il a fallu, dans ces pays, flétrir le concubinage ; il a donc fallu flétrir les enfants qui en étaient nés.

« Il faut remarquer que la qualité de citoyen étant *considérable* dans les démocraties où elle emportait avec elle la souveraine puissance, il s'y faisait souvent des lois sur l'état des bâtards qui avaient moins de rapports à la chose même et à l'honnêteté du mariage qu'à la constitution particulière de la république. Ainsi, le peuple a quelquefois reçu pour citoyens les bâtards, afin d'augmenter sa puissance contre les grands. Ainsi, à Athènes le peuple retrancha les bâtards du nombre des citoyens *pour avoir une plus grande portion du blé* que lui avait envoyé le roi d'Egypte. Enfin, Aristote nous apprend que, dans plusieurs villes, lorsqu'il n'y avait point assez de citoyens, les bâtards succédaient, et que quand il y en avait assez, ils ne succédaient pas. » (Montesquieu, Esprit des Lois. *Des bâtards dans les divers gouvernements,* liv. xxiii, ch. vi.)

II. — NOMS TRANSMIS AUX ENFANTS PAR LA MÈRE ET DROITS DE LA LIGNE MATERNELLE.

« Il est reçu presque partout que la femme passe dans la famille du mari ; le contraire est, sans aucun inconvénient, établi à Formose où le mari va former celle de la femme. » (Montesquieu, *Esprit des lois,* liv. xxiii, ch. i.)

« Les enfants dans l'île de Formose, dans la partie orientale habitée par les indigènes indépendants des Chinois, restent *avec leurs mères,* ils en portent le nom. Les femmes ont leur domicile particulier qui constitue celui de la famille ; les hommes y viennent, mais n'y demeurent pas, car ils ont aussi leur domicile. » (Rechteren, *Collection des voyages de la Compagnie hollandaise des Indes orientales,* t. v, p. 459. La Martinière, t. i.)

« Sur la côte du Malabar (Hindoustan anglais), les Européens, lors de leur invasion, remarquèrent que les femmes ne se connaissent que du côté de leur mère ; que celle-ci faisait leur *état civil ;* que les enfants, comme à Formose et dans l'ancienne Égypte, portaient son nom ; qu'ils étaient aptes à hériter d'elle, de ses frères et autres parents, mais inhabiles à hériter de son mari, bien qu'il fût constaté qu'il était leur père. » (Robert, *Géographie universelle,* t. ii, p. 233. *Collection des voyages de la Compagnie hollandaise,* t. vi, p. 424.)

Pomponius Mela affirme, d'après Hérodote, que les femmes, en Égypte, vendaient, achetaient et faisaient les affaires du dehors, sans le concours de leur mari ; d'après son récit, *les enfants étaient élevés et dirigés par la mère et en prenaient le nom.*

Ce récit est confirmé par Sophocle dans sa tragédie *d'Œdipe à Colone.*

« Au Japon, il n'y a que les enfants de la femme donnée par l'empereur qui succèdent. » (Montesquieu, *Esprit des lois,* liv. xxiii, ch. v.)

Chez les Lyciens et les Xanthiens, l'enfant prenait le nom de sa mère, *la mère seule et non le père* transmettait à l'enfant le droit de citoyen libre. Les Xanthiens fixaient l'origine de cette coutume à une époque où les prières des femmes avaient délivré leurs ancêtres d'un fléau envoyé par la vengeance divine. Larcher pense qu'elle s'était plus probablement établie dans un temps où les mariages réguliers n'existant pas, les enfants ne connaissaient que leurs mères.

A Rome, dans le cas d'une paternité incertaine, le nom de la mère formait celui de l'enfant ; c'est ce que fait présumer l'exemple de Nymphidius Sabinus, que le hasard tira d'une bassesse profonde pour l'élever aux premiers degrés de l'empire. Il avait pris le nom de sa mère, la courtisane Nymphidia.

Dans l'ancien royaume de Calicut et dans le Malabar, ce n'est pas le fils du roi qui lui succède, mais le fils de sa sœur.

Le même mode d'hérédité a lieu parmi les nations qui habitent les bords du Sénégal.

Autrefois, à Haïti, la dignité de prince était héréditaire, mais lorsque le cacique mourait sans enfants, la souveraineté était dévolue aux enfants de ses sœurs à l'exclusion de ses frères.

Chez les Natchez, le chef surnommé le Soleil n'était jamais le fils de l'ancien chef, mais l'enfant de la sœur du Soleil.

La même chose a lieu encore chez les Iroquois, les Hurons et les Indiens du Mississipi.

A la mort d'un chef iroquois, sa succession revient aux enfants de la sœur de sa mère.

Les Indiens considèrent que les enfants de la sœur d'un chef peuvent être regardés avec plus de certitude comme étant du sang de ce chef que ses propres enfants.

Les Indiens prétendent que la femme est bien plus que l'homme la source de la famille ; aussi donnent-ils toujours à leurs enfants le nom de leurs aïeules maternelles.

Il y a des nations chez lesquelles des raisons d'État ou quelque maxime de religion ont demandé qu'une certaine famille fût toujours régnante. Telle est aux Indes la jalousie de caste et la crainte de n'en point descendre. On y a pensé que pour avoir toujours des princes du sang royal, il fallait prendre les enfants de la sœur aînée du roi.

« Il fut réglé dans quelques dynasties de la Chine que les frères de l'empereur lui succédaient, et que ses enfants ne lui succédaient pas. » Montesquieu, *Esprit des lois*, liv. XXVI, ch. V.

Citons maintenant des exemples empruntés à la France :

Agnès de Sully, devenue l'unique héritière de sa famille, épouse Guillaume de Champagne, à condition qu'il prendra le nom et les armoiries de Sully.

Marguerite de Rohan impose, en se mariant, la même obligation à Henri de Chabot.

Guillaume de Précigny substitue à son nom celui de Saint-Maur Montauzier, qui est celui de sa femme.

La maison de Bourbon offre l'exemple le plus remarquable de ces transmissions. Robert, sixième fils de saint Louis, épousa Béatrix de Bourgogne, qui lui apporta en dot la baronnie de Bourbon, dont elle était héritière et dont elle portait le titre et le nom. Or, Robert, en se mariant, prit ce titre et ce nom du chef de sa femme. Cette troisième maison de Bourbon donna naissance à la branche des Bourbons Montpensier, qui produisit celle des Bourbons La Marche, origine de celle des Bourbons Vendôme, d'où sortit Henri IV.

Autre exemple :

Par une de ces contradictions dont le code civil français est rempli en ce qui concerne la femme, les notaires ne reçoivent pas la déclaration portant le nom du mari.

III. — SÉQUESTRATION, OPPRESSION ET DÉPENDANCE DE LA FEMME.

GRECS. — Dans la plupart des villes de la Grèce, les femmes, considérées comme les pupilles de leur mari et souvent de leur fils, habitaient la partie la plus retirée de la maison, et leurs parents seuls y pouvaient pénétrer. Elles ne pouvaient sortir de cet isolement sans que leur honneur en souffrît, ainsi que l'atteste l'histoire d'Antigone.

ROMAINS. — A Rome, le soin que les Romains prenaient de la réputation de leurs femmes était poussé si loin, qu'il leur avait fait inventer une sorte de chaise vitrée, où elles se tenaient dans leur chambre. Elles travaillaient dans ces chaises et recevaient de là ceux qui leur venaient faire visite.

HINDOUS. — Une femme doit être gardée dans son enfance par son père, dans sa jeunesse par son mari; en cas de mort de son mari, par son fils, et n'est libre dans aucun temps. (*Dharma sâstra*: l. v. sl. 48.)

TURCS. — On sait à quelle séquestration sont condamnées les femmes dans le harem. Le seul homme qui puisse y pénétrer est le médecin, et encore ne voit-il la malade pour laquelle les secours sont réclamés qu'entièrement couverte d'un voile.

Chez les Hébreux, la femme ne comptait qu'après les animaux dans le partage du butin.

L'Hébreu avait le droit de vendre à ses créanciers les filles de ses femmes légitimes.

Le créancier qui avait ainsi reçu en payement les filles de son débiteur, et le plus souvent ses propres nièces, en disposait comme de ses esclaves.

Une femme ne s'appartenait pas, mais appartenait au plus proche parent qui voulait l'épouser. L'homme qui violait une fille vierge en était quitte pour l'épouser, mais la fille vierge et fiancée qui était violée dans une ville était lapidée, parce que, disait-on, elle aurait dû appeler à son secours.

A Rome, le mari était juge absolu des actes de sa femme; il pouvait la répudier à volonté, la reprendre, la prêter à son ami, la juger en famille, la tuer même pour avoir bu du vin. La loi le voulait ainsi. Il n'usait pas toujours de la permission, mais parfois il la faisait fouetter si rudement par ses affranchis, que la malheureuse en mourait. Ainsi mourut Rhegilla par l'ordre d'Hérode Atticus.

Les Gaulois avaient droit de vie et de mort sur leurs femmes.

« Aux Vieilles-Indes, jamais la femme ne put obtenir l'honneur de manger avec son mari. Dans la jeune Océanie, à Noukahiva, aux îles Washington, non-seulement les femmes ne peuvent prétendre à cette faveur, mais il y a

des mets permis aux hommes et absolument interdits aux femmes. En Nubie,
pour user toucher à la tasse ou à la pipe de son mari, la femme est rudement châtiée. Dans le royaume de Loango, pendant le repas de son seigneur, la femme se tient debout à l'écart, et c'est en s'agenouillant qu'elle lui
adresse la parole. Par toute la Nigritie, les soins de l'allaitement, la préparation des aliments et des légumes, les soins du foyer, l'entretien du vêtement
ne sont comptés pour rien ; c'est encore à la femme de cultiver le tabac, d'extraire l'huile du palmier, de broyer le millet, de fournir la case d'eau et de
bois. Tandis que son mari dort nonchalamment, elle doit le garantir avec respect de la piqûre des mouches. Dans les marchés, les fardeaux lui sont échus
de plein droit.

« Les Gallas laissent leurs femmes labourer, semer, faire la moisson, battre
et recueillir le grain. Même condition imposée à la femme dans le Congo, la
Guinée, la Sénégambie, le Bénin, à Bournou, à Bambara, aux côtes d'Ajan, de
Zanguebar, à Melinde, dans le Mataman et dans la Cafrerie.

« En Amérique, aux États-Unis, à l'époque où les envoyés des peuplades, dont
les visages pâles achètent annuellement la paix par des présents, retournent
à leurs nomades foyers emportant leurs tributs, on voit une foule de pirogues
remonter le fleuve majestueux. Les hommes fument paisiblement leur calumet,
couchés au fond de l'esquif que tirent à la cordelle les femmes portant à la
mamelle leur enfant, et sur la tête les outils, les ustensiles, les instruments de
pêche.

« Chez les Mohawks et, en général, dans les tribus des chasseurs, la femme
est obligée d'aller chercher et de rapporter, comme un chien, le gibier qu'a
tué le mari. Celui-ci, en le chargeant sur ses épaules, croirait déroger. Que ce
soit un original ou un ours, la femme, aidée de ses compagnes, doit le rapporter
du sein de la forêt à la case où se repose victorieusement son maître. Le mépris
pour la femme est tel, que l'acte d'émancipation de l'enfant se constate sur la
face et le dos de sa mère. Le jour où il a quinze ans, il doit l'insulter et la
battre.

« Chez d'autres nations, chez les Yquiavates, la femme, en vraie bête de
somme, peut être échangée, vendue, brocantée au gré du mari, même tuée et
mangée s'il la juge de bonne chair. » (ROSELLY DE LORGUES. *La mort avant
l'homme*.)

Les Arabes, avant Mahomet, considéraient les femmes comme une propriété.
Ils les traitaient en esclaves. Ils enterraient leurs filles vivantes.

« En Chine, le mari achète sa femme ; elle devient esclave ; il fournit la dot ;
si l'époux a des soupçons sur la fidélité de sa femme *il peut la tuer* ; il en est
de même pour sa fille ; la loi ne le poursuit pas. » (DE PAUW. *Recherches phi-
losophiques sur les Chinois*, t. 1.)

Sous le régime du droit d'aînesse, il y a forte présomption et à peu près certitude que le premier-né de la femme sera l'œuvre du mari ; rien de plus
logique alors que le fils hérite du nom et de la fortune du père.

IV. — CÉLÉBRATION CIVILE DU MARIAGE

« L'acte de célébration n'est point de l'essence du mariage, c'est une formalité introduite par une loi arbitraire, dans l'unique vue de le constater d'une manière certaine. » SIMMONY, *avocat à Metz, mémoire pour la veuve du général de brigade Faultrier contre la famille de son mari. 1807.)*

« Avant qu'il y eût des rois, le mariage était nécessaire, il était prescrit, et c'était de lui que devaient naître les familles. Ce n'est point des lois de leur royaume que les princes tiennent le droit d'avoir une femme. » *(Lettre d'un magistrat sur l'état civil des protestants,* publiée à Avignon, 1787, p. 27.)

« L'homme et la femme, capables de volonté, et maîtres de leurs droits, veulent s'unir, et ils sont unis. Rien ne manque à leur engagement dès qu'ils ont consenti à le former...

« Les cérémonies instituées chez les nations pour la solennité des mariages ne sont point liées à leur nature, et l'inobservation des cérémonies ne porte aucune atteinte au lien formé par la volonté des époux. » *(*TARGET, *Mémoire publié en janvier 1787, dans la cause de M*ⁿᵉ *d'Anglure.)*

Target, qui coopéra à la rédaction du code civil, repoussait énergiquement, ainsi qu'on vient de le voir, toute espèce de législation sur le *mariage comme* inutile et superflue. Il soutenait que les États n'en ont pas besoin et que partout où la puissance publique aperçoit l'intention de vivre avec une femme comme avec une épouse, *elle doit reconnaître un mariage capable de donner aux enfants l'état de légitimité.*

C'était également l'avis des comtes Siméon et Portalis, ainsi qu'on va le voir :

« Les conventions matrimoniales ne sont qu'un accessoire dont le mariage peut se passer et que l'augmentation des richesses, l'inégalité des fortunes et les précautions à prendre contre des injustices et la mauvaise foi, ne durent introduire que chez les nations déjà très-loin de leur adolescence.

« Il y a dans le mariage deux contrats : le contrat naturel et le contrat civil. Le premier date de la création ; il est une conséquence de la différence des sexes et une loi universelle de la propagation des êtres vivants. » COMTE SI-MÉON, *Mémoire sur le régime dotal.)*

« Avant tout, le mariage est un engagement du droit naturel.

« La société civile l'entoure de solennités, l'adopte et le sanctifie, mais il ne tire point d'elle son origine ; il existait avant elle, il existerait hors d'elle et indépendamment d'elle. Le contrat civil qu'elle y ajoute ne constitue pas plus le mariage que l'acte de naissance ne constitue la filiation, ou l'acte de décès la mort ; il n'en est que la preuve.

« La religion, à son tour, bénit, sanctifie, décore de ses rites l'union conjugale ; mais la bénédiction religieuse ou sacerdotale, pas plus que le contrat civil, n'est essentielle au mariage, même religieusement parlant ; elle peut en être séparée et n'intervenir que longtemps après qu'il a été contracté.

« Comme engagement du droit naturel, le mariage n'est sujet à aucune forme. Il résulte du consentement libre et volontaire des contractants ; c'est en ce sens que les théologiens catholiques enseignent que les parties elles-mêmes sont les *ministres du Sacrement*.

« Il est curieux de remarquer que c'est l'intolérance religieuse et politique qui a introduit, en France, le mariage purement civil, et que Louis XIV en a été le fondateur. L'édit de janvier 1561 reconnaissait le droit des protestants de faire bénir leur mariage par les ministres de leur culte. Cette faculté leur fut retirée. Un arrêt du conseil du 5 septembre 1685, qui précéda d'un mois le fameux édit portant révocation de l'édit de Nantes, ordonna que les mariages des religionnaires fussent célébrés devant le principal officier de justice du lieu et seulement à de certains jours qui seraient déterminés par l'intendant. » (Comte Portalis. *Observations sur le code civil des États sardes*.)

V.—CÉLÉBRATION RELIGIEUSE DU MARIAGE.

« Pendant plusieurs siècles, le mariage était un sacrement sans qu'il y eût aucune autre forme que celle : 1° qui constitue la validité de tout engagement parmi les hommes, telle que la liberté; en second lieu, celle que la loi naturelle exige pour les mariages, *potentia*, et l'exclusion d'un précédent lien à cause de l'indissolubilité; celle enfin qu'exigeaient alors les lois civiles : telles que le consentement du père de famille ou du maître, et l'exclusion de la parenté et de l'affinité dans certains degrés, référée à la loi civile, qui n'avait pas suivi en cela la loi du Lévitique. L'ancienne loi étant abolie par l'Évangile, et dont les empereurs chrétiens donnaient alors des dispenses, la bénédiction du prêtre, quoique fort ancienne dans la nouvelle loi, n'a été établie que par un usage... »

« L'exemple de la publicité des mariages dans l'ancienne loi, et même dans le paganisme, a été celui que les premiers chrétiens ont cru devoir suivre. Quand on dit les premiers chrétiens, on ne parle point du premier siècle. »

« La présence du prêtre ayant eu pour objet principal la publicité, la présence du propre curé n'ayant opéré aucune nullité dans les mariages jusqu'au concile de Trente et aux ordonnances du royaume qui ont adopté en partie sa disposition, cette commission donnée au prêtre ne peut avoir aucune application à la matière du sacrement, qui ne consiste que dans l'engagement réciproque des parties. » *Rapport au conseil d'État présenté en 1752, sur les mariages des protestants, par M. Joly de Fleury, procureur général au parlement de Paris sous Louis XV, pages 165 et suivantes.*)

« Il reste la bénédiction nuptiale que l'Église ne saurait donner qu'à des catholiques, et que des religionnaires (les protestants) ne peuvent recevoir légitimement en France des ministres de leur secte. Elle est nécessaire aujourd'hui parmi nous pour la validité d'un mariage catholique. Elle ne l'a pas toujours été; et on sait que l'Église a reconnu longtemps pour valables des mariages où elle n'était pas intervenue. *Elle est encore bien moins nécessaire chez les protestants et surtout chez les calvinistes. Ils ne reconnaissent point le mariage pour un sacrement.* La bénédiction nuptiale n'est, selon eux, qu'une cérémonie religieuse qui n'est point essentielle à la validité du mariage. Elle sert plutôt à le constater. *Son essence consiste dans la foi mutuelle que se donnent les parties, et pourvu que cet engagement mutuel soit bien constaté, le mariage est reconnu pour valable. »* (*Mémoire sur les moyens de donner aux protestants un état civil en France*, composé par ordre de Louis XV, par M. Gilbert des Voisins, conseiller d'État, p. 409.)

« Ce que nous voyons, au reste, de plus uniforme dans les rites auxquels les nations attachèrent la sanction du mariage, ce fut l'usage d'y faire intervenir la religion et d'appeler Dieu même à témoin des promesses que se faisaient les époux. Les premiers mariages avaient été célébrés avant que les familles se fussent réunies pour former des nations et dans un temps où la religion suppléait à toutes les lois civiles.

« Jésus-Christ avait institué le sacrement de mariage, mais comme son règne n'était pas de ce monde, il n'avait rien statué sur le lieu du mariage; lorsqu'il en avait parlé, ce n'était point en législateur, il avait simplement rappelé, à cet égard, les lois de la nature dont le gouvernement civil des Juifs s'était écarté. *Ab initio non fuit sic*, avait-il dit au docteur des Hébreux. Ces lois naturelles, dont le concile de Trente fait mention lui-même, sont donc restées les seuls principes dont la législation des souverains a dû partir; mais pour s'en rapprocher, cette législation a été nécessaire, et le mariage n'a jamais pu être soustrait aux règles et aux formes qu'elle a dû établir pour cela. (*Lettres d'un magistrat sur l'état civil des protestants*, publiées à Avignon en 1787.)

« *Le mariage religieux*, dans l'Église latine, n'a commencé qu'au deuxième siècle sous le pape saint Soter.

« Il y a plus.

« Comme OBLIGATION, le mariage à l'église commune date seulement du dixième siècle.

« En effet, en 866, on voit le pape Nicolas I⁰ʳ, dit le Grand, écrire aux Bulgares que l'usage de l'Église romaine était qu'après les fiançailles et le contrat, les parties fissent leurs offrandes à l'église par les mains du prêtre, et reçussent la bénédiction nuptiale avec le voile, mais que ces cérémonies n'étaient pas *rigoureusement nécessaires.* » (POTHIER, *Contrat de mariage*, t. 1, p. 388.)

VI. — CONSÉQUENCES DE L'IMMIXTION DE LA LOI EN MATIÈRE DE MARIAGE.

En l'an II et en l'an III, on s'imagina de faire des mariages, au nom de la loi, malgré les protestations de ceux même qu'on mariait ainsi de force. Il y en eut ainsi dans la Nièvre, dans le Pas-de-Calais, dans la Loire-Inférieure et dans d'autres départements. Cela se faisait en vertu de l'acte civil du mariage, si malheureusement institué par l'assemblée constituante de 89.

Le comte de Bréchard, domicilié à Achun (Nièvre), fut ainsi marié, au nom de la loi, par le notaire d'Achun, le 3 germinal de l'an II, à Marie Perrant, journalière, malgré toutes les protestations qu'il put faire, ainsi que Marie Perraut.

La cour de cassation cassa ce mariage en 1807, dans son audience du 2 décembre.

« Jusqu'à quel point le consentement des parents, pour contracter le mariage, doit-il être considéré comme indispensable ? Les différentes confessions chrétiennes sont en désaccord sur ce point. Ainsi la religion catholique réclame le consentement des parents, mais elle ne le regarde pas comme tellement substantiel, qu'à son défaut le mariage doive être dissous, et cela par la raison toute simple qu'en considérant le mariage comme sacrement, elle lui imprime un caractère d'indissolubilité.

« Le droit protestant, au contraire, ne reconnaissant pas ce caractère au mariage, réclame le consentement du père seul, il est vrai, mais il le regarde comme tellement essentiel, qu'à défaut de cette condition, le mariage peut être dissous. La loi polonaise consacre la même distinction. L'article 15 oblige tout catholique qui n'aurait pas atteint l'âge de vingt et un ans révolus, de requérir le consentement du père, et ce dernier étant mort ou absent, ou enfin déclaré incapable, le consentement de la mère, et, à son défaut, celui du tuteur. Les enfants qui, en contravention de cet article, auraient contracté mariage sans le consentement de leurs parents, peuvent (art. 19) être privés par ceux-ci de la moitié de leur légitime. Chez les protestants, au contraire, le défaut de consentement (art. 130) autorise les parents à porter plainte en nullité de mariage.

« Le code sarde (art. 109), fidèle à l'esprit du catholicisme, prescrit, il est vrai, aux enfants de demander le consentement de leurs parents, mais sans qu'il en résulte, en aucun cas, le droit de poursuivre l'annulation du mariage, les enfants qui auraient négligé cette formalité peuvent seulement être privés de certains avantages par leurs parents.

« Dans les pays protestants, si le consentement des parents est généralement exigé pour la validité du mariage, il l'est de diverses manières. La loi de Saxe-Gotha veut (art. 4) que les enfants demandent le consentement de leurs parents à tout âge, et quand même ils ont formé un établissement indépendant ; en cas de divergence de volonté entre le père et la mère, l'avis du premier l'emporte ; mais la mère peut soumettre ses objections à la décision du tribunal compétent, qui décide s'il existe ou non un motif d'empêchement légal. Si les parents sont morts, les enfants doivent réclamer le consentement de leurs aïeuls.

« Selon la loi d'Altenbourg (art. 18), les enfants ne peuvent contracter mariage sans le consentement de leurs parents, quand même ils seraient déjà majeurs, ou que, munis d'un tel consentement, ils auraient déjà été mariés une première fois. En cas de dissentiment entre le père et la mère, l'opinion du premier est déclarée prépondérante. La loi ne dispense que dans un petit nombre de cas de cette obligation générale (art. 25), comme, par exemple, si quelqu'un veut, en réparation d'honneur, épouser une fille qui a tenu jusque-là une conduite irréprochable, ou bien une veuve, quand l'une ou l'autre est enceinte de ses œuvres; ou bien quand le père est absent pour cause légitime, et qu'il pourrait résulter un dommage irréparable pour l'enfant, si l'on attendait le consentement paternel. Le défaut de consentement n'autorise point à demander la dissolution du mariage (art. 32); mais les parents ont, dans ce cas, le droit de déshériter leurs enfants.

« La loi sur le mariage, de Bâle-ville, exige le consentement des père et mère ou des aïeuls pour les fils âgés de moins de vingt ans, et pour les filles de moins de dix-huit ans; à défaut de consentement, le mariage ne peut être dissous; mais les parents peuvent déshériter leurs enfants (art. 86 et 87).

D'après le code hollandais, les enfants mineurs doivent demander le consentement de leurs père et mère; si la mère ne se déclare pas, ou refuse de consentir, le consentement du père suffit; mais il doit être constaté dans l'acte même que l'approbation de celle-ci a été requise par l'enfant. Après le décès du père, ou s'il est dans l'impossibilité de faire sa déclaration, le consentement de la mère est déclaré indispensable.

« Selon l'art. 99, les enfants, même majeurs, mais n'ayant pas encore trente ans révolus, doivent demander l'approbation de leurs père et mère, et cependant, s'ils ne l'obtiennent pas, ils peuvent s'adresser au juge du canton qui doit entendre les motifs de refus allégués par les parents, et chercher à les faire consentir; mais s'il n'y réussit pas, il peut néanmoins faire passer outre à la célébration du mariage.

« La question sur laquelle nous venons de rappeler les dispositions de diverses législations, est d'une haute importance. Il faut, en effet, que le législateur prenne en considération la voix de la nature et le respect dû aux parents, en obligeant les enfants à demander le consentement des auteurs de leurs jours. La loi doit présumer que les parents désirent, avant tout, le bien de leurs enfants, et peuvent juger le mieux si le mariage projeté est ou non convenable; mais pour cela même, *il est nécessaire que la mère soit aussi entendue,* car les enfants lui doivent autant de respect qu'à leur père, et elle sait *souvent mieux encore apprécier les rapports délicats de la vie sociale.* » MITTERMAIER, professeur à la faculté de droit de Heidelberg; *Revue de législation et de jurisprudence,* t. VIII, pp. 445 et suiv.)

« Le mariage ne consiste, dans son origine, que dans l'engagement réciproque de deux contractants que la loi nouvelle a élevé à la dignité de sacrement. Saint Paul, dans son épître aux Éphésiens, chap. 5, dit : « Les hommes doivent aimer leurs femmes comme leur propre corps... C'est pourquoi l'homme quittera son père et sa mère pour s'attacher à sa femme, et ils seront deux dans un seul corps. Ce sacrement est grand, c'est moi qui le dis au nom du Christ et de l'Église. » C'est le seul texte de l'Écriture qui nous en instruit. Il n'en est point du mariage comme des autres sacrements, qui ne doivent toute leur existence qu'à la loi de l'Évangile, qui en a en même temps prescrit les principales formes.

« Le mariage a existé dès le commencement du monde, comme contrat civil, quand l'Écriture, par ce texte, lui a donné le caractère d'un des sacrements de l'Église, en ne prescrivant aucune forme, aucune préparation, aucune bénédiction, aucune parole, comme l'Écriture l'avait fait pour les autres sacrements, c'est l'engagement seul des deux contractants, tel qu'il était alors, qui devint sacrement par la loi de Jésus-Christ. » (*Rapport au conseil d'État sur le mariage protestant*, par M. JOLY DE FLEURY, procureur général au parlement de Paris sous Louis XV, p. 173.)

« Le mariage consiste essentiellement dans le consentement volontaire et réciproque que les deux personnes qui se marient contractent en présence de l'Église. » (LE TOURNEUX. *Instructions chrétiennes sur le sacrement de mariage.*)

———

VII. — LE DOUAIRE

Chez les Germains, le mari apportait à sa femme la dot, composée ordinairement d'un couple de bœufs, d'un cheval avec son frein, d'un bouclier avec la framée et le glaive. La femme offrait des armes à son mari.

Voici ce qui se pratiquait, en France, dans les premiers siècles quand le mari futur constituait une dot à son épouse : on a des modèles de l'acte qui se faisait pour cette cérémonie, parmi les formules d'Eindenbroge. Les formules 78 et 79 ont pour titre : *Libellus dotis*

« Ma très-douce et très-aimable épouse, puisque nos parents respectifs ont agréé que je vous fiançasse par le sol et par le denier, au nom du Seigneur, selon la loi salique, comme j'ai fait de même, il nous a paru bon que je vous donnasse, *en titre de dot*, quelque chose des biens qui m'appartiennent, ce que j'ai fait. C'est pourquoi je vous donne, par le présent acte, en toute propriété et pour toujours, tels et tels biens (suit ici l'énumération de ces biens); bien entendu que quand le jour de notre mariage arrivera, vous entriez en possession de ces biens. »

Il est dit dans un missel de l'église de Rennes du onzième siècle, qui se conservait dans la bibliothèque de Saint-Gatien de Tours, et dans un Pontifical manuscrit du monastère de Lire, que l'époux et l'épouse se rendront à l'entrée de l'église où le prêtre requerra leur consentement et fera lire l'acte qui contient la dot que l'époux accorde à son épouse : *Et fiat recapitulatio de doti mulieris*, et que l'on fasse la *récapitulation de la dot de la femme.*

« ...Je vous déclare, moi Arnoul de Monceaux, à vous, très-chère épouse
« Agnès, que je m'engage à vous par un mariage légitime et très-ferme, et
« que je vous donne par *droit de dot*, la *meilleure partie de mes biens*, savoir...
« Je vous donne de plus la moitié du bien que j'acquerrai. Afin donc que vous
« jouissiez paisiblement de toutes ces choses, j'ai fait confirmer cet acte par
« le sceau de Roger, évêque de Laon, notre seigneur, et je l'ai autorisé par le
« témoignage de ceux dont voici les souscriptions (signatures) : Gautier, ar
« chidiacre de Laon, Foulque, chantre, etc. Fait l'an 1176 de l'Incarnation.
« Écrit par moi, Willaume, chancelier. »

Ces monuments anciens attestent que le mariage, à cette époque, consistait uniquement dans le consentement de l'homme et de la femme. Le reste n'était qu'accessoire. De plus, le futur donnait en toute propriété une partie de ses biens.

On lit dans Salvador, *Instituts de Moïse*, liv. II, chap. 3 :

« A douze ans et demi, la femme devenait propriétaire du fonds et de l'usufruit qui lui arrivaient par hérédité ou par tout autre moyen légal, et à cet âge le père n'avait pas le droit de s'opposer au mariage de sa fille.

Voici la formule des fiançailles.

« Un tel jour, de tel mois, de telle année, N...., fils de P... a dit à R...., fille « de D... : « Soyez mon épouse suivant la loi de Moïse et des Israélites, et je « vous donnerai pour *la dot de votre virginité* la somme de ..., » Et ladite R... « a consenti à devenir son épouse sous cette condition que ledit N... s'oblige « et pour quoi il engage tous ses biens, jusqu'au manteau qu'il porte sur ses « épaules ; il promet de plus d'accomplir tout ce qui est ordinairement porté « dans les contrats de mariage en faveur des femmes israélites. Témoins... »

En Turquie, le mari peut renvoyer sa femme quand bon lui semble, en lui remettant entre les mains une somme d'argent stipulée lors de son mariage et qui s'appelle DON NUPTIAL (Mihr). Si la femme séparée a un ou plusieurs enfants, elle les prend avec elle.

Le Coran s'exprime ainsi :

« Dotez les femmes et attachez-vous-les par des bienfaits.

« *Les hommes sont supérieurs aux femmes*, à cause des qualités par lesquelles Dieu a élevé ceux-là au-dessus de celles-ci et *parce que les hommes emploient leurs biens à doter les femmes.* » (CORAN, ch. 40, v. 38.)

Généralement, les Arabes de l'Afrique occidentale constituent à leurs femmes un *douaire*, soit en le livrant au comptant, soit en se constituant simplement débiteurs. Cet usage est même sans exception au Trarza, et c'est *à lui qu'est due la durée de leurs mariages ; car s'il prend fantaisie au mari de quitter sa femme, il perd le douaire donné ou le paye, s'il n'était que promis...*

« A Noun, l'usage de constituer un douaire n'existe néanmoins que chez les riches. Il varie selon l'importance de la fortune du mari et la beauté de l'épouse ; il est payé au comptant, ou partie au comptant et partie à terme. » (LÉOPOLD PANET, *Relation d'un voyage du Sénégal à Soueira, Mogador.*)

Chez les Druses, c'est le mari qui donne une dot à la femme ; elle a droit à une seconde dot en cas de veuvage ou de répudiation.

Aux îles Mariannes, *tous les meubles de la maison appartiennent exclusivement aux femmes* et le mari n'en peut disposer qu'avec l'autorisation de son épouse. S'il est querelleur, opiniâtre, ou dérangé dans sa conduite, elle est autorisée à le punir ou à l'abandonner.

En France, le douaire était sous l'ancienne jurisprudence ce que le contrat de mariage ou la coutume en cas de survie accordaient à la femme sur les biens de son mari pour sa subsistance.

On distinguait le douaire *préfix* ou *conventionnel* et le douaire *coutumier*.

Le douaire *préfix* dépendait pour son étendue de la volonté des parties.

Le douaire *coutumier* résultait des dispositions de la coutume ; il consistait communément dans l'usufruit de la moitié des héritages possédés par le mari au jour de l'union et de ceux qui depuis lui étaient échus en ligne directe. Il n'avait lieu qu'à défaut du douaire préfix.

L'effet du douaire coutumier était à peu près celui d'une donation entre-vifs de biens présents avec condition de survie ; car la femme s'en trouvait saisie de telle sorte que ses biens ne pouvaient être aliénés par son mari à son préjudice.

Le douaire conventionnel, au contraire, laissait au mari, à moins de stipulation expresse, la libre et entière disposition de ce qui lui appartenait.

Le douaire coutumier a cessé d'exister à l'époque de la promulgation de la loi du 17 nivôse an II.

VIII. — L'INDISSOLUBILITÉ DU MARIAGE.

« La loi mosaïque admettait le divorce ; le Christianisme le défend. Jésus-Christ a dit que l'homme ne doit point séparer ce que Dieu a uni.

« Le seul moyen raisonnable pour concilier les droits légitimes de la nature et de la religion, est de distinguer les deux rapports qu'a le mariage avec l'État d'une part et avec la religion de l'autre. Cette distinction est tirée de la nature des choses. Le mariage était avant Jésus-Christ ce qu'il est dans tous les États politiques. Il est l'union de l'homme et de la femme, contractée par personnes capables, selon les lois qui les obligent à vivre inséparablement l'une de l'autre. Dans cette définition adoptée par tous les jurisconsultes et les canonistes, on voit son essence caractérisée par le genre de l'union et l'indissolubilité du lien, *union qui, bonne et honnête en soi*, a pris, sous les nuances des passions, différentes couleurs : sainte et pure dans son origine sous la loi du Créateur, déshonorée et corrompue par le débordement des vices chez tous les peuples, elle a été enfin rétablie dans sa perfection par la loi évangélique, qui, sans rien ajouter à son essence, ne fait qu'ennoblir son joug, purifier son engagement, cimenter son alliance, et fortifier les conjoints par l'abondance des grâces nécessaires pour les sanctifier. » (*Rapport d'un de MM. du Parlement de Paris*, M. Ferrand, *aux chambres assemblées, le 9 février 1787, SUR LE MARIAGE DES PROTESTANTS.*)

IX. — GROSSESSES CLANDESTINES.

Les lois n'attachent-elles pas un degré d'infamie aux couches clandestines ?

Une fille née avec un tempérament trop tendre, trompée par les promesses d'un débauché, ne se trouve-t-elle pas, par les suites de sa crédulité, dans le cas d'opter entre la perte de son honneur ou celle du fruit malheureux qu'elle a conçu? N'est-ce pas la faute des lois de la mettre dans une situation aussi violente? Et la sévérité des juges ne prive-t-elle pas l'État de deux sujets à la fois, de l'avorton qui a péri et de la mère qui pourrait réparer abondamment cette perte par une propagation légitime? On dit à cela qu'il y a des maisons d'enfants trouvés. Je sais qu'elles sauvent la vie à une infinité de bâtards; mais ne vaudrait-il pas mieux trancher le mal par ses racines et conserver tant de pauvres créatures qui périssent misérablement, en abolissant les flétrissures attachées aux suites d'un amour imprudent et volage? (Frédéric II, roi de Prusse.)

X. — PROSTITUTION.

La prostitution est à la polygamie ce que l'effet est à la cause. Sous le régime de la force et de la richesse, *l'homme ayant à lui seul plusieurs femmes*, dans les pays où il n'y avait pas plus de femmes que d'hommes, le correctif naturel fut *une seule femme pour plusieurs hommes*.

La prostitution est à la polygamie ce que la polygamie est elle-même à la tyrannie.

C'est Solon qui le premier institua régulièrement des lieux de débauche et érigea un temple magnifique à *Vénus populaire*.

A Babylone, toutes les femmes *sans exception* étaient tenues de se prostituer une fois dans leur vie.

Chez les Lydiens, les filles n'avaient le droit de se marier qu'après avoir gagné leur dot par la prostitution.

Dans le Bengale, on marie tous les ans une jeune fille d'une beauté distinguée à la statue de Jaugrennat. Un brahmane s'introduit dans le temple à la faveur des ténèbres et consomme le mariage.

Il n'existe pas à Constantinople de lieux de prostitution : cela s'explique par le précepte du Coran qui prescrit aux hommes d'employer leurs biens à DOTER les femmes.

De nos jours et en Europe, qu'est-ce que la prostitution? c'est la beauté de la femme avilie par le bon marché. Relevez-en le prix, et la prostitution se tarira d'elle-même.

Le nombre des prostituées inscrites en France dépasse 42,000; c'est plus de 5 sur 1,000 femmes de 16 à 40 ans.

Sur 12,607 femmes inscrites à Paris, les villes en fournissent 8,644; et, de l'examen des actes de naissance, il résulte que toutes pour ainsi dire appartiennent à la classe des artisans ou sortent des ateliers industriels. Sur 7 de ces femmes, on a constaté qu'il y avait 1 fille naturelle.

XI. — LE MARIAGE CHEZ LES ROMAINS.

« Les Romains n'avaient ni sur la formation du mariage ni sur sa dissolution les idées que nous en avons. Comme une certaine classe de contrats, les mariages se formaient par le consentement des parties suivi de la tradition ; de même ils se dissolvaient parce que, disait-on, tout ce qui a été lié est dissoluble. Le divorce pouvait avoir lieu soit par le consentement des deux époux, soit par la volonté d'un seul. Quant au premier cas, Justinien lui-même dit qu'il n'est point nécessaire de s'en occuper, parce que les conventions des parties leur servent de règle ; quant au second, il fallait que la femme ou le mari qui voulait répudier son conjoint s'appuyât sur un des motifs qui avaient été fixés... L'intervention d'aucun magistrat n'était nécessaire pour opérer le divorce ; *mais il ne pouvait se faire qu'en présence de sept témoins* et après que l'un des époux avait envoyé à l'autre l'acte de répudiation. (ORTOLAN, *Explication historique des Instituts*, t. 1, p. 84.)

Rome connaissait quatre sortes de mariage :

L'*Usucapion*, cohabitation non interrompue d'une année accompagnée de l'intention de s'unir pour la vie, intention toujours présumée. Divorce pratique. L'*Usucapion* est interrompue, si la femme passe chaque année trois nuits hors du domicile, alors les époux ont la faculté de se séparer à volonté.

La *Confarréation*, acte religieux qui remplaçait l'achat de la femme par le mari.

La *Coemption*, achat de la femme par le mari.

Enfin le mariage, où la fille qui se mariait restait pupille dans la maison de son père. Ce mariage est décrit ainsi qu'il suit par M. Legouvé, *Histoire morale des Femmes*, p. 163 :

« Mais à côté de ce mariage par COEMPTION (par *vente*) et par CONFARRÉATION (*acte religieux qui remplaçait la vente*, mais sans rien changer aux effets), se pratiquait une autre union bien plus en rapport avec le principe de la famille romaine ; souvent la femme, au lieu d'entrer dans la famille de son mari, restait dans la famille de son père. De là une étrange conséquence pour la femme ; son indépendance comme épouse sortit de sa sujétion comme fille. D'abord, son père vivant, elle eut et dut avoir une dot pour subvenir à ses dépenses dans le ménage : première propriété ; puis, son père mort, les biens de l'hérédité vinrent l'enrichir ; elle en jouissait, elle les régissait, et les régissait seule ; le mari n'y avait aucun droit ni de gestion ni d'usage : généralement il se trouvait dans la maison un esclave affecté à cette gérance, et qui ne dépendait que de l'épouse ; c'est à elle qu'il rendait tous les comptes, à elle qu'il remettait le prix de vente, soit des bestiaux, soit des grains : on l'appelait l'esclave dotal. Possédant ainsi un patrimoine indépendant ; libre et par le fait de sa fortune et par le fait de cette administration, la femme prenait rang d'égale, souvent même et à tort, rang de supérieure dans le ménage. Parfois le mari, pour obtenir quelque somme d'argent, était forcé à des concessions qui diminuaient la puissance maritale.... »

« Chez les Romains, les dieux seuls intervenaient dans la célébration des mariages désignés sous les noms de confarréation, de conoubinage, et de justes noces. Mais dans tous les temps, sous Justinien encore, cette intervention fut purement religieuse, sans caractère légal ; le mariage ne fut considéré que comme un contrat civil... Le mariage n'était assujetti à aucune solennité. Les Romains n'avaient pas érigé sa célébration en un acte public avec intervention de la société ; ils avaient complétement laissé ce contrat dans la classe des actes privés.

« L'opinion généralement reçue est que *le mariage chez eux se formait par le seul consentement*. Je pense, au contraire, qu'il était du nombre des contrats réels, et que, semblable à tous ces contrats, il n'existait que par la tradition (*re contrahebatur*). Il fallait nécessairement qu'il y eût eu tradition de la femme au mari ; que la femme eût été mise à la disposition du mari ; jusque-là, il n'y avait que mariage projeté...

« La tradition de la femme pour le mariage était soumise aux règles ordinaires du droit sur la tradition...

« Quelquefois on dressait un acte, soit pour régler les conventions relatives aux biens, soit pour constater le mariage ; mais ces actes n'étaient que des moyens de preuve, ils ne faisaient pas le mariage, si celui-ci n'avait pas eu lieu, et réciproquement le mariage contracté sans ces titres n'en existait pas moins. La preuve n'en était soumise à aucune forme particulière. L'attestation des amis, des voisins suffisait au besoin...

« Le concubinage était le commerce *licite* d'un homme et d'une femme, sans qu'il y eût mariage entre eux. Dans les mœurs des Romains, le concubinage était permis, même commun ; les lois le distinguaient du stuprum et ne le frappaient d'aucune peine.

« Le concubinage n'était nullement un mariage ; ainsi il n'y avait ni vir, ni uxor, ni dot... Le concubinage ne produisait point de dot. Il cessait à quelque époque que ce fût par la volonté des deux parties ou d'une seule, sans qu'il y eût divorce, ni qu'il fût nécessaire d'envoyer d'acte de répudiation.

« Quoiqu'il ne fût point un mariage, il produisait néanmoins un effet par rapport aux enfants : il indiquait la paternité. Les enfants n'étaient point *justi liberi*, puisqu'il n'y avait pas eu justes noces ; mais ils n'étaient pas non plus *spurii vulgo concepti*, on les nommait *liberi naturales* ; ils avaient pour père l'homme vivant en concubinage avec leur mère... On pourrait sous quelque rapport les comparer à nos enfants naturels reconnus...

Nulle formalité, en règle générale, n'était observée pour se mettre en concubinage. Et comme il en était de même *pour contracter un mariage, comme dans les deux unions il y avait cohabitation avec une seule femme, à laquelle on pouvait s'unir sans crime, il s'ensuit que la concubine ne se distinguait de l'épouse que d'après l'intention des parties, (Sola animi destinatione).*

« La manière d'être dans la famille et dans la société distinguait bien le concubinage des justes noces.

« Les enfants nés hors justes noces sont hors de la puissance et de la famille du père. » ORTOLAN, *Explication historique des Instituts*, t. 1, pp. 82 et suiv.;

Les citoyens romains pouvaient contracter deux différentes espèces de mariages. On appelait l'une *justæ nuptiæ* et l'autre *concubinatus*.

« Ce qui différenciait le *concubinatus* du mariage légitime appelé *justæ nuptiæ*, c'est que par ce mariage l'homme ne prenait pas la femme avec laquelle il se mariait pour l'avoir à titre de légitime épouse (*justa uxor*), mais il la prenait pour l'avoir seulement à titre de femme et de concubine. Les enfants qui naissaient de ce mariage n'avaient pas les droits de famille; ils n'étaient pas *justi liberi*. Ils n'étaient pas néanmoins bâtards. On les appelait *liberi naturales*. On appelait *non nothi et spurii* les enfants qui étaient nés *ex scorto* et d'unions défendues. » (POTHIER, *Contrat de mariage*.)

« Sous l'empereur Justinien, le concubinage n'était point encore aboli. Il était permis d'avoir une concubine. » (MERLIN, *R. de Jur.*)

L'espèce de mariage connu sous le nom de *concubinatus* est comparé par Pothier aux mariages connus sous le nom de *mariages de la main gauche*.

Mariage de la main gauche. On appelle ainsi le mariage qu'un prince ou un noble veut contracte avec une femme d'un état inférieur en lui donnant dans la cérémonie nuptiale la main gauche au lieu de la main droite ; par là le mari indique l'intention qu'il a de ne pas élever sa femme jusqu'à son propre rang et de refuser aux enfants qui naîtront de ce mariage l'héritage de son pouvoir, de sa dignité et de sa fortune.

On appelle encore ce mariage *mariage à la morganatique*. RÉPERTOIRE DE JURISPRUDENCE. *Concubinage.*)

Le *contubernium*, mariage des esclaves, était complétement libre.

LES MARIAGES LIBRES SOUS LOUIS XIV.

« Sous Louis XIV il se trouvait, dans plusieurs diocèses de France, des personnes qui vivaient, comme dans des mariages véritables, sous la foi d'actes qu'ils s'étaient donnés d'un consentement réciproque, sans avoir contracté au mariage légitime en face d'Église. » (MALESHERBES, *Mémoire présenté au conseil du roi en 1785*, page 14.)

LE MARIAGE EN ANGLETERRE.

« En Angleterre, à l'exception des quakers et des juifs, qui, selon leurs dogmes religieux, doivent, pour être aptes à se marier, justifier qu'ils font partie de la Société des amis, ou bien qu'ils professent le judaïsme, *les parties peuvent adopter telles formes de mariage qu'elles jugent convenables, aucune déclaration de foi, aucune observance de rites particuliers n'étant requises.* Les mariages peuvent être célébrés selon les formes civiles, selon les formes religieuses ou selon les deux formes. Il y a quatre manières différentes de contracter légalement : 1° par la voie habituelle, c'est-à-dire licence donnée par l'archevêque ou son suppléant, selon les rites de l'église d'Angleterre; 2° sur publication de bans, selon les rites; 3° par certificats sans ces bans; 4° enfin, les mariages peuvent être contractés dans quelque lieu consacré au

ville, ou dans le bureau du fonctionnaire préposé à l'inscription. » (LAW, *Droit anglais*, t. I, *Mariages*.)

Ce n'est que depuis le 1er janvier 1846 qu'un bill a déclaré que les mariages célébrés à Gretna-Green cesseraient d'être considérés comme valablement contractés.

Pendant plus d'un siècle, une famille de forgerons, du nom de Boniface, avait exercé dans ce village la profession facile et lucrative de marieurs. Le récit suivant donnera une idée des mariages consacrés par le forgeron Boniface. Le 6 novembre 1845, deux jeunes gens arrivèrent à Gretna : l'un était capitaine dans la garde royale; l'autre était une jeune fille qui n'avait pu déterminer ses parents à consentir à son mariage, et qui n'avait pas encore l'âge voulu pour leur faire les sommations légales. Lorsque le capitaine Ibbetson et lady Adèle Villiers arrivèrent à Gretna, le forgeron pontife présidait un banquet auquel assistaient des ingénieurs occupés à faire des tracés dans ce pays. Un message secret ayant été remis au président, il se leva brusquement de table et monta au salon où l'attendaient ces deux visiteurs. Interrogé par le capitaine, qui lui demanda s'il célébrait des mariages, le pontife déclara qu'il était dans l'habitude de le faire depuis des années, et qu'il continuerait, à moins qu'il n'en fût empêché par lord Brougham, qui, l'année précédente, avait tenté de s'attaquer à son privilège.

Boniface, ayant demandé la permission de se retirer quelques instants, reparut bientôt en costume.

Lady Adèle Villiers, interrogée sur ses prénoms, éprouva quelque embarras : elle ne se rappelait que trois prénoms et croyait en avoir d'autres. « Peu importe, dit Boniface, tous les prénoms ne sont pas nécessaires; témoin le prince de Capoue, marié par mon ministère; il avait une kyrielle de seize prénoms, il ne s'en rappela que la moitié, ce qui ne m'empêcha pas de le marier. »

Les postillons de Carlisle, qui avaient l'habitude de servir de témoins dans cette occasion (c'était leur privilège), furent mandés au salon.

Les deux futurs déclarèrent qu'ils étaient célibataires tous deux, et qu'ils étaient venus à Gretna librement et spontanément, sans aucune contrainte. Boniface, se tournant vers le capitaine : « Prenez-vous cette FEMME pour votre FEMME légitime? »

« — Oui. »

Boniface, reprenant : « Vous la prenez pour vivre suivant les commandements de Dieu, dans le saint état du mariage? Vous promettez de l'aimer et de la secourir, de la chérir en santé comme en maladie, et, négligeant toutes autres FEMMES, de lui rester fidèle tant que vous vivrez tous deux? »

Le capitaine prêta ce serment avec le plus grand empressement, et fit une protestation des plus vives à lady Adèle Villiers.

Lady Adèle ayant fait des réponses et promesses identiques, le capitaine passa l'anneau de mariage au doigt de lady Adèle Villiers, et Boniface dit d'un ton solennel : « Attendu que cet homme et cette FEMME ont consenti devant Dieu et les témoins à être mari et FEMME, en recevant cet anneau, je déclare qu'ils sont unis en la présence de Dieu et des témoins. »

Il a été dressé acte dudit mariage sous cette rubrique et sur feuille imprimée :

ROYAUME D'ÉCOSSE, COMTÉ DE DUMFRIES, PAROISSE DE GRETNA.

« Certifions à tous ceux que les présentes verront, que Charles Parke Ibbetson, de la paroisse de Saint-Pancras, comté de Middlesex, et Adela-Gertrude Villiers, de la paroisse de Saint-Georges, à Londres, comté de Middlesex, ici présents, et déclarant être tous deux célibataires, ont été mariés aujourd'hui conformément aux lois de l'Église d'Angleterre et aux lois de l'Écosse.

« Fait acte, à Gretna-Hall, ce 6 novembre 1845. »   (Suivent les signatures.)

XII. — LE DROIT D'HÉRITER.

« La loi naturelle ordonne aux pères de nourrir leurs enfants, mais elle ne les oblige pas de les faire héritiers. Le partage des biens, les lois sur le partage, les successions après la mort de celui qui a eu ce partage, tout cela ne peut avoir été réglé que par la société, et, par conséquent, par des lois politiques ou civiles.

« Il est vrai que l'ordre politique ou civil demande souvent que les enfants succèdent aux pères, *mais il ne l'exige pas toujours.*

« Maxime générale : nourrir ses enfants est une obligation du droit naturel; *leur donner sa succession est une obligation du droit civil ou politique.* De là dérivent les différentes dispositions sur les bâtards dans les différents pays du monde. Elles suivent les lois civiles ou politiques de chaque pays. » (MONTESQUIEU, *Esprit des lois.* liv. XXXI, ch. VI.)

XIII. — LE TRAVAIL DES FEMMES.

Il est à remarquer que dans tous les métiers exercés par les hommes et les femmes, on paye la journée de l'ouvrière, *moitié moins* que celle de l'ouvrier, ou, si elle travaille à la tâche, son salaire est moitié moindre. Ne pouvant pas supposer une injustice aussi flagrante, la première pensée qui nous frappe est celle-ci : — A raison de ses forces musculaires, l'homme fait sans doute le *double* de travail de la femme. Eh bien! il arrive justement le contraire. — Dans tous les métiers où il faut de l'adresse et l'agilité des doigts, les femmes font presque le *double* d'ouvrage que les hommes. — Par exemple, dans l'imprimerie, *pour composer* (à la vérité elles font beaucoup de fautes, mais cela tient à leur manque d'instruction); dans les filatures de coton, fil ou soie, pour *rattacher les fils;* en un mot, dans tous les métiers où il faut une certaine légèreté de mains, les femmes excellent. — Un imprimeur me disait un jour avec une naïveté tout à fait caractéristique : — « On les paye moitié moins, c'est très-juste, puisqu'elles vont plus *vite* que les hommes; elles gagneraient trop si on les payait le même prix. » — Oui, on les paye, non en raison du *travail* qu'elles font, mais en raison du *peu de dépenses* qu'elles font, par suite des privations qu'elles s'imposent. — Ouvriers, vous n'avez pas entrevu les conséquences désastreuses qui résulteraient pour vous d'une semblable injustice faite au détriment de vos mères, de vos sœurs, de vos femmes, de vos filles. — Qu'est-il arrivé? Que les industriels, voyant les ouvrières travailler *plus vite et à moitié prix*, congédient chaque jour les ouvriers de leurs ateliers et les remplacent par des ouvrières. — Ainsi l'homme se croise les bras et meurt de faim sur le pavé! — C'est ainsi qu'ont procédé les chefs de manufactures en Angleterre. — Une fois entré dans cette voie, on congédie les femmes pour les remplacer par des *enfants de douze ans*. — Économie de la moitié du *salaire!* — Enfin on arrive à ne plus occuper que des enfants de *sept ou huit ans*. — Laissez passer une injustice, vous êtes sûrs qu'elle en engendrera des milliers. » (F. TRISTAN.)

« Certaines industries semblent organisées tout exprès pour faire du vice une nécessité. Ce sont celles qui sont sujettes à des chômages périodiques un peu prolongés, et plus particulièrement les manufactures d'apprêts de toile, de coton, qui occupent, aux époques de commande, des jeunes femmes qu'on renvoie aux époques périodiques de repos. Quand la manufacture refuse le travail qui donne le pain, on s'adresse à d'autres voies pour l'obtenir.

« Le lien sacré des familles, s'il est jamais formé, est bientôt rompu par la dissolution et l'indiscipline des enfants, et par la négligence des parents. Les sentiments de la paternité et de l'amour filial ne résistent pas aux rudes épreuves de la misère.

« Qui ne sait que la femme isolée n'est pas en état de gagner de quoi vivre honnêtement dans notre société? Nous parlons, bien entendu, du grand nombre. Le vice, ou du moins la facile galanterie, est la ressource régulière de beaucoup de jeunes ouvrières de la ville de Paris. On nous accusera d'exagération si nous affirmons qu'à un certain degré de misère, dans certaines professions, la jeune fille pauvre est nécessairement vouée au mal, et qu'il lui faudra plus qu'une volonté humaine, qu'il lui faudra de l'héroïsme pour résister aux séductions qui l'entraînent dans le vice. » (BURET, *Misère des classes laborieuses.*)

« L'industrie force généralement les jeunes filles à recourir à de vicieux moyens d'existence. À Sedan, dont la population ouvrière est supérieure en caractère et en ressources à celle des autres villes manufacturières, on déplore généralement la mauvaise conduite prématurée des filles, la tendance qui les entraîne à de mauvaises mœurs. Il est de notoriété publique que les jeunes ouvrières des grandes villes ont recours, pour aider à leur entretien, à la subvention qu'elles retirent d'une conduite honteuse. On assure qu'à Lyon, les commis de fabricants qui sont les intermédiaires des commandes, auraient abusé plus d'une fois de leur position vis-à-vis des ouvrières pour prix du travail qu'ils accordaient...

« Le fait le plus remarquable et le plus triste en même temps, c'est le nombre des femmes indigentes comparé à celui des hommes. Il est presque généralement une fois plus élevé. Dans notre société, la femme a beaucoup plus de peine à vivre que l'homme, bien qu'elle ait moins de besoins et des habitudes généralement plus sobres. Nous ne voulons point faire de déclamation sentimentale, mais un tel résultat n'est-il pas déplorable?

« La condition de la femme pauvre, de la femme ouvrière, est affreuse; son travail, moins assuré que celui de l'homme, est aussi moins rétribué. Elle n'est pas moins habile, elle est plus faible. Seule, il lui est presque impossible de subvenir à ses besoins. Il faut que l'homme s'associe à elle et lui accorde sur ses salaires un supplément indispensable. Quand elle est jeune, elle ne manque guère d'appui ; si un mariage légitime ne l'unit pas à un époux, le vice se charge toujours de lui payer une subvention d'autant plus large qu'elle est plus honteuse. Plus tard, quand sa jeunesse est passée, elle reste seule à porter sa misère, et le poids est trop lourd pour ses forces. Le 12e arrondissement de Paris, porte au tableau pour un total de 11,357 indigents, compte sur ce nombre 4,613 femmes adultes. » (VILLERMÉ, *Existence physique et morale des ouvriers.*)

Dans le livre que j'ai publié, en 1859, sous ce titre : L'ABOLITION DE LA MISÈRE PAR L'ÉLÉVATION DU SALAIRE, j'ai émis et formulé ainsi la proposition que je crois devoir rappeler ici :

« Le travail a ses lois naturelles qu'on doit se garder de *fausser.*

« La première et la suprême fonction de la femme est de mettre au monde des enfants fortement constitués, sains, robustes, de les nourrir et de les élever.

« C'est donc à l'homme de travailler et de pourvoir le ménage.

« A la femme d'épargner et de l'administrer.

« Elle ne doit faire que ce qu'elle peut faire sans quitter le toit maternel quand elle est fille, le toit conjugal quand elle est femme, le berceau de ses enfants quand elle est mère.

« L'admission des femmes aux travaux de l'atelier, de l'usine, de la fabrique, de la manufacture, devrait être prohibée de la manière la plus absolue, jusqu'à ce que cette règle, devenant un usage, eût passé des lois dans les mœurs.

« Le mariage est une association dans laquelle l'homme doit représenter le *Travail* et la femme l'*Économie.*

« La femme qui travaille dans l'atelier, la fabrique, la manufacture, loin d'ajouter aux ressources du ménage, les tarit, car elle fait baisser le salaire. Quand l'homme, la femme et l'enfant travaillent concurremment, ils sont *trois qui gagnent pour un* ; si l'homme seul travaillait, *un gagnerait pour trois.* »

XIV. — APTITUDE ADMINISTRATIVE DES FEMMES.

« Si la femme ne peut jamais stipuler le droit d'aliéner ses biens sans une autorisation spéciale du mari, *elle peut très-bien stipuler,* au contraire, LE DROIT DE LES ADMINISTRER et d'en jouir, et elle le peut sous tous les régimes. Elle le peut, d'abord, aux termes formels de la loi, soit en prenant le régime de séparation de biens (Code civ., art. 1536), soit pour ses biens paraphernaux sous le régime dotal (art. 1576). Or dès que ce droit d'administration et de jouissance des biens de la femme peut être attribué à cette femme dans certains cas, c'est donc qu'il n'est pas attaché à la qualité même du mari, et qu'il peut lui être enlevé sans qu'aucune atteinte soit portée à sa suprématie comme chef. Cela étant, ce droit pourra donc être attribué à la femme dans tous les cas, et aussi bien sous le régime de communauté ou d'exclusion de communauté que sous le régime de séparation de biens ou le régime dotal.

« Cette convention peut avoir lieu, disons-nous, sous le régime de communauté. Il est vrai que l'effet ordinaire de la stipulation de communauté est d'attribuer au mari l'administration des biens personnels de la femme (article 1428), et à la communauté la jouissance de ces mêmes biens (art. 1401); mais tout ce qui suit de là, c'est qu'il y aura alors modification au système de communauté que la loi organise et adoption d'une communauté conventionnelle au lieu d'une communauté légale. » (MARCADÉ, *Éléments du droit civil français*, 3me édition, t. v, p. 410.)

« Les femmes prennent une si grande part aux affaires, qu'elles parviennent à les connaître aussi bien que les hommes. Dans la classe agricole, et parmi les ouvriers, c'est sur les femmes que, pour la plupart du temps, retombe la charge de vaquer aux affaires. L'expérience prouve qu'elles possèdent l'esprit et l'intelligence nécessaires pour bien apprécier les différents rapports qui résultent de la vie sociale... D'ailleurs la connaissance des lois s'acquiert plus aisément, surtout dans les pays qui sont dotés d'une législation codifiée et lucide, les femmes ne rencontrent donc plus de difficulté pour s'aider de conseils qui peuvent leur devenir nécessaires. Dans ces circonstances, le système des nouveaux codes allemands, par exemple celui du code autrichien, qui n'exige pas l'autorisation du mari, semble préférable au système français... Ne doit-on pas être étonné de voir, dans un pays aussi éclairé que la France, les femmes moins libres qu'en Autriche, pour gérer leurs affaires ? » (MITTERMAIER, professeur à la faculté de droit de Heidelberg; *Revue de législation*, tome IX, pages 95 et 96.)

Chez les Phéniciens, peuple navigateur, les femmes tenaient les comptes, les écritures, et étaient chargées des différentes transactions.

Les druides admettaient les femmes dans leurs conseils.

GAULES. — Dans les temps antérieurs à César, la femme gauloise était en grand honneur. Un conseil, composé de femmes tirées de chaque canton, fut appelé pendant longtemps à délibérer sur la paix et la guerre et à juger les différends. Dans un traité avec Annibal, il fut stipulé que si un Gaulois commettait quelque offense contre un Carthaginois, le coupable comparaîtrait devant ce tribunal. » (PLUTARQUE, *De Virtute mulier*; THIERRY, *Histoire des Gaulois*, II, 1.)

A Java, l'empereur n'emploie jamais que des femmes dans ses ambassades.

En Ibérie, les femmes avaient la faculté de juger dans les affaires pour fait d'injure, soit dans leur propre intérêt, soit dans celui des hommes. On retrouve ce droit chez les Malais de l'île de Java. A Bantam, capitale d'un ancien royaume malais, les différends survenus entre les femmes ne sont pas jugés par les hommes, mais sont soumis à l'appréciation d'une princesse du sang élue à cet effet.

Dans les Indes, on se trouve très-bien du gouvernement des femmes, et *il est établi que si les mâles ne viennent pas d'une mère du même sang, les filles qui ont une mère du sang royal succèdent. (Lettres édifiantes.)* Selon M. Smith *(Voyage de Guinée)*, on se trouve très-bien aussi des femmes en Afrique. Si l'on ajoute à cela l'exemple de la Moscovie et de l'Angleterre, on verra qu'elles réussissent également et dans le gouvernement modéré et dans le gouvernement despotique. (Montesquieu, *Esprit des lois*, liv. VII, ch. XVI.)

XV. — L'ACHAT DES FEMMES.

Les femmes furent vendues par leurs parents aux maris en Espagne et en Thessalie (Strabon). Même coutume dans la Thrace (Héraclide) et parmi les premières peuplades grecques (Aristote).

Les anciens habitants des bords du Gange achetaient leurs femmes (Strabon.)

L'achat des femmes se retrouve dans toute l'Asie. Les Babyloniens, les Arméniens, les Syriens, les Chaldéens, les Hébreux, n'ont pas eu d'autres formes de mariage.

Lisez la Bible, prenez le mariage de Lia et de Rachel : qu'y voyez-vous? Un fiancé qui demande, un père qui répond ; quelqu'un qui donne, quelqu'un qui reçoit ; mais quant à la fille, elle est absente ou muette. Dénombrement des troupeaux, énumération des parures, rien n'est omis dans cette affaire que le consentement de celle qui est l'objet de la transaction.

Chez les Assyriens, la vente des filles était une affaire de commerce et d'ordre public.

« Chaque année, à un jour fixé, on se réunissait sur la place publique : là toutes les filles en âge d'être mariées étaient exposées, et un crieur public mettait les plus belles à l'enchère, en sorte qu'elles étaient accordées aux plus riches. Les jeunes gens du peuple, à qui la beauté importe moins, prenaient les autres qui, suivant leur laideur, étaient adjugées avec une dot plus ou moins considérable, prélevée sur l'argent qui avait payé les plus belles. » (Hérodote, liv. i, 5, 196.)

Dans les législations actuelles des Turcs et des Persans, l'ancienne forme d'achat se retrouve, quoique modifiée, dans l'existence du *don du matin*.

Elle existe encore dans l'Asie orientale et centrale.

En Chine, l'achat est la seule forme du mariage ; les fiançailles sont consommées aussitôt que le futur époux a fixé le cadeau qu'il donnera à sa fiancée, et ce prix n'est nullement symbolique comme à Rome.

La coutume d'acheter les femmes existait non-seulement parmi les Germains, mais encore parmi d'autres peuples, comme les Saxons et les Bourguignons. On le voit par les lois des uns et des autres; celle des Saxons portent : « *Celui qui doit épouser une femme donnera 300 sols* à ses parents. »

Le principe de l'achat des femmes chez les Francs n'est point douteux.

La loi des Allemands exige que l'épouse légitime soit achetée par le mari.

Le principe de l'achat de la mariée s'est conservé dans les premières lois des Islandais, des Norvégiens, des Suédois et des Danois.

En Poméranie et en Bohême, la trace de l'achat des femmes s'est longtemps conservée.

« Les anciens Russes achetaient également leurs femmes. Le prix s'appelait *ji wano*, et il appartenait tantôt aux parents, tantôt à la mariée seule. » (Kostomaroff, *Études sur le développement des sociétés humaines*.)

Tel que je le conçois, le douaire universel différerait peu de ce qui existe sous les noms suivants : *Douaire, don du matin*, ce que les Saxons appelaient *morgengabe*; les Germains *dos*; les Anglo-Saxons *fodering-feoh*; les Burgondes *wittemon*; les Visigoths *dos* ou *arra*; les peuples celtiques *ancsalur, coveith* et *eppeidi*; les Slaves *przywanek*; les Hongrois *dotruvixa*; les Lithuaniens *pcdurunek* ou *veiene* (donation pour la couronne virginale).

M. Kœnigswarter, dans ses *Études historiques sur le développement de la société humaine*, s'exprime ainsi :

« Le *prix d'achat*, le *don du matin* et le *douaire* représentent trois époques successives de l'émancipation de la femme.

« Dans la première, si le prix donné n'est plus la composition du rapt, ou la valeur de la fille même, il est au moins payé pour la garde, pour le pouvoir que le mari acquiert sur son épouse. Si la femme n'est plus esclave, elle est au moins encore l'inférieure de l'homme;

« Dans la deuxième phase, le don du matin révèle déjà des sentiments plus dignes et plus tendres; le mari cherche à indemniser l'épouse de la perte de sa virginité. C'est l'expression du bonheur, de la passion satisfaite.

« Enfin, le douaire vient révéler le véritable amour conjugal, qui, étendant sa sollicitude au delà de la tombe, donne à la veuve, à la mère de famille une position digne et indépendante.

« Edmond régna sur les Anglo-Saxons de 940 à 946. Ses lois témoignent du progrès de la civilisation à cette époque.

« Le futur est obligé, à l'époque de ses fiançailles, de fixer ce qu'il donnera à sa femme, lorsqu'elle se sera prêtée à ses désirs : le *don du matin*, et ce qu'il lui destine, si elle venait à lui survivre, le *douaire*. Ainsi, au lieu du prix d'acquisition qu'on donnait aux parents de la mariée, c'est la dot qui revient à la femme elle-même.

« L'achat des femmes fut la première formule de mariage du genre humain. Il remplaça l'état sauvage où l'homme ravissait l'objet de ses désirs.

« Ce que l'homme paya d'abord aux parents était le prix d'une chose, car la femme commença par être considérée comme objet de volupté, avant de s'élever, par une émancipation lente et graduelle, à être la compagne et l'égale de l'homme; ou bien, c'était la composition du rapt, si le consentement des parents n'avait pas d'abord été obtenu. Devenu ensuite le prix du consentement, les parents sont obligés de le partager avec la fiancée même, là où son propre consentement commence à être nécessaire. L'amour fait naître le *morgengabe*, le don du matin; la reconnaissance et la prévoyance de l'époux et du père de famille, le douaire. Le christianisme, ayant donné au mariage la nature de sacrement, fit complétement disparaître l'ancienne forme de contrat; l'idée de l'achat disparut, mais le *douaire*, que les capitulaires, les conciles et toutes les lois des nations modernes ont considéré comme un des points les plus essentiels du régime des biens entre époux, est né de l'ancien prix de l'achat et du don du matin. »

LIVRE SEPTIÈME.

LE DÉCIME UNIVERSEL.

S'agit-il de la Caisse des retraites, l'opération peut
être réglée par des *à peu près certains,* si elle em-
brasse la *France entière,* et si, opérant sur un *grand
nombre de déposants,* elle applique au calcul de
leurs chances un tarif fondé sur la composition des
intérêts et sur les lois de la mortalité. L'expérience,
en corrigeant les bases de ce tarif, apprendra peu à
peu à régler avec précision les droits des déposants
et à garantir le trésor public de tout engagement
téméraire.   DUMAS, *ministre du commerce.*

Une somme versée pour un enfant de trois ans
donnera droit, à l'âge de cinquante-cinq ans, à
une *pension égale* à cette somme.

En consacrant à l'acquisition d'une pension 5 centimes par jour ouvrable depuis 18 ans jusqu'à 50
ans, un travailleur se trouverait avoir économisé au
profit de ses héritiers un capital de 495 francs, et
aurait droit à une pension viagère de 106 fr. 08 c.
à partir de 56 ans, ou de 288 fr. 64 c. à partir de
60 ans, à son choix.

Pour arriver, à 60 ans, à une rente de 572 francs,
il faudrait avoir versé, depuis l'âge de dix-huit
ans, une somme de 2 francs 50 cent. par mois, ou
50 francs chaque année.

Un versement annuel de 10 francs, fait depuis
l'âge de vingt ans, donnerait dans le cas d'abandon
du capital et d'un intérêt à 4 pour cent, une pension viagère de 167 fr. 42 centimes.

Le même versement avec restitution du capital et
l'intérêt à 3 pour cent donnerait droit à une pension
viagère de 464 fr. 97 centimes.
                    BENOIST D'AZY, *rapporteur.*

Si on suppose un versement de 50 francs par an
pour les personnes des deux sexes de 20 à 50 ans, on
aura un versement annuel de 450 millions, ce qui
revient à l'obligation pour l'État d'un emprunt de
450 millions par an. A ce versement annuel, il faut

ajouter les intérêts accumulés des versement antérieurs, lesquels produisent une somme énorme. Mais,
l'opération pleinement réalisée, voici le capital accu-
mulé dont l'État sera devenu dépositaire par les versements successifs, tant des personnes de 26 à 56 ans
qui versent sans toucher, que de celles de 56 ans et
au delà qui, ayant versé leur capital entier, n'auront
plus qu'à jouir. Il ne sera pas moins de QUINZE MIL-
LIARDS pour les uns, de QUINZE MILLIARDS pour les
autres, c'est-à-dire de TRENTE MILLIARDS, somme
énorme, effrayante, et dont nous voudrions bien
savoir comment l'État pourrait se charger.

> Thiers. *Rap. de la comm. d'assistance.*

Le décime universel, c'est la question de l'extinction du paupérisme réduite à sa plus simple expression.

Éteindre partout et à jamais la misère, ce n'est qu'une question
de DEUX SOUS.

En effet, pour éteindre à jamais et partout la misère, que faut-il ?
Prélever un centime sur chaque heure de travail, dix centimes
par jour, deux francs cinquante centimes par mois, trente francs
par an, et pendant trente années, neuf cents francs.

Au moyen de ces versements successifs, centralisés dans une
caisse commune, et concourant à toutes les combinaisons que mul-
tiplie la mortalité, devenue une science exacte, tout travailleur
peut s'assurer contre le risque de misère avec autant de certitude
et plus de facilité qu'il ne s'assure présentement en France, moyennant une prime de 1,200 à 1,500 francs, contre le risque du recrutement militaire par la voie du tirage au sort.

S'il contracte dans l'exercice de sa profession une infirmité, ou
s'il reçoit une blessure équivalant à une incapacité constatée de
travail, le cas est prévu, et dans ce cas la pension de prévoyance
n'en est pas moins légitimement acquise, quoique avant terme, à
l'invalide du travail.

L'impuissance de la charité — charité privée et charité publique, —
est attestée par les siècles.

La charité a fait son temps.

Le temps est venu de l'assurance, assurance individuelle et universelle.

Au lieu de donner, comme on donne communément, inconsidérément, inutilement, un sou, deux sous au pauvre qui mendie, que quiconque fait travailler consente et s'habitue à allouer au travailleur un décime de plus, mais que ce décime soit centralisé, universalisé dans une caisse de retraites pour y servir à la constitution de la pension de prévoyance.

Certes, rien de plus simple, et quoique cela parût petit, rien de plus grand.

Rien de plus grand, car universaliser ainsi l'épargne individuelle, ce serait élever à sa plus haute puissance l'épargne collective.

Ce serait faire de tout travailleur un rentier.

Ce serait faire de tout propriétaire un banquier.

Ce serait créer un monde nouveau à l'inébranlable solidité duquel tous et chacun, petits et grands, concourraient également comme toutes les pierres, grandes et petites, concourent également à la solidité de la voûte qui doit porter les plus fortes charges, subir les épreuves les plus décisives, traverser les siècles les plus longs.

Ce serait substituer la prévoyance à la compression.

Ce serait mettre la tranquillité publique sous la protection de l'intérêt commun, protection sûre et peu coûteuse, au lieu de la mettre sous la protection de la force armée, protection coûteuse et peu sûre.

Ce serait traiter l'homme en homme, et ne plus traiter l'homme libre en enfant rebelle qu'il faut constamment surveiller et incessamment châtier.

A un acte, en apparence, insignifiant : à *l'acte de navigation*, l'Angleterre est redevable de la suprématie qu'elle a acquise sur toutes les mers du globe.

A une mesure, dénuée, en apparence, de toute grandeur, au *décime universel*, la démocratie peut devoir son entière libération et son règne définitif, plus sûrement et plus rapidement qu'à des révolutions périodiques.

Toute révolution qui s'accomplit, s'accomplit sur des décombres.

Avant de devenir un bienfait, elle commence par être un désastre.

Avant de sécher la plaie, elle commence par l'envenimer.

Avant de mettre fin aux excès, elle commence par les imiter et quelquefois par les dépasser.

Avant de jeter le câble dans le port, le plus souvent elle brise le navire contre l'écueil.

Sur cent révolutions que le monde porte dans ses entrailles il y en a dix qui voient le jour ; sur dix révolutions qui voient le jour il n'y en a pas une qui naisse viable !

Toute révolution qui n'est pas une révolution d'idées, est un périlleux enfantement, qui se termine par un laborieux avortement.

L'expérience de soixante années atteste qu'il faut se défier autant des révolutions faites au nom du progrès, que des guerres faites au nom de la liberté.

La liberté s'établit par la liberté.

Le progrès s'accomplit par le progrès.

L'ouragan est un mauvais moissonneur ; c'est un semeur plus mauvais encore.

Si la démocratie fait bien, si elle a foi beaucoup en elle et un peu en moi, la démocratie renoncera désormais à triompher par la violence et par la destruction ; elle procédera comme procède l'industrie : par la science appliquée et par le progrès continu.

Dans cette dernière voie, on avance lentement, mais on ne recule jamais ; dans l'autre voie on avance rapidement, mais on recule toujours.

Si l'essentiel est d'arriver, il n'y a point à hésiter entre la voie qui mène au but et qui vous y laisse et celle qui ne vous en fait approcher que pour vous en éloigner aussitôt.

La démocratie veut-elle arriver ? Veut-elle être le travail, le progrès, la liberté ; ou veut-elle être la bataille, la victoire, la révolution ? Telle est la question que doit se poser la démocratie, instruite par l'expérience de trois révolutions qui, toutes les trois, ont avorté.

Pourquoi ont-elles avorté toutes les trois ? Parce qu'elles sont arrivées brusquement avant terme, moins comme des effets que comme des accidents, plutôt comme des explosions que comme des solutions, devançant ce qu'elles auraient dû suivre : l'instruction populaire et le bien-être universel.

Moins que jamais, le triomphe définitif de la démocratie est douteux, mais c'est à la condition d'y travailler sans relâche et de l'attendre avec patience. Les gouvernements qui retardent cet avénement agissent comme les gelées qui fécondent les récoltes en retardant les germinaisons hâtives.

Dans le décime universel, il faut voir un grain semé, grain dont le bien-être universel sera la tige et le suffrage universel l'épi, épi qui, sous la meule, deviendra le pain quotidien de tous les peuples, deviendra la liberté universelle, la liberté sous toutes les formes et à tous les degrés.

Le décime universel s'attaque à la misère individuelle, non dans ses effets qu'il prévient, mais dans sa cause qu'il détruit. Si le problème, tel qu'il le pose, est résolu pour un homme, il sera résolu pour un peuple; s'il est résolu pour un peuple, il sera résolu pour l'humanité tout entière.

De ce problème voici les termes :

Faire trois parts moyennes de la vie du travailleur ayant atteint l'âge de 60 années ;

Première part : de 1 à 15 ans : — *Éducation.*

Deuxième part : de 16 à 45 ans : — *Travail.*

Troisième part : de 46 à 60 ans : — *Repos.*

Par les trente années de travail, de 16 à 45 ans, assujetties au payement du décime de misère, rembourser à ses enfants l'avance des quinze années d'éducation qu'on a reçue de ses parents, et acquérir, pour le dernier quart de son existence, le droit au repos.

Mais comme la vie moyenne en France n'est que de 36 ans, le plus petit nombre seulement des travailleurs parvenant à l'âge où sonnerait l'heure du droit au repos, ce petit nombre profitant de toutes les chances résultant de la mortalité du nombre le plus grand, le travail héritant ainsi du travail, on conçoit facilement et clairement comment avec la faible retenue de un centime par heure de travail, de deux francs cinquante centimes par mois, de trente francs par année, l'épargne individuelle s'élèverait, par l'épargne collective, à une haute puissance et constituerait de suffisantes pensions de retraites aux invalides du travail.

La vie du travailleur étant ainsi partagée en trois âges, l'âge où il croît et s'instruit, l'âge où il travaille et s'assure, l'âge où il jouit et se repose, il en résulterait ce qui suit :

Premièrement l'ignorance disparaîtrait d'elle-même, puisque l'enfant aurait, avant l'âge de quinze ans accomplis, le temps d'apprendre tout ce qu'il est nécessaire et utile qu'il sache;

Deuxièmement, la consommation, conséquemment la production, conséquemment le travail, prendrait un rapide essor et un immense développement puisqu'elle ne rencontrerait plus pour obstacle invincible la crainte fondée qu'a le travailleur de tomber dans la misère, crainte sinistre qui, dans le travailleur étouffe le consommateur;

Troisièmement la stabilité politique s'affermirait par l'épargne collective, puisque l'ordre public y gagnerait de nouveaux et de nombreux défenseurs. Quels soldats seraient plus intéressés à sa conservation que tous ces vigoureux vétérans du travail, retraités de 46 à 60 ans! Quelle excellente réserve pour y choisir des hommes sûrs, paisibles, expérimentés comme il en manque et comme il en faut pour remplir certaines fonctions, les unes gratuites, les autres insuffisamment rétribuées, dans une multitude de communes et de petites villes !

Avec quoi les Gouvernements subviennent-ils à toutes leurs dépenses, à toutes leurs prodigalités? Ils y subviennent avec des centimes prélevés sur le salaire des travailleurs, sous le nom d'impôts indirects. Ces centimes additionnés et totalisés composent ces milliards avec lesquels on solde des armées de fonctionnaires inutiles et l'on continue à payer, après trente-cinq années de paix, des budgets de la guerre incomparablement plus lourds qu'aux époques où la guerre était l'état normal des peuples entre eux et même chez eux.

Assez longtemps le risque de guerre a prélevé son tribut en argent et en hommes, prenant l'argent le plus pur et les hommes les plus robustes ; assez longtemps la guerre a eu son budget ! N'est-il donc pas temps que la paix ait le sien ? Le budget de la paix, c'est l'épargne individuelle composant l'épargne collective, c'est l'assurance contre le risque de misère, c'est le décime universel.

Le jour où chacun fera ce que je tente de faire ici, le jour où chacun étudiera le Budget du travailleur avec la conviction que ce budget n'est pas moins essentiel à étudier et à connaître que le Budget de l'État, on sera tout surpris de voir quels résultats pourraient s'obtenir, quels prodiges pourraient s'accomplir, si le salaire, étant ce qu'il devrait être, permettait au travailleur, prévoyant et sachant calculer, de contracter l'habitude d'affecter à telle dépense un centime par jour ; à telle autre dépense, un autre centime, etc., lesquels centimes seraient centralisés et formeraient, ceux-ci, tel fonds commun pour l'instruction élémentaire ou spéciale des enfants ; ceux-là, tel fonds commun pour le douaire des garçons lorsqu'ils seraient en âge de se marier ; ceux-là encore, tel fonds commun pour s'assurer tel avantage ou se donner telle jouissance, etc., etc.

Le rôle que jouent les centimes additionnels dans le Budget de l'État, on le connaît ; non moins important et plus utile serait le rôle que pourraient jouer dans le Budget du travailleur ce que je nommerai les centimes individuels.

Il faut se hâter de constituer la puissance du centime centralisé, puissance nouvelle, puissance incalculable ! Echelle au moyen de laquelle il n'y aurait pas de hauteurs que la civilisation ne pût atteindre, pas de profondeurs qu'elle ne pût visiter ! Le douaire universel et le décime universel sont les deux premiers échelons de cette échelle. Ces échelons, on ne saurait trop les multiplier. Plus on les multipliera, moins le bien-être universel exigera d'efforts individuels pour entrer dans le domaine des problèmes résolus et des faits accomplis.

Dans l'ordre physique il y a de l'air pour tout ce qui respire, dans l'ordre social il y aura du bien-être pour tout ce qui travaille, dès que l'épargne sera devenue une habitude en devenant une science.

Lorsque l'épargne est individuelle, le plus grand nombre se décourage en mesurant la distance qu'il lui faudra franchir du point de départ au but; un petit nombre a seul la force de persistance nécessaire; mais lorsque l'épargne sera collective, comme pour atteindre au même but, il faudra une somme d'efforts infiniment moindre, alors les proportions seront inverses. En matière de prévoyance, ce sera le petit nombre qui fera exception, ce sera le grand nombre qui fera règle.

Présentement on ne consomme pas afin d'épargner et l'on n'épargne pas; alors on épargnera afin de consommer et l'on fera, à la fois, les deux choses : on consommera individuellement et on épargnera collectivement.

Ce ne sera pas seulement à la consommation nécessaire que profitera l'épargne collective; elle profitera aussi à la moralisation publique.

Les travailleurs survivants héritant des travailleurs décédés, ce sera à qui vivra le plus longtemps; conséquemment à qui boira le moins.

L'ivrognerie n'a pas de plus mortelle ennemie que l'épargne. C'est là un fait constaté : il n'y a plus qu'à en tirer toutes les conséquences.

Le lendemain du jour où le travailleur boit moins est la veille du jour où il se nourrira mieux.

Il importe que le travailleur se nourrisse bien, car c'est toujours aux dépens de son travail qu'il se nourrit mal.

S'il a peu de forces, il lui est impossible d'en dépenser beaucoup; s'il en dépense beaucoup et qu'il ne les répare pas, il les a bientôt épuisées; s'il tombe malade, il ne peut plus travailler. Donc il n'y a aucun profit, au contraire, il y a perte, en fin de compte, pour la société lorsque l'offre, cette fausse loi d'une fausse économie politique, fait baisser le taux du salaire au-dessous de la valeur du travail, valeur ayant pour principal élément la valeur de l'homme.

La santé de l'homme n'est pas et ne doit pas être moins sacrée que sa vie; s'il n'est pas permis d'attenter directement à celle-ci, comment serait-il permis d'y attenter indirectement, en attentant à celle-là?

La santé est au travail ce que le capital est au revenu; la santé du travailleur est son capital; s'il n'est pas permis de lui voler la plus petite pièce de monnaie, comment serait-il permis de lui voler toute sa fortune?

Qui tue et vole ainsi le travailleur peut s'enrichir, mais il appauvrit la société. C'est le cas de dire qu'en empêchant le travailleur de consommer le capitaliste tord le cou à la poule aux œufs d'or.

Mettre, par l'insuffisance du salaire, celui qui travaille dans l'impossibilité de consommer, c'est faire ce que ferait l'enfant qui empêcherait le balancier d'une pendule d'aller de droite à gauche après qu'il aurait été de gauche à droite. Le balancier s'arrêterait. Les deux temps, en sens contraires, veulent être égaux. Ainsi, le droit à la consommation veut être égal à l'effort de production; réciproquement l'effort de production se règle de lui-même sur le droit à la consommation.

L'art de faire produire réside dans le secret de faire consommer.

Être équitable, voilà tout le secret! Être éclairé, voilà tout l'art!

Quand on sait cela, quand tout le monde le saura, quand chacun en aura la conviction aussi profonde que me l'ont donnée l'étude et l'observation, toutes les questions de misère, d'épargne, de prévoyance, de bien-être, de civilisation se réduiront à la question de savoir combien le travailleur, sainement nourri, sainement logé, proprement vêtu, se portant bien et travaillant bien, pourra et devra centraliser de centimes?

Est-il une question plus simple et, là encore, n'est-ce pas une question où la politique s'efface pour laisser passer les mathématiques?

Le décime universel, c'est l'épargne collective, sur la plus vaste échelle.

L'épargne collective, c'est l'État en équilibre sur lui-même et n'ayant plus besoin d'être maintenu par un échafaudage de baïonnettes, car c'est la milice de l'ordre soldée par elle-même.

DÉCRET DE L'AVENIR.

—

TITRE I.

PENSIONS LIBRES.

Il est créé, avec la garantie et sous la direction de l'État, une Caisse de retraites ou rentes viagères pour la vieillesse.

Le capital de ces rentes viagères sera formé par les versements successifs des déposants.

Ces versements successifs étant calculés à raison de 1 CENTIME PAR HEURE DE TRAVAIL, de 10 HEURES PAR JOUR, de 25 JOURS PAR MOIS, de 300 JOURS PAR ANNÉE, pourront avoir lieu par simples multiples de 2 francs 50 c. ou par versement annuel de 30 francs.

Sauf les cas prévus d'infirmités ou d'incapacités de travail contractées dans l'exercice de la profession, le droit à la pension de retraite ne s'ouvrira qu'après le versement intégral de la somme de 900 francs, représentant 90,000 heures, ou trente années de travail.

Le versement intégral pourra être anticipé au gré des déposants, et même, s'ils le veulent, opéré en une seule fois; mais il n'aura pas pour effet d'avancer l'entrée en jouissance de la pension de retraite, fixée à quarante-cinq, cinquante, cinquante-cinq et soixante ans, au choix des déposants.

Les déposants que l'interruption de travail ou toute autre cause aurait empêchés d'effectuer leur versement, soit pendant un mois, soit pendant une année entière, pourront, le mois suivant ou l'année suivante, opérer les versements en retard, sauf à tenir compte de l'intérêt dû à la Caisse de retraites, comme si ces versements avaient eu régulièrement lieu.

La somme de neuf cents francs est considérée comme l'unité de capital de chaque rente viagère ; toutefois, les déposants qui voudraient s'assurer pour leur vieillesse une plus forte pension de retraite, pourront cumuler sur leurs têtes, pour en jouir aux époques ci-dessus fixées de 45, 50, 55 ou 60 ans, autant d'inscriptions de rentes viagères qu'ils auront versé de fois la somme de neuf cents francs.

Les rentes sont incessibles ou insaisissables.

Le versement est exclusivement propre à celui qui l'a fait.

Au décès du déposant, le capital fait retour à la Caisse nationale des retraites.

TITRE II.

PENSIONS PUBLIQUES.

Les dispositions qui précèdent étant applicables à tous les fonctionnaires publics, sans distinction aucune entre les salariés de l'État et les salariés de l'Industrie, toutes les caisses de retraites actuellement existantes à l'effet d'assurer des pensions aux fonctionnaires publics opéreront leur liquidation, mais en tenant compte des droits résultant des retenues opérées jusqu'à ce jour.

TITRE III.

PENSIONS MILITAIRES.

La Caisse générale de retraites est également chargée du service des pensions militaires.

Tout soldat qui justifiera de 90,000 heures de service sous les drapeaux, et de 45 ans d'âge au moins, aura droit à la même pension de retraite que s'il avait successivement opéré le versement intégral de la somme-unité, ci-dessus fixée à neuf cents francs.

TITRE IV.

LIVRETS.

Il sera remis à chaque déposant un livret sur lequel seront inscrits les versements par lui effectués et les recettes viagères correspondantes.

En tête de ce livret seront imprimés les statuts et le règlement d'administration de la Caisse nationale des retraites.

TITRE V.

HOSPICES ET HOPITAUX.

L'Administration des hospices est supprimée.

Les biens des hospices seront successivement vendus à l'enchère par voie d'adjudication publique.

Le produit sera converti en inscriptions de pensions viagères de retraites.

Ces pensions seront divisées en deux classes :

    Première classe. . . . . . . 180 francs.

    Deuxième classe . . . . 90 »

Ces pensions ne seront délivrées ou transférées que sur une double attestation.

Attestation du médecin, certifiant que le malade ou le non valide, âgé de ...., est incapable d'aucun travail et dénué de toute ressource ;

Attestation du Maire de la Commune, certifiant, après enquête, que l'attestation du médecin est exacte et véritable.

Le médecin sera responsable de l'attestation qu'il aura donnée.

En cas de fausse attestation, il sera tenu envers l'État au remboursement de toutes les sommes qui auront été indûment touchées par le pensionnaire admis à tort comme non-valide et privé de toutes ressources.

Dans ce cas la pension sera immédiatement retirée.

NOTES.

Il y a en France 1,135 administrations hospitalières établies dans 1,150 communes, savoir : 87 dans les chefs-lieux de départements, 255 dans les chefs-lieux d'arrondissement, 597 dans les chefs-lieux de canton et 193 dans les communes rurales.

Ces 1,135 administrations hospitalières dirigent 1,270 établissements : 339 hôpitaux, 199 hospices, 754 hôpitaux-hospices, c'est-à-dire ayant le double caractère d'hôpital pour les malades et d'hospice pour recevoir les vieillards, les infirmes incurables, les orphelins et les enfants trouvés.

58 administrations hospitalières manquent des ressources suffisantes, et sont obligées de faire traiter à domicile les malades qui réclament leur assistance.

Il reste encore, en France, 1,556 cantons dépourvus de ces établissements, et il faudrait au moins soixante millions pour en créer un dans chaque canton.

La quotité des dons et legs faits officiellement aux pauvres a été, de 1800 à 1845, de 122,514,890 francs, non compris les dons manuels et les dons et legs autorisés par les préfets.

Les revenus des hôpitaux et hospices ont été, en 1847, de 54,116,660 francs 60 cent. Les propriétés foncières figurent dans cette somme pour 14,412,571 fr. 49 c. brut, que le prélèvement des frais réduit à 11,291,878 fr. 56 c. net ; les rentes sur l'État pour 7,295,121 fr. 45 c., et les subventions communales pour 8,307,625 fr. 98 c.

Il existe une grande disproportion dans la répartition de la masse de ces revenus entre les 1,135 administrations hospitalières. Sur ce nombre, 93 seulement ont plus de 100,000 fr. de recettes ordinaires et possèdent ensemble 38 millions de revenus, tandis que 595, plus de la moitié, n'ont pas isolément 10,000 fr. de recettes annuelles, ou ensemble 2,700,000 fr.

M. Coquerel, dans son rapport sur le projet de loi sur l'assistance publique, présenté à l'assemblée constituante, signale les faits suivants, qui viennent à l'appui de ces inégalités :

« Tel hôpital, dans une ville de 2,500 âmes, possède 92,000 fr. de revenus, et reçoit 7 malades par an ; la commune voisine, portant le même nom, n'a point d'hôpital. Dans le même département, une autre ville de 1,700 âmes a un hôpital dont les revenus dépassent 60,000 francs. »

20

L'administration hospitalière de Paris est la plus riche de toutes; ses revenus ordinaires s'élèvent à 12,690,225 fr. 70 c.; à Lyon, ils atteignent la somme de 2.279.990 fr. 84 c.

La valeur vénale des propriétés appartenant aux hospices étant évaluée à 400 millions, et les revenus à 11 millions, il en résulte que l'intérêt du capital qu'elles représentent est de 2 1/2 p. c. La réduction des baux renouvelés depuis 1848, et l'impôt de mainmorte, créé par la loi du 20 février 1849, ont réduit cet intérêt à 2 p. c. Les propriétés rurales gérées par les administrations elles-mêmes ne rapportent pas plus de 1 p. c. La conversion du prix de tous ces immeubles en achat de rentes sur l'Etat, dont la perception ne coûte aucuns frais, aurait élevé de 2 à 5 1/2 p. c. le revenu du capital qu'ils représentent, c'est-à-dire de 10 millions à 27,500,000 fr. La dépense du personnel des employés, des religieuses, des servants et des médecins, absorbe à elle seule près du cinquième du revenu total des administrations hospitalières, près de dix millions, c'est-à-dire une somme égale aux revenus de leurs propriétés foncières, 20 p. c. de la dépense totale.

Ces 10 millions sont partagés entre 25,561 agents de toute sorte. Le personnel complet est de 51,486 individus, mais 5,927 administrateurs remplissent gratuitement leurs fonctions. Les hôpitaux et hospices de France ont, en tout, 126,000 lits, c'est donc *un employé pour quatre lits*.

Il est de petits hospices de campagne, où, pour 10, 15 ou 20 malades, la maison paye, nourrit et entretient 5, 8 ou 10 religieux, plus 2 ou 3 servants.

Ces 126,140 lits ont été occupés en 1847 par 486,085 malades dans les hôpitaux, et par 89,144 infirmes, aliénés, etc., dans les hospices. Dans ces derniers établissements le nombre des femmes a été supérieur à celui des hommes.

La durée moyenne du séjour des malades à l'hôpital est de 48 jours pour les hommes, de 64 jours pour les femmes, de 70 jours pour les enfants.

Le prix moyen de journée que les malades coûtent à l'hôpital est de 1 fr. 9 c.; à l'hospice, il est de 97 c.; à Paris, ce prix s'élève, dans les hôpitaux à 2 fr. 10 c.; dans la Corrèze, dans le Finistère il descend à 44 c.

La moyenne de la mortalité a été en 1847 :

Dans les hôpitaux : 1 sur 15 pour les hommes, 1 sur 12 pour les femmes, 1 sur 16 pour les enfants.

24,176 enfants sont entretenus dans les hospices, auxquels chacun coûte environ 200 francs par an. Il n'en coûterait pas 100 francs à la campagne placés chez des cultivateurs.

Dans la dépense de l'hospice, dépense appelée à disparaître dès que l'épargne collective aura universalisé l'assurance, se trouve implicitement et transitoirement comprise celle des *enfants trouvés*, qui est également appelée à disparaître entièrement par la constitution du NOTAIRE UNIVERSEL. En Prusse et en Angleterre les enfants trouvés sont à la charge de la Commune et de la Paroisse. Voir ce qu'a écrit à ce sujet M. Kœnigswarter : *Législation des peuples anciens et modernes relative aux enfants nés hors mariage*. Pages 89 à 93.

On y lira notamment ce qui suit :

« Le Code civil du Canton de Vaud fait *adjuger* les enfants illégitimes au père et à la mère par la voie des tribunaux, sans que cependant l'enfant puisse réclamer les droits d'un enfant légitime. S'il est adjugé au père, il porte son nom et fait partie de la commune, et le père doit pourvoir à son entretien jusqu'à ce qu'il soit en état d'y pourvoir lui-même. Si le père est absent, la mère est chargée des mêmes obligations, et à défaut de tous les deux, *l'entretien de l'enfant tombe à la charge de la Commune,* sauf son recours contre eux.

« .... Quant à l'Angleterre, la loi de 1854 n'a changé en rien le principe qui admet la recherche de la paternité, mais elle en a atténué les rigueurs en en modifiant les conséquences. Selon cette nouvelle loi, la mère est exclusivement chargée de fournir des aliments à l'enfant jusqu'à sa seizième année ; si elle est incapable d'y pourvoir, *cette obligation retombe sur la Paroisse* qui peut, en ce cas, exercer son recours contre le père putatif... La Commune a un recours contre le père jusqu'à ce que les enfants aient atteint l'âge de sept ans. »

—

Ce qui convient surtout aux habitants des campagnes, ce qu'il faut leur donner comme institution générale, c'est le bureau de bienfaisance, *la distribution des secours à domicile.* Cette institution est celle qui est le plus en harmonie avec leurs mœurs, leurs habitudes, leur point d'honneur, leur esprit de famille, leur désir de vivre et de mourir au milieu de leurs enfants.

Des 2,484 chefs-lieux de canton qui ne sont ni des préfectures ni des sous-préfectures, il n'y en a qu'un tiers environ qui aient un hôpital ou hospice.

Quant aux bureaux de bienfaisance ou de *secours à domicile,* dont le nombre, pour toute la France, s'élève à environ sept mille, tous les chefs-lieux de département et d'arrondissement et presque tous les chefs-lieux de canton en possèdent en vertu de la loi du 7 frimaire an v (27 novembre 1796).

Dr LÉLUT, De la Santé du peuple.

LIVRE HUITIÈME.

LA PROPRIÉTÉ UNIVERSELLE.

Les grands propriétaires, en France, sont plus
anglais et plus autrichiens que français.

NAPOLÉON, *Mémorial de Sainte-Hélène.*

L'empereur, en disant que l'industrie était une
nouvelle *propriété*, exprimait d'un seul mot son importance et sa nature. L'esprit de propriété est par
lui-même envahissant et exclusif. La propriété du
sol avait eu ses vassaux et ses serfs. La Révolution
affranchit la terre; mais la nouvelle propriété de
l'industrie s'agrandissant journellement tendait à
passer par les mêmes phases que la première et à
avoir comme elle ses vassaux et ses serfs.

L.-N. BONAPARTE, P. 248.

La propriété industrielle doit se placer au-dessus
de la propriété foncière : l'une est la valeur de la
chose et l'autre la valeur de l'homme.

BENJAMIN CONSTANT.

Dans la langue économique, le nom de *capital* est donné à tout
fonds inconsommable et productif d'une rente ou d'un profit, qu'il
s'agisse d'immeubles, d'inscriptions sur l'État, d'actions d'entreprises, d'effets de commerce, de billets de banque, de numéraire
disponible, de marchandises emmagasinées, de charges achetées,
de professions exploitées, d'arts ou de talents lucratifs, etc., etc.;
le nom de capital s'étend ainsi à peu près à tout; dans la langue
usuelle, au contraire, le nom de *propriété* n'est guère usité que
pour désigner la possession d'immeubles; d'où l'on voit que l'ac-

ception usuelle du mot *propriété* est aussi étroite que l'acception économique du mot *capital* est large.

Il n'entre pas dans le plan de ce livre de disserter longuement sur la propriété, d'en rechercher l'origine douteuse, le caractère distinctif, la légitimité contestée; on a pu remarquer qu'écrivant l'histoire de l'avenir et non l'histoire du passé, je datais exclusivement du présent.

Le présent est mon point de départ. Je prends donc la propriété telle qu'elle existe, seulement je la prends dans sa plus large acception, et j'appelle propriété tout ce que la langue économique appelle capital. Pour moi, capital et propriété sont tout un. Je n'admets pas, je ne veux pas admettre de différence entre la propriété terrienne, la propriété industrielle, la propriété scientifique, la propriété littéraire, la propriété artistique, ou toute autre propriété. Matérielle ou immatérielle, naturelle ou artificielle, personnelle ou impersonnelle, inconsommable ou viagère, peu m'importe!

S'il y avait une propriété à laquelle j'hésitasse à donner ce nom commun, ce serait précisément celle qu'il est d'usage de considérer comme étant la propriété par excellence, ce serait précisément la terre.

Je m'explique et mon explication va être une hypothèse. Je suppose que par suite de la liberté du commerce et de la réciprocité des échanges, la terre cultivable et cultivée ne rapporte plus que strictement ses frais de culture et la somme prélevée par l'État sous le nom d'impôt ou d'assurance, que deviendrait, dans ce cas, la rente foncière ou fermage? Elle s'annulerait. Plus de rente foncière, conséquemment plus de propriété terrienne proprement dite. La terre ne serait plus aux mains de l'homme qu'un instrument de travail, qu'un moyen d'appliquer ses forces, ses facultés personnelles pour en tirer un salaire qu'il se payerait à lui-même. Ce que je viens de supposer peut se réaliser et se réalisera peut-être plus tôt que je ne l'entrevois. Dans ce cas, des trois éléments principaux dont se compose la richesse sociale : *la terre, les facultés personnelles* et *les capitaux artificiels*, il n'en resterait plus que deux, et la propriété terrienne ne serait plus qu'une propriété de même

nature que la propriété industrielle, scientifique, littéraire ou artistique. La terre vaudrait ce que vaudrait le cultivateur, ce qu'il
tirerait de ses facultés personnelles ou de ses capitaux artificiels
employés à la culture du sol.

Que la propriété terrienne, propriété d'origine séculaire et d'essence aristocratique, ne se hâte donc pas de m'accuser de la faire
déchoir du rang suprême qu'elle occupe pour la confondre avec les
propriétés qu'elle conteste ou qu'elle dédaigne, popriétés d'origine
récente et d'extraction démocratique, propriétés qui s'appellent
maintenant : industrielle, scientifique, littéraire, artistique !

La propriété terrienne aurait tort de se plaindre qu'ainsi on la
fît déroger, car elle s'ôterait par là tout droit de réclamer, s'il arri-
vait que plus tard telles autres propriétés refusassent de la reconnaître en lui disant crûment : — « Vous n'êtes pas le fruit du travail
de l'homme, nous ne vous reconnaissons pas le titre de propriété.
Ce titre n'appartient légitimement et ne s'applique maintenant
qu'aux fruits du travail. »

Il est manifeste que si l'on tient compte des perfectionnements
et des exigences de la navigation, laquelle, portant au loin, rapidement et à peu de frais les produits manufacturés des États les plus
civilisés, a besoin de *retours*, on reconnaîtra que la terre, considérée
comme propriété assise sur le *produit net*, n'a de valeur vénale et
productive que celle qu'elle emprunte au *régime* arbitraire de la
protection, régime qui a, incontestablement, pour objet et pour
effet de protéger l'oisif aux dépens du travailleur, le patrimoine au
préjudice de l'épargne, le capital antérieur au détriment du capital
en voie de formation.

Mais je ne veux point décrier ni abaisser la valeur vénale que possède encore à l'heure où j'écris la propriété terrienne ; je l'admets
pour ce que, présentement, elle vaut et rapporte ; seulement j'é-
lève au même rang la propriété industrielle et la propriété personnelle. Par ce nom de propriété personnelle j'entends désigner
le fonds inconsommable de toutes professions lucratives : scientifique, littéraire, artistique, libérales ou manuelles.

À mes yeux, propriété personnelle, propriété industrielle et propriété terrienne tirent leur existence de la même origine : l'utilité individuelle légitimée par l'utilité publique. L'incontestable stimulant du travail, c'est la possession incontestée de ses fruits, sous la seule réserve imposée à qui ne les détient pas de ne pouvoir se les approprier qu'après payement préalable de leur valeur vénale, authentiquement constatée.

De là, le droit de préemption universelle, qui est à la propriété universelle ce qu'une extrémité du levier est à l'autre.

Propriété universelle et préemption universelle sont les deux extrémités du levier social, les deux pôles du Monde civilisé, les deux temps du pendule politique.

Qu'est-ce que la préemption, telle que je l'ai déjà exposée ailleurs *? C'est le droit consacré d'expropriation pour cause d'utilité publique, *individualisé* et *universalisé*; c'est le droit de l'État souverain, transporté, aux mêmes conditions, à l'Individu souverain, c'est enfin le droit individuel d'expropriation pour cause d'utilité privée ayant trouvé son contre-poids nécessaire dans le droit individuel d'expropriation pour cause d'utilité publique.

Le droit d'expropriation pour cause d'utilité privée s'exerce sans protestation, pourquoi n'en serait-il pas ainsi du droit d'expropriation pour cause d'utilité publique? Ce dernier serait-il donc moins légitime que le premier ?

Le créancier qui a prêté sur hypothèque ou sur gage, s'il n'est pas exactement payé au jour de l'échéance, peut exproprier l'immeuble ou s'approprier le gage. Ne serait-ce pas en vain que, pour arrêter cette expropriation forcée, ou cette appropriation suprême, le débiteur dirait au créancier : «Cet immeuble est le patrimoine de mes parents, de père en fils, ces meubles ont appartenu à ma mère, j'y tiens autant qu'à mon honneur et à ma vie, de grâce, ne me les enlevez pas; de grâce, laissez-moi le temps et l'espoir de me libérer ! » Devant le créancier, s'il demeure inexorable, devant

---

* Voir l'*Impôt* par ÉMILE DE GIRARDIN, pages 275 et suivantes.

l'huissier, devant l'avoué, devant le juge, tous également impassibles, vaines supplications! Elles ne seront point entendues. Considérations de famille, invocations du cœur, rien ne sera écouté.

Ou devant ces considérations pieuses et touchantes doit s'arrêter saintement le droit d'expropriation pour cause d'utilité privée, ou il n'y a pas de motif pour que, devant elles, s'arrête le droit d'expropriation pour cause d'utilité publique. Il faut être conséquent et opter.

Si le droit d'expropriation pour cause d'utilité privée est maintenu, il n'existe pas d'objection sérieuse contre le droit d'expropriation pour cause d'utilité publique.

Dans cet ordre d'idées, toute chose qui a une valeur vénale est réputée marchandise. Toute marchandise peut et doit s'acheter au cours Or, la préemption, telle qu'elle s'exerce, ajoute à la *valeur déclarée* un DIXIÈME EN SUS. Qui redoute la préemption a donc un moyen fort simple de s'y soustraire, c'est d'estimer la chose qu'il tient à conserver, le prix qu'elle vaut, ou un tel prix que nul ne soit tenté de la préempter. En tout cas, le préempteur peut, à son tour, être le préempté.

La première conséquence de la préemption universelle, c'est d'élever à leur plus haute valeur les propriétés de toute nature, assujetties à l'impôt transformé en assurance générale et spéciale; la seconde conséquence, c'est de rendre la prime d'assurance d'autant plus faible que la richesse publique sera plus considérable; la troisième conséquence, c'est d'ouvrir à l'activité individuelle un Monde nouveau, c'est de donner à la spéculation l'entière liberté de son essor: la quatrième conséquence, enfin, c'est de résoudre les difficultés, réputées jusqu'à ce jour insolubles, qui s'opposaient à ce que les fruits du travail scientifique, artistique, littéraire, industriel, fussent considérés comme des propriétés, ayant les mêmes droits à la pérennité que la propriété immobilière et mobilière.

Le régime admis de la préemption universelle, il n'y a plus de motifs, ni fondés ni spécieux, il n'y a plus de prétextes, pour que l'inventeur, le savant, l'auteur, l'artiste ne possèdent pas les œuvres qui sont les leurs, aux mêmes titres et conditions que le cultivateur possède les fruits de la terre qu'il a ensemencée, du pré qu'il a fumé ou de la vigne qu'il a plantée.

Si le détenteur d'un domaine ne sait pas en tirer tout le parti que ce domaine comporte, il pourra être préempté ; de même si le détenteur d'une invention ne sait pas l'exploiter, il pourra être préempté ; pareillement pour le détenteur d'une œuvre littéraire, auteur ou éditeur. Alors la concurrence qui n'était qu'un champ étroit sur lequel se pressait et se ruait une foule immense et compacte devient un vaste champ où chacun peut se mouvoir librement dans le rayon de son aptitude. Des améliorations et des progrès de toute nature, qui rencontraient, dans l'ordre vicieux des choses, d'invincibles obstacles n'en rencontrent plus. Chaque chose prend d'ellemême son niveau et rien n'arrête plus l'élan de chaque homme. Dès qu'il en est ainsi, le travail abonde et ses fruits se multiplient en suivant la progression géométrique.

Qu'importerait alors la question de savoir si le sol doit appartenir à la propriété collective ou à la propriété individuelle? Ce ne serait plus qu'une question oiseuse. Ce qui importe, c'est que par la loi naturelle du travail et de l'épargne, la terre passant des mains oisives aux mains laborieuses soit définitivement possédée par les plus capables d'en tirer tous les produits dont elle est susceptible, en y appliquant les procédés et les instruments les plus perfectionnés.

Je suppose qu'un nouveau Fulton ait inventé une machine à vapeur labourant la terre aussi facilement, aussi rapidement, que le steamer laboure la mer, mais que cette machine ne puisse être avantageusement employée qu'à la condition d'avoir à parcourir d'immenses espaces ; je suppose que cette machine à labourer soit à la charrue en usage, ce que le métier à filer est au rouet, que l'impuissance de soutenir la concurrence sur le marché a condamné à l'abandon ; eh bien! dans les conditions de la propriété terrienne, telle qu'elle est morcelée, cette machine serait sans utilité, car elle serait sans emploi ; tandis qu'avec la préemption il serait aussi facile de l'appliquer qu'il est facile maintenant de transporter en huit heures, de Paris à la frontière belge, mille voyageurs par le chemin de fer. De riches compagnies se formeraient ; elles préempteraient toutes les terres dont elles auraient besoin ; puis elles diviseraient leur fonds social en actions qu'elles émettraient. On serait alors actionnaire du sol comme on est actionnaire d'un chemin de fer.

J'entrevois dans l'avenir une époque où l'agriculture se divisera en *agriculture à l'eau froide* et en *agriculture à l'eau chaude*, où la terre avant d'être ensemencée, labourée, hersée, subira des préparations analogues à celle s que la laine subit avant d'être convertie en drap tissé, tondu et apprêté. Avant de labourer la terre, on la nettoiera, on en extraira les pierres, on la cardera, en quelque sorte, comme on nettoie et comme on carde, avant de les filer, la laine et le coton.

Dès qu'une opération est susceptible d'atteindre une rigoureuse précision, la machine peut s'en charger ; l'homme n'a plus qu'à s'effacer ; ce qu'il faisait, elle le fera mieux que lui ; et si elle ne le fait pas tout de suite, elle le fera plus tard.

L'homme est supérieur aux machines par l'intelligence ; les machines sont supérieures à l'homme par la précision. La précision est l'âme des machines, c'est leur génie.

Toutes les opérations où la puissance mécanique intervient ne tardent pas à se lier étroitement et méthodiquement. Un progrès se déduit de l'autre. Il suffit, pour s'en convaincre, d'avoir visité une seule fois une grande filature et d'en avoir suivi une à une toutes les opérations. La terre se traitera comme se traite un tissu. Semer en ligne, et moissonner mécaniquement ne seront plus des difficultés dès que la première difficulté aura été vaincue : celle de régler, à volonté, la profondeur du labour, et de labourer à la vapeur à moins de frais qu'en se servant de bœufs, de vaches ou de chevaux.

Application de la machine à vapeur à la culture de la terre, jardinage mécanique, voilà ce que j'appelle *l'agriculture à l'eau chaude* ; maintenant ai-je besoin de dire que par *l'agriculture à l'eau froide*, j'entends l'art des irrigations appliqué, sur la plus vaste échelle, à toutes les terres montueuses, accidentées, qui par la même raison

qu'elles seraient impossibles à labourer mécaniquement, se prête-
raient admirablement à être converties en prés naturels, ce qui
permettrait de nourrir un grand nombre de bestiaux et de substituer dans une forte proportion l'usage de la viande à l'usage du
pain dans l'alimentation des travailleurs. Avec autant de bestiaux
et beaucoup de fourrages, on aurait assez de fumier pour fumer les
terres labourées par la machine à vapeur. Dans l'un comme dans
l'autre système, *agriculture à l'eau froide et agriculture à l'eau chaude*,
la préemption universelle est impérieusement nécessaire. Sans elle
pas d'application possible.

Le progrès agricole, tel que je l'entrevois, exige que la terre soit
une marchandise et se vende au cours comme s'achète le coton.
D'abord le prix de la terre s'élèverait rapidement parce qu'elle
serait plus demandée qu'offerte, puis elle ne tarderait pas à être
plus offerte que demandée par suite de l'impossibilité où serait le
cultivateur et sa paire de bœufs de lutter contre la machine aux
narines de feu, si elle permettait de vendre avec profit les céréales,
la betterave, la pomme de terre, etc., seulement à 1 °/₀ de moins.
Lorsqu'on a assisté aux progrès qu'a faits depuis vingt années,
la fabrication du sucre indigène, on peut tout prévoir et il ne faut
douter de rien.

Quoi qu'il en soit, quoi qu'il en puisse être de la préemption universelle appliquée au progrès agricole, ce que l'on ne contestera
pas, ce que l'on ne saurait contester, ce sont les avantages qu'elle
offrirait appliquée au progrès industriel.

Combien d'inventeurs qui étouffent l'invention à laquelle ils ont
donné le jour parce qu'ils s'en exagèrent l'importance, la valeur!
L'accès de fièvre qui est utile pour mettre au monde une invention
est ce qu'il y a ensuite de plus nuisible pour l'exploiter. Le préempteur n'ayant pas les mêmes raisons d'aveugle enthousiasme que
l'auteur, en devient le correctif salutaire autant que nécessaire.
Tenterait-on de m'objecter que l'inventeur saura toujours mettre
son invention à un assez haut prix pour la rendre inaccessible au
préempteur? Si cette objection m'était faite, j'y répondrais, le taux

de l'assurance à payer étant proportionnel au montant de la valeur déclarée, l'objection tombe d'elle-même. Ainsi, on le voit, l'impôt transformé en assurance devient l'inflexible régulateur de toutes les valeurs.

La même observation s'applique avec la même justesse à l'auteur qui estime son œuvre trop haut ou qui l'exploite mal. Il n'est ni plus ni moins propriétaire de son livre que le propriétaire ne l'est de sa terre. On peut les exproprier tous les deux et s'approprier terre et livre aux mêmes conditions : payement préalable de la valeur déclarée et le dixième en sus.

Le payement du dixième en sus, on le remarquera, constitue un privilége au profit des valeurs préemptées relativement aux autres marchandises qui s'achètent au cours du marché ou de la bourse.

Ce privilége doit être considéré comme une transition ; cette transition constituant un privilége, les propriétaires assujettis à la préemption, loin d'être fondés à se plaindre, n'auront qu'à s'applaudir d'avoir été l'objet d'une telle exception et qu'à se hâter d'en profiter.

Je me résume :

La préemption universelle est ce qui permet de proclamer et de réaliser la propriété universelle.

Or, la propriété universelle, c'est le salaire à son taux le plus élevé et l'alimentation à son taux le plus bas ; c'est la consommation et la production s'aidant réciproquement comme s'aident les deux seaux qui servent à tirer l'eau d'un puits, l'un descendant pour s'emplir toutes les fois que l'autre monte pour se vider ; c'est le travail occupant toutes les têtes et faisant mouvoir tous les bras ; c'est le travail sans chômage ; c'est plus que tout cela encore, c'est le bien-être universel.

DÉCRET DE L'AVENIR.

La propriété est une.

La propriété est inviolable.

Toutes les propriétés sont égales entre elles sans distinction d'origine ni de nature : matérielle ou immatérielle, personnelle ou impersonnelle, naturelle ou artificielle, inconsommable ou viagère.

Toute propriété, foncière, industrielle, scientifique, littéraire, artistique ou autre est inviolable, en ce sens, qu'aucune expropriation ni préemption pour quelque cause que ce soit, ne peut avoir lieu sans le payement préalable du prix de l'objet tel qu'il a été déclaré et le dixième en sus.

La déclaration est celle qui a été faite devant le percepteur et constatée par lui sur la police d'assurance générale délivrée à l'assuré. A défaut de déclaration préalable, le propriétaire est tenu d'accepter le prix qui lui est offert.

LIVRE NEUVIÈME.

L'AUTONOMIE UNIVERSELLE.

L'homme a été créé droit et juste ; c'est lui qui
s'est embarrassé dans une foule de questions.

ECCLÉSIASTE.

Il n'y a de *vraies révolutions* que les *révolutions
d'idées.* JOUFFROY, *De la destinée humaine.*

La destinée humaine donne UNE HEURE par siècle
à l'humanité pour se régénérer ; CETTE HEURE, c'est
une révolution et les hommes la perdent à s'entre-
déchirer ; ils donnent à la vengeance l'heure donnée
par Dieu à la régénération et au progrès.

LAMARTINE, *Voyage en Orient.*

Toutes les heures perdues dans l'époque où nous
vivons sont une perte irréparable.

LE PREMIER CONSUL au *ministre Decrès.*

D'où vient que les astres se meuvent en pleine liberté sans se
rencontrer ni se heurter jamais ? C'est que chacun d'eux se meut
dans son orbite sans en pouvoir sortir. Cet ordre astronomique est
ce qui constitue l'équilibre universel. C'est un équilibre pareil que
j'ai cherché à créer dans l'ordre politique. Pour y parvenir, je me
suis appliqué à restituer premièrement à la puissance individuelle
sa plénitude ; deuxièmement, à la puissance communale son indépen-

dance ; troisièmement, à la puissance publique son unité ; quatrièmement, à la puissance corporative son action ; cinquièmement, et
enfin à la puissance judiciaire sa suprématie. Chacune de ces puissances se fait contre-poids, mais aucune d'elles n'a de limites autres
que celles qui lui sont propres, comme il est propre, selon l'observation de Montesquieu, à tous les rayons d'un cercle d'être égaux
entre eux.

Partout où j'ai trouvé une limite arbitraire, je l'ai effacée ;
partout où j'ai trouvé une limite naturelle, j'ai l'ai conservée. Je n'ai
voulu d'aucune pondération factice. L'autonomie universelle : voilà
quel a été mon but. L'ai-je atteint ? ai-je découvert toutes ses lois ?
n'en ai-je transgressé aucune ? C'est ce qu'à défaut de l'application,
que je souhaite sans l'espérer, m'apprendra la discussion que je
provoque.

Les huit livres qui précèdent, mûrement médités, ont été rapidement écrits dans l'exil où je suis privé de la plupart de mes notes,
patiemment amassées ; il n'y faut donc voir que l'imparfaite ébauche
d'un tableau dont je me propose de faire l'œuvre de toute ma vie.
La pensée fraternelle du lecteur sympathique saura suppléer ce qui
manque et rectifier ce qui devra être rectifié. J'ai compté sur elle.

L'expérience de tous les temps et de tous les pays, à l'exception
des États-Unis, exception qui s'explique d'elle-même, a démontré ce
que valaient et ce que duraient les constitutions écrites. Il fallait donc
combler cette ornière pour n'y plus verser. Assez et trop de Constitutions ont été tracées sur le papier. Il fallait faire ce que fit le premier
homme sensé qui, au lieu de disserter sur le mouvement qu'on niait,
marcha. Il fallait faire ce qu'a fait le mécanicien qui, remontant pra-
tiquement des effets aux causes, s'est appliqué à rendre plus rares
les explosions originairement si fréquentes des machines à vapeur.
Il fallait faire ce que fait l'horloger des mains duquel sortent les
plus irréprochables chronomètres ; il fallait entreprendre le mécanisme de la liberté ; il fallait en construire tous les rouages, en ajus-
ter toutes les pièces. Il fallait, enfin, transporter de la tribune dans
l'atelier la liberté et la mettre en œuvres au lieu de la mettre en pa-

roles. Commencer par exercer ses droits est plus sûr et plus prompt que commencer par les proclamer. Les droits qu'on exerce se règlent d'eux-mêmes et se rectifient par l'usage, tandis que le plus petit abus suffit pour détruire les droits qui n'existent qu'à l'état de *Déclaration. Déclaration des droits !* C'est le mot consacré.

Placé devant l'étau, j'ai donc tenu le marteau et la lime, et de même que s'y prend le constructeur de machines pour construire un générateur de force, je m'y suis pris pour construire un générateur de liberté.

Il y avait dans cette entreprise une double difficulté à vaincre, et contre laquelle on avait toujours échoué. Il fallait que la puissance publique conservât une force assez grande pour suffire à son œuvre sans avoir jamais à craindre d'être ni faussée, ni brisée, et cependant que cette force ne fût pas telle qu'elle pût usurper et jamais mettre en question et en péril la puissance individuelle. Le moyen de vaincre cette double difficulté, c'était premièrement : de définir avec précision ce qu'il fallait entendre par puissance publique et par puissance individuelle, c'était de tracer la ligne de démarcation entre la souveraineté de l'État et la souveraineté de l'Individu, avec une telle certitude que jamais ces deux souverainetés, renfermées chacune naturellement dans son orbite, ne puissent se rencontrer et se heurter ; c'était deuxièmement de placer entre la souveraineté nationale et la souveraineté individuelle deux souverainetés intermédiaires : la souveraineté communale et la souveraineté corporative, et au-dessus de ces quatre souverainetés, une souveraineté suprême, la souveraineté judiciaire ; ainsi donc cinq souverainetés : deux souverainetés extrêmes, l'Individu et l'État, deux souverainetés intermédiaires, la Corporation et la Commune, et une souveraineté suprême, la Justice : — voilà tout le mécanisme, mécanisme qui pourrait être comparé à une machine composée de cinq cylindres, tous indépendants les uns des autres et mis en mouvement par un moteur commun : le suffrage universel ; c'était troisièmement de restituer à la puissance publique l'unité qu'elle avait perdue, l'unité sans laquelle il n'y a pas et il ne saurait y avoir ni de puissance réelle, ni de responsabilité effective, ni de libre essor du génie ; c'était quatrièmement et enfin de simplifier tous les rouages, de supprimer tous les frottements, d'utiliser toutes les forces.

Le mécanisme dont j'ai entrepris la construction a été conçu avec cette pensée que le dépositaire de la puissance publique eût-il à sa disposition, ce que je ne voudrais pas qu'il eût jamais, une force armée de cinq cent mille soldats, il ne pût s'en servir, en aucun cas, que pour défendre l'inviolabilité nationale et jamais pour menacer l'inviolabilité personnelle.

Je me suis donc posé la question de savoir ce qui arriverait si le dépositaire de la puissance publique, quel que fût le nom qu'il portât, celui de Président de la République ou de Président du conseil, de Maire d'État ou de Ministre du Peuple, abusait du dépôt qui lui aurait été confié pour tenter d'anéantir la puissance individuelle, d'absorber la puissance communale, de supprimer la puissance corporative, de paralyser la puissance judiciaire ?

Voici la réponse que les choses elles-mêmes m'ont faite :

La Commission nationale de surveillance et de publicité, composée des onze membres ayant obtenu, dans l'échelle des votes, le plus grand nombre de voix après celui obtenu par l'Élu du peuple, *individualisant* la souveraineté collective, se hâterait de convoquer l'arbitre suprême, c'est-à-dire l'universalité des électeurs.

—Mais, reprend-on, la première mesure que ne manquerait pas de prendre l'Élu du peuple aspirant à la dictature temporaire ou à la royauté héréditaire, ce serait de mettre les onze membres de la Commission nationale de surveillance et de publicité dans l'impuissance de faire obstacle à la réussite de ses projets d'usurpation.

Je réponds : Soit ! et j'ajoute : Les six ou sept mille Communes de France ayant toutes la même organisation que l'État, il faudrait alors arrêter et incarcérer, en même temps que les onze membres de la Commission nationale de surveillance et de publicité, les 6,000 Maires de Communes et les 66,000 membres des Commissions communales de surveillance et de publicité : ensemble 72,000 élus du peuple, représentant la souveraineté à tous ses degrés, la confiance nationale et la défiance démocratique dans toutes leurs combinaisons et dans toutes leurs nuances. Ce ne serait pas tout encore ; il faudrait arrêter et incarcérer les Maires de toutes les Corporations, et détruire d'un coup de plume et d'un revers de main toute l'organisation , aussi forte que simple, des Corporations ; ce ne serait pas tout encore , il faudrait improviser des prisons , puisqu'elles auraient été démolies , ou organiser des massacres , le même jour, sur tous les points du territoire ; ce ne serait pas tout encore , il faudrait enfin arrêter et incarcérer le Grand-juge , les 55 juges de cassation , les 560 juges d'appel et les 6,000 juges de paix , car ces juges ne tiendraient pas leur siége du dépositaire infidèle de la puissance publique , ils le tiendraient du peuple souverain ; ils seraient ses élus ; ces juges ne seraient pas fonctionnaires, ils seraient juges ; ils seraient plus qu'inamovibles , car ils seraient rééligibles. Je le demande : avec de telles garanties se prêtant les unes aux autres une mutuelle assistance , et s'assurant réciproquement, le risque qu'on vient de supposer serait-il à craindre, serait-il probable , serait-il possible ? Quiconque se sera rendu exactement compte de ce mécanisme, où toutes les lois de la gravitation ont été étudiées et appliquées , répondra , sans hésiter , non.

Si l'on s'étonnait de trouver si souvent écrit sur les pages d'un livre politique le mot mécanisme, je répondrais à cette remarque en disant que la puissance publique me paraît appelée à se simplifier par les mêmes moyens que ceux auxquels la puissance industrielle est redevable de tous les progrès qu'elle a accomplis, depuis un demi-siècle, sous le régime de la liberté.

La puissance industrielle a eu trois périodes distinctes :

Première période : L'homme fait tout ; la machine ne fait rien ; elle n'existe pas encore.

Période intermédiaire : L'homme et la machine se partagent la tâche par moitié.

Troisième période : Les machines font tout ; les hommes ne font plus rien, car ils n'ont plus qu'à remettre en mouvement les machines lorsqu'elles se sont arrêtées, ou qu'à rattacher le fil lorsqu'il s'est brisé.

Même sort est réservé à la puissance publique :

Première période : L'homme est tout ; les institutions ne sont rien. Elles n'existent pas encore. C'est la monarchie absolue.

Période intermédiaire : L'homme et les institutions se partagent la tâche par moitié. C'est la monarchie constitutionnelle.

Troisième période : Les institutions seront tout, l'homme ne sera plus rien qu'un modeste conducteur de machines ou qu'un simple rattacheur de fil. Ce sera la période de la République universelle.

La société est à la recherche de son mécanisme ; dès qu'elle l'aura trouvé, *Gouvernement* sera un mot qui n'aura plus de sens que dans le passé. Au lieu de dire le *Pouvoir* on dira le *Savoir* ; au lieu de dire l'*Autorité* on dira la *Supériorité ;* la *liberté mutuelle* sera la *loi commune.* Il n'y aura pas, il n'y aura plus besoin d'autre loi que celle-là. Hormis les cas où il y aura lieu de délibérer et de voter sur un intérêt essentiellement *collectif,* nécessairement *indivis* et exclusivement *public,* la majorité n'imposera plus, n'aura plus le droit arbitraire d'imposer sa volonté à la minorité. Il n'y aura plus de pouvoir législatif, car il n'aura plus de raison d'être ; il n'y aura plus qu'une administration publique de la CHOSE publique.

Lorsque le suffrage universel n'aura qu'à viser un but marqué droit et clairement devant lui, il n'y aura pas à craindre qu'il commette d'écarts, car en fît-il qu'il aurait le moyen de les réparer presque aussitôt qu'il les aurait commis.

Lorsque le suffrage universel aura à élire un Maire d'État, et que ce Maire d'État sera exclusivement l'administrateur de la CHOSE publique, le suffrage universel apprendra, par l'élection de 6,000 Maires de Communes, qu'il faut se garder de nommer un dilapidateur ou un ambitieux ; il nommera donc le meilleur administrateur qui se sera révélé, et les moyens de se révéler pour un bon administrateur ne manqueront plus, dès que l'administration communale s'exercera dans toute sa liberté et dans toute sa responsabilité.

Lorsque le suffrage universel aura à élire un juge d'État, un juge suprême, *individualisant* la conscience publique, un Grand-Juge,

devant lequel seront juridiquement portées les accusations de forfaitures , le suffrage universel par l'élection de 6,000 juges de paix
apprendra quelles garanties préalables d'impartialité il devra demander au caractère de celui qui rendra la justice AU NOM DE LA
JUSTICE.

Alors l'universalité des électeurs, l'universalité des justiciables
ne se tromperont pas, car elles ne procéderont plus au hasard et
dans les ténèbres; elles sauront exactement ce qu'elles voudront et
ce qu'elles devront vouloir.

En tous cas, le suffrage universel n'aura jamais à élire qu'un
administrateur de la richesse publique, jamais un législateur de la
raison humaine.

Le seul risque qu'on pourra donc courir, ce sera de voir gaspiller
son argent donné à titre d'impôt ou d'assurance; jamais on ne courra
le risque de voir entamer sa liberté.

N'est-ce pas là l'essentiel? Et un tel progrès dût-il se payer par
une petite perte d'argent, serait-ce le payer trop cher?

Assurément non, me répond-on; mais en même temps qu'on me
fait cette réponse, on m'adresse cette question : Est-il possible et
raisonnable d'espérer que jamais les lois de l'autonomie universelle
soient observées, même en supposant le triomphe d'une révolution
nouvelle?

Pourquoi donc ne seraient-elles pas observées? Elles sont l'Absolu et ne sont pas l'Arbitraire, elles sont l'Unité et ne sont pas la
Dictature, elles sont la Liberté et ne sont pas la Terreur, elles sont
la Pacification et ne sont pas la Guerre, elles sont la Réconciliation
et ne sont pas les Représailles, elles ne menacent de mort la vie de
personne et ne dépouillent de son bien aucun vivant; elles ne pour-
suivent que l'erreur démontrée par la vérité, que l'abus dévoilé par
la justice; elles attendent lorsqu'il y a doute et ne se hâtent que
lorsqu'il y a certitude.

Si ces lois sont les véritables lois de l'autonomie universelle,
sera-t-il nécessaire de les soumettre préalablement à la sanction
populaire? A cette question que je me suis posée à moi-même, j'ai

répondu non. Ou ces lois sont fausses, ou elles sont vraies; si elles sont fausses, pourquoi exposer à la complicité d'une erreur le peuple qui les adopterait; si ces lois sont vraies, pourquoi exposer au risque d'une méprise le peuple qui les rejetterait? Est-ce que si le peuple était consulté sur la loi de gravitation universelle, le vote du peuple pourrait infirmer ou confirmer la découverte de Newton? Est-ce que si le peuple était consulté sur la question de savoir si la terre tourne, le vote du peuple pourrait trancher la question indécise entre Galilée et le pape Urbain VIII? Est-ce que si le peuple était consulté sur la question que Napoléon posa le 21 juillet 1804, à l'Académie des sciences, à l'occasion de Fulton, il serait plus infaillible que l'Académie des sciences qui traita Fulton de « visionnaire » et son idée « *d'idée folle, d'erreur grossière, d'absurdité?* »

Ce qui appartient au domaine de l'expérience doit se résoudre par l'épreuve de l'expérience; le juge de ce qui est le progrès, c'est l'essai.

Le progrès se découvre et ne se vote pas.

Si les lois que j'ai exposées ne sont pas les véritables lois de l'autonomie universelle, il faut le démontrer, et faire plus et mieux; il faut, tous et chacun, les chercher sans relâche, jusqu'à ce qu'elles aient été incontestablement trouvées, afin qu'au lendemain d'une révolution, il n'y ait plus qu'à supprimer les obstacles qui empêcheraient, cette fois encore, qu'elles ne se fissent jour.

Mais les lois que j'ai exposées ne fussent-elles qu'un progrès sur tous les régimes condamnés par l'expérience, que ce progrès devrait encore être accueilli si rien d'égal ne s'était produit qui pût lui disputer la préférence.

Le jour d'une révolution, si l'on ne sait pas ce qu'il faut immédiatement faire, j'ajouterai, si on ne le sait pas la veille, on le saura encore moins le lendemain.

Charlatans et impuissants sont ceux qui disent pour masquer leur paresse et leur ignorance : « On consultera le peuple ! »

Qui et comment ?

Qui le consultera ?

— Un dictateur que rien ne contiendra, ou un comité que tout divisera.

Comment le consultera-t-on?

— En mettant aux voix ce que la majorité n'aura aucun droit d'imposer à la minorité.

Si l'on veut fermement, sincèrement qu'une quatrième révolution éclatant en France, n'y soit pas un quatrième avortement, il faut, ne dût-elle s'accomplir que dans vingt années, s'appliquer dès aujourd'hui, et sans perdre une seconde, à rechercher premièrement : les titres de la souveraineté individuelle et de la souveraineté communale afin de ne plus les confondre avec ceux de la souveraineté nationale ; deuxièmement les moyens de séparer la Force de la Justice, afin de les rendre indépendantes l'une de l'autre ; troisièmement les termes de la convention libre qui devra se substituer à toute constitution imposée.

La preuve que 2 multipliés par 2 égalent 4, c'est que cela n'est contesté par personne et que cela est accepté par tout le monde ; la preuve qu'une convention sera bonne, c'est qu'elle aura été acceptée par le nombre le plus grand et contestée par le nombre le plus petit ; la preuve qu'elle sera la meilleure possible, c'est que l'intérêt de tout le monde aura été de l'accepter et que nul n'y aura été contraint.

Le régime constitutionnel, c'est le régime de la majorité substitué au despotisme de la royauté ; le régime conventionnel *, c'est le régime de la liberté substitué au despotisme de la majorité.

Le droit conventionnel est donc un progrès sur le droit constitutionnel.

C'est l'autonomie universelle.

* Voir à la fin du volume une explication du DROIT CONVENTIONNEL, rédigée sous la forme la plus élémentaire, à la demande qui en avait été faite à l'auteur de ce livre.

RÉSUMÉ.

I.

L'autonomie universelle, c'est la liberté limitée par la réciprocité ; c'est la liberté absolue.

II.

La propriété universelle, c'est le droit de conquête par le travail ; c'est le travail glorifié ; c'est l'oisiveté déchue ; c'est la propriété légitimée par son origine et par ses œuvres.

III.

Le décime universel, c'est l'épargne individuelle élevée à sa plus haute puissance par l'épargne collective ; c'est la misère entretenue par la charité impuissante, abolie par le salaire suffisant ; c'est l'abîme entre la pauvreté et le luxe comblé et nivelé par le bien-être.

IV.

Le douaire universel, c'est l'égalité des enfants devant la mère ; c'est la fin du vieux monde et la naissance du monde nouveau ; c'est l'homme ne valant plus par ses ancêtres, mais valant exclusivement par ses œuvres ; c'est la titulation héréditaire faisant place à l'illustration personnelle, le privilége de la naissance à l'univer-

salité de l'élection, l'aristocratie à la démocratie, et la république
universelle à la monarchie séculaire.

V.

La justice universelle, c'est la Justice arrachée à l'esclavage de
la Politique et reprenant au-dessus de celle-ci le rang qui lui appartient ; c'est la condamnation de la Force sous tous ses noms :
guerres et conquêtes ; révolutions et dictatures ; superstitions et nécessités ; crimes et délits arbitraires ; c'est la justice mutuelle
vouant au blâme, au mépris, à l'exécration de chaque pays et de
chaque siècle tout acte qui a blessé la conscience publique.

VI.

Le suffrage universel, c'est le Monde politique ayant trouvé son
axe et l'ordre social ayant trouvé sa loi ; c'est le droit présumé
de la capacité succédant au prétendu droit de l'hérédité ; c'est, partout où il y a un intérêt collectif, l'intérêt du plus grand nombre
administré par l'Élu du nombre le plus grand.

VII.

L'inscription universelle, c'est le contrôle réciproque des hommes
par les choses et des choses par les hommes ; c'est l'ordre moral établi par l'ordre matériel ; c'est l'ordre durable fondé sur la publicité
au lieu de l'ordre précaire maintenu par la compression.

VIII.

La pacification universelle, c'est le risque de guerre anéanti par
l'assurance mutuelle internationale et disparaissant de lui-même

comme disparaît un effet qui n'a plus de cause ; c'est la rivalité des produits succédant à la rivalité des territoires, l'art de produire remplaçant l'art de détruire ; c'est le progrès apportant partout la liberté et la liberté accélérant partout le progrès ; c'est le *prix de revient* réduit de tout ce que coûte le dispendieux entretien des armées permanentes ; c'est conséquemment pour moins de travail plus de bien-être.

IX.

L'assurance universelle, c'est l'association avec tous ses avantages sans les inconvénients de la communauté ; c'est l'application de tous les progrès à l'anéantissement de tous les risques ; c'est le caprice destitué par le calcul ; c'est l'arbitraire remplacé par l'absolu ; c'est le mal traduit mathématiquement en risque dans l'ordre social comme dans l'ordre physique, le mal scruté et combattu non dans ses effets, mais dans ses causes ; c'est, enfin, la répression, qui n'a jamais su inventer que des peines se réfugiant dans le passé et livrant l'avenir à la prévoyance, qui, de l'étude des probabilités, a réussi à faire une science exacte, science qui ouvre l'ère de la politique universelle, science dont les trois termes seront :

LIBERTÉ, PUBLICITÉ, UNITÉ.

La liberté mutuelle est la loi commune.

L'État, être abstrait et collectif, n'a le droit de régir et de régler que ce qui est essentiellement *collectif*, nécessairement *indivis*, exclusivement *public*.

Nul ne peut être contraint de rester dans l'indivision.

Tout ce qui est individuel est libre.

Donc :

La parole est libre.

L'imprimerie est libre.

L'enseignement est libre.

L'association est libre.

Les cultes sont libres.

Les conventions sont libres.

Les conventions sont la loi des parties.

Les codes indiquent à l'inexpérience des hommes les formules consacrées par l'expérience des siècles. Ils indiquent et ne prescrivent pas.

Le crime ou le délit *commis* a pour peine le crime ou le délit *constaté*.

Le dommage causé a pour peine le dommage réparé.

Les enfants sont égaux devant la mère.

La mère est responsable du sort de ses enfants.

La maternité offrant seule la certitude nécessaire au droit de succéder, l'État ne garantit le droit de succéder qu'aux descendants et ascendants de la ligne maternelle.

La probabilité du risque règle le taux de la prime.

La prime volontaire abolit l'impôt forcé.

Le payement et l'encaissement de la prime d'assurance générale sont le contrat librement et réciproquement conclu entre l'Individu souverain et l'État souverain.

Tout fonctionnaire dont un fonctionnaire supérieur n'est pas responsable est élu.

Tout fonctionnaire élu n'est responsable de ses actes que devant la justice élective et le suffrage universel.

LE DROIT CONVENTIONNEL.

D. Qu'est-ce que le droit conventionnel ?

R. C'est le moyen nouveau d'exclure les maîtres, substitué au droit ancien de les subir, et au droit nouveau de les choisir.

D. Comment une nation peut-elle agir sans gouvernement ?

R. Comme la terre tourne sans roues, et comme l'homme marche sans lisières.

D. Mais une nation n'est ni un astre céleste, ni un être vivant ?

R. Non ; une nation est un être collectif qui agit d'après les lois qui lui sont propres.

D. Mais quelles sont ses lois ?

R. Les plus simples. Pour les connaître, il suffit de savoir distinguer ce qui est essentiellement collectif de ce qui est essentiellement individuel, ce qui est nécessairement public de ce qui est naturellement privé.

D. Mais n'est-ce pas là précisément que la difficulté commence ? Comment tracer cette ligne de démarcation sans tomber dans l'arbitraire ?

R. En vous posant à vous-même les simples questions que je vous adresse : Chaque citoyen peut-il, pour défendre sa personne ou sa propriété, entretenir une armée ? — Non. Donc, l'armée est l'un des membres du corps social. Ce qui est vrai pour l'armée, est également vrai pour la marine qui protége le commerce national, car chaque citoyen ne peut pas entretenir une escadre. Ce qui est vrai pour l'armée et la marine est pareillement vrai pour la voie publique, car chaque citoyen ne peut posséder une fraction de route nationale, un bout de chemin communal.

D. Il est facile de limiter ainsi ce qui est collectif, mais est-il aussi facile de limiter ce qui est individuel ?

R. Tout aussi facile et par le même moyen, en continuant de vous poser à vous-même ces simples questions : Chaque citoyen, être pensant, a-t-il le droit d'avoir une croyance religieuse, scientifique, politique, littéraire ou artistique, sans que l'État, être nonpensant, intervienne et la règle ? — Assurément. Donc, la liberté de croire, de penser, de parler, d'apprendre ou d'enseigner est l'une des facultés de l'Être individuel, faculté que n'a aucun droit de limiter l'Être collectif.

D. Ne pouvez-vous préciser plus nettement votre pensée ?

R. L'Être collectif est celui qui fait et possède ce que ne peut pas faire et posséder l'Être individuel ; l'Être individuel est celui qui fait et possède ce que ne peut pas faire et posséder l'Être collectif. En conséquence de ce principe, rien de ce qui se peut faire par la puissance individuelle ne doit se faire par la puissance collective.

D. Définissez la puissance collective.

R. Ce qui protége relativement la faiblesse individuelle et l'indépendance nationale.

D. Définissez la puissance individuelle.

R. Ce qui ne peut être protégé sans être diminué.

D. Décomposez la puissance collective.

R. La force publique.

La voie publique.

La dette publique.

D. Décomposez la puissance individuelle.

R. La liberté du domicile.

La liberté de la parole.

La liberté de la correspondance.

La liberté d'imprimerie.

La liberté d'association.

D. Vous avez défini et décomposé la puissance collective : mais la force publique ne se recrute pas et ne s'entretient pas toute seule ; la voie publique a besoin qu'on la trace et qu'on la répare; la dette publique, enfin, exige des recettes égales aux payements semestriels, toutes choses qui supposent une Administration publique.

R. Sans doute, mais administrer la *chose* qui est *commune* ce n'est pas gouverner l'*homme* qui est *libre*. C'est le contraire. Car la chose commune n'a de raison d'être qu'autant qu'elle est la garantie de la liberté réciproque. C'est afin de conserver sa liberté entière et non pour qu'on la lui ravisse ou qu'on la lui restreigne que chacun aliène, sous le nom d'impôt ou d'assurance, une part de son revenu ou de son salaire. On paye pour être plus libre et non pour l'être moins. On met en commun une somme proportionnelle d'argent pour s'assurer contre certains risques, entretenir une armée, une marine, une justice, voire même une police, acquérir la facilité et la sécurité de circulation, mais on ne met en commun sa personne à aucun titre, et pour l'exposer à des risques aussi grands ou plus grands que ceux qu'elle courrait si ce qu'on a l'usage d'appeler un gouvernement n'existait pas.

D. Définissez donc plus sommairement ce que vous entendez par l'Administration publique.

R. J'entends par l'Administration publique l'administration exclusive de ce qui est exclusivement collectif, de ce qui est véritablement et matériellement la *chose publique*. L'Administration publique ainsi réduite à l'administration de la *chose* publique, si l'administrateur, quel qu'il soit et quelque nom qu'il porte, est peu habile, la prime que j'aurai à payer sous le nom d'impôt ou d'assurance sera plus forte relativement au risque, ou le risque sera moins certainement garanti relativement à la prime, mais voilà tout ; cette inhabileté se traduira en chiffres ; ce sera une question d'argent en plus ou en moins, et non une question de liberté en moins ou en plus. Qui voudra payer peu n'aura qu'à réfléchir beaucoup avant d'élire l'Administrateur commun de la *chose* commune. Je comprends enfin l'administration d'un État, comme je comprends l'administration d'un chemin de fer à l'exploitation duquel on est intéressé pour une action et où l'on ne peut perdre au plus que sa mise sociale. Le risque de voir son argent gaspillé doit être le seul risque qu'on ait à craindre et à courir.

D. Mais à qui confierez-vous l'Administration publique de la *chose publique* ?

R. A un administrateur élu chaque année par l'universalité des intéressés, à la majorité des voix, contrôlé par une Commission nationale de surveillance composée de onze membres élus par la majorité de la minorité défiante, et toujours révocable. Chaque électeur n'écrivant qu'un nom sur son bulletin. Le premier nom sortant de l'urne désignant l'Administrateur élu par la majorité. Les onze noms qui ont ensuite le plus grand nombre de voix désignant les onze membres de la Commission nationale de surveillance représentant ainsi toutes les nuances de la minorité.

D. Mais si cet administrateur a le commandement de la force armée et qu'il veuille en abuser pour convertir l'administration des *choses* en gouvernement des *hommes*, la gérance en tyrannie, comment vous y prendriez-vous pour l'en empêcher, écarter ce risque et prévenir ce péril?

R. Je l'en empêcherais en commençant, avant de confier à qui que ce soit l'Administration de la chose publique, et le dépôt de la force armée, par abolir préalablement l'impôt indirect et multiple pour y subsister l'impôt direct et unique, ce qui est le seul moyen de rendre facile et efficace le refus de l'impôt. Pas d'argent, plus d'armée. En même temps que j'abolirais préalablement l'impôt indirect et multiple, j'abolirais tous les priviléges qui ont survécu aux trois révolutions de 1789, de 1830 et de 1848, et parmi ces priviléges se trouvent encore les brevets d'imprimeurs. En même temps que je restituerais au droit commun la liberté d'imprimer sa pensée, de la publier et de la distribuer sous toutes les formes, je donnerais à cette liberté individuelle la garantie de la pleine indépendance communale, de telle sorte que chaque Commune fût moralement une forteresse où pût se réfugier sûrement le droit commun menacé

par la tyrannie d'un usurpateur. Ce n'est pas tout encore ; je m'ap-
pliquerais à simplifier l'administration centrale afin que l'Administrateur public eût à nommer le plus petit nombre possible de fonctionnaires subalternes ; ce n'est pas tout encore, j'établirais l'entière
indépendance de la Justice par la séparation absolue du Pouvoir
judiciaire et du Pouvoir administratif ; car, cette séparation est fictive
et illusoire lorsque c'est le chef du Pouvoir administratif qui pourvoit
aux nominations et à l'avancement des membres du Pouvoir judiciaire.
Le Pouvoir judiciaire serait électif et élu au même titre, le même
jour, par le même mode et par les mêmes électeurs que le Pouvoir
administratif. Ce n'est pas tout encore ; je chercherais et je trouve-
rais un dernier contre-poids au commandement de la force armée
dans l'organisation unitaire des Corporations industrielles. Enfin,
tout serait prévu pour contenir le Pouvoir administratif entre des
digues si fortes qu'il ne puisse jamais lui venir même la pensée de
tenter de les rompre. D'ailleurs, au premier effort qu'il ferait, les
onze membres de la Commission de surveillance ne seraient-ils pas
là pour le dénoncer à la défiance et à l'indignation du Peuple tout
entier qui courrait aux urnes et le révoquerait immédiatement ?

D. Vaine précaution ! La première chose qu'il ferait serait d'arrêter les onze membres de la Commission nationale de surveillance.

R. Eh bien ! Quand il aurait fait arrêter les onze membres de la
Commission nationale de surveillance, à quoi cela l'avancerait-il ? Est-
ce que chaque Commune n'aurait pas sa Commission communale de
surveillance instituée et fonctionnant en vertu du même principe ?
Je suppose le nombre des Communes de France réduit à 6,000 ;
est-ce qu'il serait possible de faire arrêter les 6,000 maires qui représenteraient toutes les forces compactes de la majorité et les
66,000 membres des Commissions communales de surveillance qui
représenteraient toutes les nuances réunies des minorités diverses ?
Donc matériellement aucune usurpation ne serait plus possible.
L'Administrateur public de la *chose* publique, constamment révocable, pourrait toujours être aussi facilement que certainement ré-
voqué. C'est alors que véritablement existerait la souveraineté du

Peuple, s'*exerçant* et ne se *déléguant* plus, mais s'exerçant dans ses limites naturelles et infranchissables, ne sortant jamais de son orbite et n'en pouvant jamais sortir. Sous le régime du droit conventionnel le Peuple agissant, agit toujours comme Peuple, de même que la Commune agit toujours comme Commune, la Corporation comme Corporation, l'Individu comme Individu.

Le Peuple intervient pour régler ce qui est national ; il n'intervient pas pour régler ce qui est individuel. Au besoin, la Corporation suffirait pleinement pour protéger ses membres, et la Commune pour protéger ses habitants, en toutes circonstances où la liberté se trouverait aux prises avec la force. Mais Commune, Corporation et État se prêtant ainsi un concours réciproque et commun, désormais l'Individu ne courrait pas plus de risque d'être frappé dans sa liberté que l'habitant de la terre n'est exposé à périr écrasé sous la chute de la lune. État, Commune, Corporation, Individu, tourneraient chacun comme autant de sphères inégales et diverses sur leur axe. Ni chocs, ni frottements. Rien de fictif, tout réel : les rouages nécessaires, aucun d'inutile : — tels sont les avantages que présenterait le droit conventionnel substitué au droit constitutionnel ; ce serait le régime vrai de la Liberté, de la Publicité, de l'Unité.

L'État aurait son Maire.

La Commune aurait son Maire.

La Corporation aurait son Maire.

Chacun de ces trois maires personnifierait à tous les degrés la majorité contrôlée par la minorité ; la minorité et la majorité ainsi fidèlement représentées seraient alors véritablement l'universalité des intérêts, l'universalité des opinions, l'universalité des idées.